혁신학교란 무엇인가?

어디서부터 시작하고
무엇을 어떻게 실천할 것인가?

혁신학교란
무엇인가?

발행일   2011년 9월 5일 초판 1쇄 발행
            2018년 8월 20일 초판 7쇄 발행
지은이   김성천
발행인   방득일
발행처   맘에드림

주 소   서울시 도봉구 노해로 379 대성빌딩 902호
전 화   02-2269-0425
팩 스   02-2269-0426
e-mail   nurio1@naver.com

ISBN 978-89-97206-00-1 03370

어디서부터 시작하고

무엇을 어떻게

실천할 것인가?

혁신학교란
무엇인가?

김성천 지음

맘에드림

'학교란 무엇인가'를
다시 함께 고민해 봅시다

저는 '벌떡 교사'였습니다. 직원회의 시간에 손들고 일어나서 불합리한 일에 대해서 문제 제기를 많이 해봤습니다. 하지만 변화는 일어나지 않았습니다.

저는 단위학교에서 교사들끼리 모여서 학습하는 것이 쉽지 않음을 느끼고 학교 밖에서 교사 학습공동체를 만들었습니다. 식은 김밥을 먹으면서 매주 특정 주제를 선정하여 학습을 했습니다. 그 과정에서 저는 성장했지만 학교는 성장하지 않았습니다. 학교 밖 교사학습모임으로는 학교를 바꾸는 데 한계가 있었습니다. 참여자 개인의 수업은 바뀌었지만 학교를 바꾸지는 못했습니다.

저는 공교육문제와 사교육문제를 해결하기 위해서 노력했습니다. 그러나 제도와 구조를 바꾸는 것만으로는 교육이 쉽게 바뀌지 않더군요. 제도와 구조는 현장의 노력이 동반될 때 제대로 바뀔 수 있음을 점차 깨닫게 되었습니다. 이제는 단위학교에 주목할 때입니다. 단위학교에서 뜻있는 평교사들이 거점을 만들어 의미 있는 변화를 시도해야 할 때입니다.

저는 5년을 휴직하고, '좋은교사운동'의 정책실장과 '사교육걱정없는세상'의 부소장으로 활동했습니다. 현장과 괴리된 교육 정책, 불통의 리더십, 입시만능주의, 관료주의, 폐쇄적인 교직문화, 무사안일한 일부 교사들, 쉽게 변화되지 않는 아이들, 일부 이기적인 학부모님의 모습을 보면서 많은 절망감을 느꼈습니다.

그런 상황에서 희망이 필요하다는 생각을 갖고 학교 혁신 운동에 저도 뛰어들었습니다. 주변의 훌륭한 선배 교사, 후배 교사들과 함께 좋은 학교에 대한 열망을 가지고 몇 달씩 모여서 학습하고, 토론하며, 학교운영계획서를 같이 만들었습니다. 하지만, 서류 탈락을 경험하기도 했습니다. 그럼에도 불구하고 다시 시작했습니다. 다행히 몇 군데 학교는 열매를 맺었습니다. 그것이 가능했던 이유는 '혁신학교'라는 제도적 공간이 열렸기 때문입니다.

이 책은 경기도혁신학교추진위원단의 위원으로 활동하면서 혁신학교에 대해서 고민했던 저의 흔적을 담아낸 것입니다. 이 책은 일종의 강의 형식으로 구성했습니다. 저는 혁신학교를 만들기 위해서 교사들, 학부모님들과 토론하고, 글을 쓰고, 컨설팅하고, 평가를 했던 경험을 바탕으로 단위학교와 교사모임, 연수기관 등을 찾아다니면서 혁신학교에 관한 강의를 했습니다. 하지만 1시간 30분에서 2시간 정도 주어지는 제한된 시간으로 혁신학교에 대해서 충분히 설명을 하지 못했습니다. 이 기회에 그동안 했던 강의를 글로 정리한다는 생각으로 기존의 강의 내용, 발표 원고와 논문 등을 보강하여 책을 써 봤습니다.

혁신학교에 관해서 성공보다는 실패의 경험이 더 많습니다. 누군가가 혁신학교에 대해서 비판을 한다면 그것은 저에 대한 비판으로 받아들이고 싶습니다. 저 역시 혁신학교에 대한 책임으로부터 자유롭지 않기 때문입니다.

"그 정도 돈 주면 누가 그런 성과 못 내냐?" "열린교육이 실패했듯이 혁신학교도 실패할 것이다." "특정 단체 교사들이 주도하는 학교다." "학생 수와 교사 수가 적으니깐 그런 성과가 가능한 것 아니냐?" 등 혁신학교에 대한 다양한 비판도 존재합니다. 비록 모든 혁신학교가 성공하는 것은 아니지만 몇몇 혁신학교는 일반학교에 상당한 시사점을 제공하고 있다고 생각합니다. 이러한 시사점을 바탕으로 교사들 스스로가 "우리도 학교를 바꿀 수 있다."는 자신감을 가지고 혁신에 대한 열정을 회복해야 한다고 생각합니다.

이 글에 수록된 인터뷰 자료는 경기도교육정보연구원에서 같이 근무하고 있는 오재길 교사, 천무영 교사, 이승준 교사, 장우진 교사, 홍섭근 교사, 김수현 교사의 도움을 받아 구성할 수 있었습니다. 또한, 인터뷰를 허락해주신 서정초 이우영 교장선생님, 덕양중 김삼진 교장선생님, 이우학교 이수광 교장선생님, 조현초 이중현 교장선생님, 홍덕고 이범희 교장선생님, 보평초 서길원 교장선생님께 진심으로 감사를 드립니다. 기꺼이 학교를 열어 주었기에 학부모와 선생님들을 만날 수 있었습니다.

교직 후배들에게 저는 이런 메시지를 자주 전합니다. "혼자서는 안된다. 몇몇 뜻을 함께하는 교사들과 함께 특정 학교를 정하자. 이왕이면 남들이 선호하지 않는 기피학교로 가자. 그곳에서 학년이나 교과에서 거점을 만들고, 학습 공동체를 조직하여 학교를 제대로 바꾸어봐야 한다. 사립학교라면 먼저 특정 학년으로 모여서 뭔가 해보자. 실패해도 좋다. 실패 그 자체가 우리에게는 큰 보상이 된다."

이 책을 통해 "학교란 무엇인가?"를 다시 고민해보는 계기가 되었으면 좋겠습니다. 학교를 바꾸는 형식은 얼마든지 다양할 수 있다고 생각합니다. 학부모 모임, 교사 모임, 학습 조직, 학교 발전 TF팀 등 그 형태는 다양할 것입니다. 어떤 학교를 만들 것인가 역시 각자 다를 겁니다. 그런 점에서 이 책의 독자는 혁신학교 주체들에게만 국한되지 않을 겁니다. 오히려 혁신학교 주체들이 아닌 분들이 더 많이 읽고 '왜 학교를 바꾸어야 하는가?' '학교는 왜 쉽게 바뀌지 않는가?' '학교를 바꾸기 위해서 필요한 조건은 무엇인가?' '나는 구체적으로 무엇을 할 것인가?' 등에 관한 주제를 고민하면서 대화를 하고 실천했으면 좋겠습니다.

2011년 9월

김 성 천

혁신학교의 본질과
실체를 손에 만지게 해 주는 책

해방 이후 지금까지 교육은 우리 민족과 모든 구성원들의 희망이자 동시에 근심거리였다. 그러다 보니 우리 교육을 개혁하고자 하는 시도들도 끊임없이 있어왔다. 하지만 수많은 교육개혁과 관련된 논의와 시도들이 제대로 우리 학교 교육을 바꾸어내지 못한 것은 이 시도들이 우리의 교육 현실에서 출발한 것이 아니라 외국의 좋은 사례들을 이식하려고 했기 때문이다. 그리고 이러한 이식들도 학교 현장의 실천적인 재구성의 방식이 아닌 위에서 아래로 시달하는 관 중심이었기 때문에 더더욱 뿌리를 내리거나 열매를 맺지 못했다.

최근 몇몇 지역과 학교에서 활발하게 일어나고 있는 혁신학교 운동은 이러한 우리 교육개혁 실패의 역사에 대한 반성에서 출발을 했다. 즉, 위에서 좋은 개혁 방안을 학교와 교사들에게 던져주는 방식이 아닌 학교 현장의 교사들이 가지고 있는 문제의식과 실천역량, 개혁의지를 마음껏 발휘할 수 있는 자유와 여건을 만들어주는 방식으로 시작되었다. 이전의 그 어떤 교육개혁이 만들어내지 못했던 학교 현장 가운데서 나름의 의미 있는 교육적 변화의 열매를 만들어가고 있다.

저자가 지적했듯이 혁신학교 운동은 '과정'을 중시하는 교육개혁 운동이다. 눈에 보이는 가시적인 성과도 중요하지만 혁신학교를 만들어가는 과정에 참여한 교사와 학부모가 이 과정을 통해 교육의 본질에 눈을 뜨고 아이들을 향한 순수한 교육적 열정을 학교의 교육과정과 프로그램으로 만들어내는 교육적 힘을 길러가는 운동이다. 그리고 이러한 각성과 소명의 회복, 교육적 역량의 축적들이 다른 교사에게 다른 학교에 서서히 퍼져가게 함을 통해 우리 교육의 체질을 바꾸는 운동이다.

이런 의미에서 김성천 선생님의 이 책은 매우 시의적절한 책이다. 이 책은 현재 우리 교육 가운데 일어나고 있는 혁신학교 운동의 실체와 나아가야 할 방향을 매우 분명하게 보여주고 있다. 이론과 실제가 잘 겸비된 책이라 더욱 유익하다.

좋은교사운동 대표

정 병 오

4_ 혁신학교의 운영 원리와 적용

5_ 성공적인 혁신학교를 위한 제언

혁신학교는 외적 인센티브가 아닌 내적 인센티브를 통해서
그 동력을 만들어 가야 합니다. 혁신학교에 근무하는 것 자체가
보상이라고 말하는 사람이 많아질 때 혁신학교는 성공하게 될 겁니다.

제 1 장

왜 지금 우리는
학교 혁신을 이야기하는가?

제가 혁신학교에 대해서 강의를 할 때면 못마땅한 표정으로 자리에 앉아 있는 분들을 가끔씩 봅니다. 혁신학교에 대해서 토론을 할 때 어떤 분은 "도대체 공교육과 학교, 교사가 무엇을 얼마나 잘못 했길래 이렇게 못살게 구느냐?"고 말씀하시는 분도 계십니다. 제발 "그냥 내버려 두라"고 항변하는 분도 계십니다. 그분들이 왜 이런 반응을 보일까요? 아마도 개혁 피로 내지는 혁신 피로 때문이 아닐까요? 교사들은 늘 혁신의 대상이었습니다.

교사 직업 선호도가 상위권에 드는 것은 사실입니다. 그렇지만, 교사들의 자존감이나 효능감은 대단히 낮습니다. 교과부가 발표한 2009년 OECD 교육지표 조사 결과를 보면, 우리나라 교사들의 자기 효능감은 최하위 수준을 기록하고 있습니다.

날씨가 참 좋은 봄날 혹은 가을날 수업을 하다가, 아이들이 김 선생님에게 졸라댑니다. "선생님, 야외 수업해요!" 김 선생님도 나가서 아이들과 함께 야외 수업을 해보고 싶습니다. 하지만, 이내 마음을 접습니다. 교장선생님이나 교감선생님께 말씀을 드리지 않고 수업을 했다가는 교장실로 불려 들어갈 가능성이 높기 때문입니다. 말씀을 사전에 드렸다고 해도 "하지 말라"는 말씀이 떨어질 가능성이 높습니다. 결국 괜히, 싫은 소리 듣기 싫어서, 혹은 싸우기 싫어서 그 마음을 접습니다.

교무실 회의를 한번 지켜보십시오. 일방적인 전달에 그칠 때가 많습니다. 그 이유는 두 가지 때문인데 우선, 교장·교감 선생님이 소통에 관한 관점을 갖지 못했기 때문입니다. 또 하나는 이야기를 해봐야 되지 않는다는 교사들의 무력감에서 비롯되었을 겁니다. '괜히 이야기해봐야 찍힌다.', '말해봐야 피곤해진다.', '그냥 시키는 대로 하자.' 이러한 관점을 교사들이 가졌을 가능성이 있지요. 교사들의 효능감이 낮은 이유는 자신이 학교 일에 나서서 무엇인가 해결해 본 경험을 가져 본 적이 없기 때문입니다. 이런저런 시도를 하다가 부딪히느니 그저 시키는 대로 하는 것이 더 편하지요. 그러다 보니 시키는 대로 일하던 습관을 많은 교사들이 가지고 있을 가능성이 높습니다. 교사가 어떤 일을 할 때 관리자의 눈치를 봐야 하고, 작은 시도도 해보지 않고 그 마음을 접는 상황은 분명 교사들의 효능감이라든지 자신감이 매우 낮은 상태임을 보여줍니다. 더욱이, 정권이 바뀔 때마다 시도되었던 교육 개혁 정책은 늘 교사를 지탄의 대상으로, 교육 개혁의 대상으로 설정했지요. 그 과정에서 적지 않은 교사들이 교육 개혁 공포증을 가지게 되었습니다.

정권이 바뀔 때마다 교육 개혁에 관한 화두가 학교에 던져졌지만, 단위학교의 변화로 충분히 이어지지는 않았던 것은, 이른바 '위로부터의 개혁'이 가진 한계가 그대로 드러난 것으로 봐야 하지 않을까요? 이러한 맥락 속에서 교사들 역시 상당한 피해의식을 갖지 않았을까요?

그럼에도 불구하고 우리는 학교 혁신을 말하지 않을 수 없습니다. 왜 그럴까요? 우선은 '그동안 다 잘 해왔다'는 우리의 태도로는 더 좋은 학교의 모습을 그려낼 수 없기 때문입니다. 성공한 조직들도 늘 자신의 모습을 되돌아보면서 새로운 방향을 모색합니다. 성공한 기업일수록, 성공한 조직일수록, 내부 구성원의 논의를 통해 방향 탐색을 하고, 외부의 전문가를 활용하여 컨설팅을 받으면서 지난날을 평가하고 새로운 과제를 설정하여 나아갑니다. 그리고 그 과정을 위해 많은 비용과 시간을 들입니다. 학교라고 해서 예외는 아닐 것입니다. 성공한 조직이든 실패한 조직이든 반성과 평가는 필수입니다.

학교는 이러한 반성적 과정을 거쳐 새로운 미래를 설계하고 있습니까? 학교운영계획서를 보면 작년 것을 살짝 바꾸거나 인근 학교의 좋은 내용을 받아서 짜깁기하는 경우도 종종 있습니다. 이러한 모습은 반성의 과정이 작동되기보다는 관성의 힘이 작용하는 좋지 못한 사례로 볼 수 있습니다.

가슴 아픈 공교육의 현실

언론을 보면 매일 교육 관련 기사들이 쏟아져 나옵니다. 주로 체벌, 생활기록부 조작, 입시, 교과부와 교육청의 정책 등에 관한 내용이 많은데, 대체적으로 부정적인 기사들이 많습니다. 제가 좋은교사운동* 정책실장과 사교육걱정없는세상** 부소장으로 활동할 때, 많은 정책 토론회를 기획했습니다. 하지만 거의 기사로 나간 적이 없습니다. 교사와 학교의 희망적인 실천 사례 역시 다뤄진 적이 거의 없습니다. 어느 날 유력 언론사 기자분과 식사를 하면서 "제발, 희망과 대안을 담은 내용도 함께 다루어주십시오." 라고 부탁을 드린 적도 있습니다.

그러한 언론의 영향 탓인지 정부도, 기업도, 언론도, 학부모도, 교사도, 학생도 공교육 위기를 말하고 있습니다. 대부분의 사람들이 희망이 없다고 말합니다. 사교육과 비교를 하면서, 공교육 무용론 내지는 회의론이 대두되고 있습니다. '학원 강사만도 못한 교사', '학원만 못한 학교'라는 비판이 벌써 오래전부터 있었지요.

정부의 교원 개혁 프로그램의 강도는 점점 거세지고 있습니다. 특히 특정 교사가 문제를 일으켰을 때, 교사 퇴출 여론은 더욱 드

● 3,600명의 기독교사들이 활동하고 있는 단체이다. 가정방문, 자발적수업평가받기 캠페인, 일대일결연 운동, 학부모에게 편지 보내기 등 실천 운동에 강한 조직이다. www.goodteacher.org

●●학부모와 교사, 일반 시민들이 사교육 문제를 해결하기 위해 모인 시민단체이다. 사교육, 진로, 대학, 수학, 영어 등 다양한 주제의 강좌가 진행되며, 지역모임이 활성화되어 있다. www.noworry.kr

세지고 있습니다. 예컨대 예전에는 교사가 아이들을 체벌했을 때 대부분 별 문제 없이 지나갔고, 간혹 문제가 발생했을 때에도 경고나 주의 정도에 그쳤습니다. 하지만 지금은 언론이나 인터넷 포털 사이트에 '체벌 동영상'이 뜨는 순간 해임이나 파면까지 가는 경우를 종종 봅니다.

인터넷 포털 사이트에 교사 내지는 학교에 관한 부정적 기사가 떴을 때, 부정적인 댓글 역시 적지 않게 달리고 있습니다. 국책연구소가 주관한 한 토론회에서, 어떤 교수는 '교사들이 방학 중에 자가 연수를 명목으로 사실상 쉬고 있다'면서 '방학 때 월급을 받으면서도 보충수업비를 또 받는 것은 문제가 있다'는 주장을 펼쳤습니다. 교사들이 방학 때 학교에 나와서 수업 준비를 하던가 연수를 받으려면 제대로 받아야 한다는 것이 그의 주요 논지였습니다. 이 토론 내용을 언론사가 보도했습니다. 이 기사의 댓글을 살펴보았습니다. "그런 식으로 하면 우수한 인재들이 과연 교사가 되려고 할까?"라는 댓글에 대해 거의 욕설에 가까운 댓글이 연이어 달린 모습을 볼 수 있었습니다.

교원 정책에 대한 찬반을 떠나서 성과급, 교원평가, 학교평가, 의무연수

알고 갑시다 ●●●●

성과급 : 교사들도 성과급을 받는다. S급, A급, B급으로 나누어진다. 해마다 등급에 따라 받는 성과급 차등액이 커지고 있다.

교원평가 : 교원평가는 크게 세 가지로 구성된다. 학생 만족도 조사, 학부모 만족도 조사, 동료 평가이다. 공식 명칭은 교원능력개발평가이다. 평가 결과가 좋은 않은 교사는 의무연수를 받아야 한다.

의무연수제 : 교사는 연수를 강제나 의무적으로 받지는 않는다. 그러나 최근 들어 성과급을 교사 연수와 연계시키기도 한다. 의무적으로 교사들이 해마다 일정 시간 이상을 연수받도록 하는 제도를 의미한다.

정보공시제 : 학생과 학부모, 시민들로 하여금 학교에 관한 다양한 정보를 파악할 수 있도록 돕는 시스템이다. 학교의 책무성을 강화하기 위한 수단으로 평가된다. 학교 알리미 사이트에 들어가면 각종 학교에 관한 정보가 제공된다. http://www.schoolinfo.go.kr

제, 정보공시제 등은 이미 우리 교육현장에 깊이 들어왔으며, 더욱 강화될 것입니다. 이러한 제도들은 분명히 강제성을 지니고 있습니다. 언젠가는 교원평가와 근무평정제도가 결합되고, 이를 바탕으로 성과급이라든지 승진제도와도 연계될 것입니다. 이처럼 교사들에게 외적인 강제를 요구하는 제도들이 늘고 있습니다. 이것은 교사에 대한 책무성을 요구하는 목소리가 점점 높아지고 있다는 것을 의미합니다. 또한 이러한 제도가 자꾸만 강제로 시행되는 이유는 "학교 교육, 이대로 안된다."는 국민의 목소리가 반영되었기 때문으로 볼 수 있습니다.

교사들이 관료주의와 입시구조에 의해 좌절했을 때, 국민들은 더 큰 책무성을 학교에 요구하기 시작했습니다. 그리고 이러한 요구는 앞으로 더욱 거세질 겁니다. 지난 교육감 선거에서 어떤 후보는, 부적격 교원 퇴출을 공약으로 걸었습니다. 이러한 공약이나 정책이 언제 다시 제기될지 모르는 상황에, 교사들은 위기감을 느끼지 않을 수 없습니다.

과거 지역 사회에서 가장 많이 배운 지식인은 바로 교사였습니다. 하지만 지금은 교사보다 더 많이 배운 학부모를 학교 현장에서 쉽게 만날 수 있습니다. 예컨대, 학사 출신인 교사에게 박사 학부모가 전화를 걸어, 중간고사 몇 번 문제가 최근의 학술적 동향에 맞지 않으며, 문제에 오류가 있다고 지적을 하기도 합니다.

경기도교육정보연구원이 학생인권과 관련하여 학생 2,736명을 대상으로 한 설문조사 가운데, 재미있는 결과가 하나 있습니다.

학생들의 93.7%가 "선생님이 나의 인권을 존중해주면 나도 선생님을 존중하게 될 것이다"고 답변한 것입니다. 이 설문 결과에 대해서 씁쓸하게 생각한 선생님들도 적지 않았을 것이지만, 학생들의 선생님에 대한 존중과 존경이 저절로 이루어지지 않는다는 사실을 엿볼 수 있습니다. 즉, 과거와 달리 이제는 교사라는 직위 자체만으로 학부모와 학생에게 존중받는 시대가 아니라는 것입니다.

이 정도 말씀을 드리면 "그래도 공교육이 선호하는 학교가 여전히 존재하지 않느냐?"고 반문하시는 분도 계십니다. 네, 맞습니다. 경쟁률도 상당히 높아서, 이와 같은 학교에 들어가기 위해서 오랫동안 준비를 하고, 심지어 사교육을 거치기도 합니다. 이렇게 학생과 학부모가 선호하는 특정 학교는 그곳이 사립이든 공립이든 공교육의 범주에 속하기 때문에, 그런 점에서 여전히 '공교육은 가치가 있다.'는 주장이 가능합니다.

그런데 이런 주장에도 약간의 오류가 있습니다. 최근 들어 논의되고 있는 학문적 개념 중 하나가 "학교효과"입니다. 실제 수능시험에서 상위권을 쓸고 있는 학교들을 보면, 특목고, 전국단위 선발 자율형사립고, 비평준화 지역의 학교들입니다. 하지만, 많은 사람들과 교육학자들이 그런 학교들은 학교효과보다는 입학효과가 더욱 크다고 비판하고 있습니다. 다시 말해 '애초부터 우수한 학생들이 몰려든 학교'라는 겁니다. 들어온 학생들의 수준을 학교의 노력으로 높였다고 보기 어렵다는 거죠. 그뿐만 아니라,

이 학교에 들어가기 위해서는 사교육이 거의 필수에 가깝습니다. 이러한 과정 속에서 사교육이 주가 되고, 공교육이 부가되는 상황이 발생했습니다. 이쯤 되면 "공교육에서 자랑할 만한 학교가 도대체 어디에 있는가"라는 질문에 대답할 학교가 거의 없다고 볼 수 있습니다.

공교육에도 '좋은 시절'이 있었습니까?

여기서 우리는 공교육의 위기를 말하지 않을 수 없습니다. 그런데 공교육에도 '좋은 시절'이 있었을까요? 공교육 팽창의 역사를 살펴보면 잠시 존재했었음을 알 수 있습니다.* 역사적으로 공교육이 팽창되고, 그 필요성을 절감한 시기는 그리 오래되지 않았습니다. 우리나라만 해도 공교육의 역사가 한국전쟁 이후에 정착되었다고 보면 불과 60년을 넘지 못합니다. 서구에서도 공교육을 통한 보편 교육의 역사는 100년을 간신히 넘기고 있습니다. 물론, 서양으로는 고대 그리스와 로마 시절, 우리나라에서는 삼국시대에서부터 교육의 틀은 분명히 존재했지만, 보편 교육의 관점에서 보면 교육은 특정 계급의 전유물이었습니다.

● 공교육과 대안학교의 태동에 관한 내용은 민들레 출판사에서 출간한 이종태 박사(2007)의 『대안교육 이해하기』 참조.

그러다가 근대 이후 학교 교육이 도입, 팽창되었지요. 그 이유는 첫째 산업사회와 연관됩니다. 산업사회에서 필요한 인력은 공교육이라는 시스템을 통해 길러 내야만 했습니다. 우리나라 역시 물적 자원과 자본이 빈약한 상황에서 고도의 경제 성장을 이루어 냈는데, 그것을 감당할 만한 인력을 효율적으로 길러 낼 수 있었던 이유는 바로 공교육의 힘이 있었기 때문이지요. 또한, 노동자들이 일터로 나가는 동안 자녀들의 보육과 양육을 제3자가 대신해 줄 필요가 있었습니다. 사회화와 보육 및 양육의 기능을 공교육이 떠안기 시작한 셈이지요. 그 과정에서 교육을 전담으로 하는 기관이 발생하였는데 그것이 바로 학교였습니다.

둘째, 국가의 사회적 통합 기능과 연계됩니다. 주지하다시피, 민족국가라는 개념이 형성되기 시작한 것은 불과 200~300년이 되지 않습니다. 근대 국가로 발전하는 과정에서 민족 개념이 생성됩니다. 그러한 민족의식을 심는데 학교는 매우 중요한 역할을 하게 되지요. 학교는 사회적 통합 기능을 가지기 때문입니다. 일제는 교육 신민화 정책을 통해 일본과 한국의 일체화를 시도했습니다. 반면에 독립운동가들은 민족의식을 학교를 통해 고취시켰지요. 교육을 통해 일제는 민족의식을 죽이려 했고, 독립운동가들은 민족의식을 고취시키려 했습니다. 학교를 둘러싸고 민족의식에 관한 진지전이 치열하게 벌어진 셈이지요. 근대화의 후발주자였던 독일과 일본 역시 학교를 통해 민족의식을 고취시켰고, 국민 의식을 하나로 만들었습니다. 그 결과 세계대전으로 이어졌지요. 미국은 더합니다. 다민족이 모인 국가의 특성을 가지고 있기 때문에 비록 민족의식은 아니어도 사회 통합을 위한 기능을 학교가 수행하기를 원했습니다. 공교육 통합 기능을 학교가 수행하는 것이지요. 사회교과를 통해 민주시민 양성을 강조했던 이유도 사회 통합 기능과 무관하지 않습니다. 미국에서 협동학습이 활발하게 이루어진 이유도 수업을 통해서 다민족을 통합하려는 그들의 철학이 교수법에 반영되지 않았을까요? 근대 국가 형성 과정과 학교는 철저하게 맞물릴 수밖에 없었습니다.

셋째, 시민의 권리 향상과 공교육을 연결지어 생각할 수 있습니다. 서양의 경우, 프랑스 대혁명 이후에 노동자 또는 가난한 사람들의 교육 받을 권리를 인정하고 실현하는 흐름이 나타나기 시작했습니다. 앞서 말씀드렸듯이 역사적으로 볼 때, 교육은 특정 계층의 전유물이었으며, 보편적인 권리는 아니었습니다. 예컨대, 조선시대의 경우, 농부들도 과거에 응시할 수 있었지만 과거시험 준비에 최소 20년 이상의 오랜 시간이 걸렸으며, 양반 가문의 보단자,* 오늘날의 신원보증서 비슷한 것을 받아야만 하는 상황을 고려해보면 교육은 사실상 양반의 전유물로 볼 수 있습니다. 서양의 경우, 시민 혁명 이후 시민의 권리가 다양한 영역으로 확장되었고, 그 과정에서 교육은 인간의 기본적인 권리라는 것을 인지하고, 이를 국가에 요구할 권리를 생각해내기 시작했습니다. 우리나라 헌법 제31조 1항의 "모든 국민은 능력에 따라 균등하게 교

---

* 조선시대에 신분을 보증하던 문서

육을 받을 권리를 가진다."와 3항의 "의무교육은 무상으로 한다." 등은 그 의미가 매우 크다고 볼 수 있습니다. 예전에는 못 배운 것은 개인 탓이었고, 가난한 가정 또는 낮은 계층의 집안에 태어난 운명 탓으로 돌렸다면, 이제는 교육을 받지 못한 그 이유를 개인 탓이 아닌 국가 탓으로 돌릴 수 있게 되었습니다.

이러한 면을 종합해보면, 근대화의 과정을 통해 학교가 국가와 민족, 시민 개인의 발전에 매우 중요한 역할을 하게 되었음을 볼 수 있습니다. 적어도 교육에 대한 소외를 경험하지 않아도 된다는 점에서 시민의 권리가 향상되었다고 볼 수 있습니다. 아울러, 공교육은 개인뿐만 아니라 한 사회 및 국가의 발전에도 대단히 중요한 역할을 했습니다. 읽고, 쓰고, 셈하기가 거의 전 국민에게 가능해진 것은 공교육의 힘으로밖에 설명할 수 없습니다. 이처럼 가난한 상황에서도 공교육은 한 사회의 발전에 대단히 많이 기여하였고, 그 과정에서 학교 졸업장의 위력은 대단히 클 수밖에 없었습니다. 이른바 학력에 따른 임금 차별 등은 많이 배운 사람이 일도 잘한다는 인간 자본론(human capital theory)에 입각한 것인데, 이는 분명 교육의 힘을 상당히 중시했기 때문입니다.

졸업장의 위력이 큰 것은 그만큼 공교육의 효용성을 인정해주었음을 의미합니다. 학교의 졸업장, 성적 등은 학생 개인의 인생을 좌지우지하게 됩니다. 공교육의 권위는 클 수밖에 없었습니다. 이러한 시절을 공교육의 '좋은 시절'이라고 말할 수 있겠지요. 이러한 공교육의 허니문 시절은 지나갔다고 평가할 수 있을지 모르겠지만, 공교육에 대해 비판하는 시각이 부쩍 늘고 있습니다. 학문 영역을 넘어 언론과 시민사회에서 공교육의 문제점이 심심치 않게 논의되고 있습니다. 심지어 공교육의 필요성과 존재 자체를 부인하는 흐름도 나타나고 있습니다. 그 담론은 대단히 많이 있습니다만, 일부만 정리해보면 다음과 같습니다.

학교 평등

공교육에 대한 비판은 나름의 이론적 근거를 가지고 지속되어 왔습니다. 먼저, 공교육의 효용성에 관한 논의의 핵심은 "공교육이 과연 교육 평등 내지는 계층 평등에 기여하고 있는가?"에 있습니다. 한국 사회의 경우, "개천에서 용 났다"는 말이 자주 회자되고 있는데, 지금의 기성 세대 가운데 경제적으로 어렵고 힘들게 살다가 공부를 잘해서 명문대학에 들어갔고, 특정 분야에서 두각을 나타내서 잘살고 있다는 스토리를 가진 이들을 심심치 않게 만날 수 있습니다. 대부분 가난했던 시절, 공부가 출세의 길임을 우리는 잊지 않았던 거죠. 학교는 그런 상황에서 계층 이동의 통로 역할을 했습니다. 그런데, 공교육이 보편화되었음에도 불구하고, 많은 사람들은 더 이상 개천에서 용이 나지 않는다고 말합니다. 이런 이야기들은 실증적 연구의 결과를 통해서도 설득력을 얻을 수 있습니다. 예컨대, 수능 시험과 부모의 경제적 소득 내지는 직업군의 수준은 밀접한 상관관계를 보이고 있습니다. 고려대 김경근 교수가 수행한 연구(2005)를 살펴보면 부모 직업이 상위정신노동직인 자녀가 하위육체노동직 부모의 자녀보다 수능시험 성적이 평균 36점 이상 앞선 것으로 나타났으며, 월평균 가계소득 200만 원 이하의 학생은 월평균 가계소득 500만 원 초과의 학생에 비해서 수능 성적이 30점 정도 뒤처지는 것으로 나타났습니다.[*] 또한, 서울대 대학생활문화원의 2010년 5월 보도자료에 따르면, 신입생 응답자의 67.9%가 사교육을 받은 경험을 가지고 있었는데, 아버지의 교육 수준이 대졸 53%, 대학원졸 28.8%, 고졸 16.7%로 교육수준이 높을수록 사교육을 받은 적이 있으며, 아버지 직업 분포를 보면, 사무직 28.9%, 전문직 21.3%, 경영관리직 14.6%로 나타난 반면에 농축수산업은 0.7%에 불과한 것을 알 수 있습니다. 이러한 분석을 통해, 우리는 부모의 계층 배경에 따라서 자녀의 성적 내지는 진학 요인이 결정될 가능성이 커진다는 것을 알 수 있으며, 이 과정에서 학교의 영향력이 상대적으로 축소되고 있음을 알 수 있습니다.

● 김경근(2005), 『한국사회 교육격차의 실태 및 결정 요인』, 15(3), 1-27쪽.

소득수준	수학능력시험 점수(언어 · 수리 · 외국어 영역)				
	N	M	SD	F	사후검증
(1) 200만 원 이하	306	287.63	44.61		
(2) 201~350만 원	546	293.14	42.48		(1)~(3)*** (1)~(4)***
(3) 351~500만 원	308	310.20	44.93	25.255***	(2)~(3)*** (2)~(4)***
(4) 500만 원 초과	143	317.58	45.23		
전　체	1,303	298.56	45.09		

***p<.001, **p<.01, *p<.05

이러한 모습은 비단 대입에서만 결정되지 않습니다. 권영길 국회의원이 발표한 자료(2009년 4월)에서는 상위직 아버지 직업 분포가 민족사관고 87%, 외고 44.7%, 일반고 13.11%, 실업계고 3.68%로 나타났습니다. * 시민단체 〈사교육걱정없는세상〉에서는 중학교 3학년 방학 중 월평균 사교육비를 조사해서 발표한 적이 있습니다(2010년 4월). 조사 결과 수도권 과학고 91만 원, 수도권 외고 57만 원, 수도권 자사고 51만 원, 수도권 일반고 43만 원, 지방 일반고 34만 원으로 나타났습니다. 이러한 자료들은 공교육을 통한 기회의 균등이라든지 계층의 순환 구조가 이루어지기보다는 오히려 계층 간 고착화 현상이 더욱 가속화되고 있음을 보여주고 있습니다. 특히, 특목고라든지 자사고 등의 학교는 일반계고에 비해서 학비가 2~3배에 달한다는 점을 감안한다면, 부모의 경제적 소득 수준에 따라서 본인이 갈 수 있는 학교와 가지

● 권영길 국회의원(2009.4), 『외고 · 자사고 학생 부모 직업분석 보고서』, www.ghil.net

못하는 학교가 원천적으로 정해질 가능성이 높습니다. 실제로 우리 나라 주요 명문대학교의 특목고 학생 입학 비율이 매우 높습니다.

09~10학년도 서울대, 연세대, 고려대 외고생 합격률

학 교	2009학년도 입시		2010학년도 입시	
	모집정원 대비 외고출신 합격생 비율	인문계 모집정원 대비 외고출신 합격생 비율	모집정원 대비 외고출신 합격생 비율	인문계 모집정원 대비 외고출신 합격생 비율
서울대	8.4%	21.6%	9.8%	24.2%
연세대	19.2%	36.1%	29.1%	48.9%
고려대	18.6%	34.1%	25.2%	41.3%

※ 2010학년도 연고대의 인문계 합격자 중 절반이 외고생. 참고로 전국 고 3학생들 중 외고생은 1.3%에 불과.(전국 고 3학생 수 634,336명, 외고생 8,411명)
※ 2009학년도에 비해서 확연히 증가(연세대 36.1 → 48.9%, 고려대 34.1 → 41.3%)
※ 자료출처: 국회의원 권영길 정책보고서(2010.3) 연고대 입시 외고 잔치. www.ghil.net

이는 누구나 초중고등학교에 입학할 수 있지만, 소득수준에 따라(혹은 계층에 따라) 교육의 내용과 질이 달라질 수 있음을 의미한다고 여겨집니다. 이러한 모습은 외형상으로는 교육의 기회균등이 존재하는 것처럼 보이지만, 사교육, 교육과정과 입학전형, 학비 등 다양한 요인에 의해 보이지 않는 불평등이 존재하고 있음을 보여줍니다.

이러한 모습에 대해서 이미 진티스와 보울즈(Gintis&Bowles)와 같은 학자들은, 공교육이 기존 사회의 구조적 불평등을 재생산하고 있다고 오래전부터 비판해 왔습니다. 이들은 학교에서 배우는 내용이라든지 가치 등이 자본가 계급의 이해관계를 반영하고 있다고 주장했습니다. 부르디외(Bourdieu)와 같은 학자는 문

화를 통한 교육 불평등 현상에 주목하여, 학교에서 배우는 교육과정 자체가 특정 계층에 유리하도록 편성되어 있다고 주장했습니다. 예컨대, 현행 교육과정에서는 영어가 굉장히 높은 비중을 차지하고 있습니다. 이 경우에 조기유학을 다녀왔거나 부모님이 영어를 잘하는 학생들이 점수를 더 잘 받을 가능성이 높습니다. 이렇게 학교의 교육과정과 교과서의 내용이 특정 계층이 유리하도록 구성되어 있고, 이를 바탕으로 또다시 불평등이 만들어지는 것을 가지고 그는 '상징적 폭력'이라는 개념으로 표현하기도 했습니다. 하지만, 굳이 교육 불평등에 대해서 꼬집은 학자들의 이론을 언급하지 않더라도, 많은 학부모들이 그러한 현상을 이미 몸으로 체감하고 있습니다.

교육의 효율성

앞서 말씀드린 내용이 평등의 관점에서 공교육의 문제점을 지적했다면, 효율성의 관점에서도 공교육의 문제점을 진단해 볼 수 있습니다. 오일쇼크 이후, 세계적인 불황이 찾아오면서 미국과 영국 등의 주요 선진국들은 만성적인 재정적자를 경험하게 됩니다. 이 과정에서 교육과 복지 부문을 축소하고 아울러, 효율성을 높이기 위한 시도를 합니다. 자율과 경쟁, 수요자 중심 교육 등의 가치가 대두되기 시작한 것입니다. 이러한 흐름을 신자유주의로 통칭합니다. 그리고 이러한 경향은 우리나라에도 상당한 영향을 미쳤습니다.

김영삼 정부 시절 발표된 5·31 교육개혁안은 한국 교육의 로드맵 역할을 지금도 하고 있습니다. 이 교육개혁안의 바탕에는 공교육의 비효율적 요소라든지, 교육에 나타난 정부 실패의 요소를 제거해야 한다는 생각이 있습니다. 개혁의 동력을 만들기 위해서 국가의 위기 내지는 교육의 위기를 강조하는 것입니다. 그리고 관료주의에 사로잡힌 교육 체제에 시장의 요소를 접목하면서 생산자 중심의 교육 체제에서 소비자 중심의 교육 체제로 전환되어야 함을 강조합니다. 경쟁이야말로, 비효율에 빠진 교육을 살릴 것이라는 신념이 내재해 있는 겁니다.

이러한 신자유주의자의 관점에서 볼 때 학교는 지나치게 안일하며, 주어진 책무성을 제대로 이행하지 못하는 답답한 기관으로 보였을 것입니다. 그럼에도 불구하고, 학교는 국가의 비호 속에서 일종의 독점적 구조를 지니면서 특혜를 유지했다고 주장합니다. 이에 대해 당연히 노조 등은 교육의 특수한 원리를 들어 반대하겠지만, 시장과 경쟁 원리 없이는 학교를 개혁할 수 없다고 맞서고 있습니다. 그들이 제안하는 해법은 간단합니다. 학교가 국가 재정 지원에 안주하지 말고, 소비자의 선택을 받아 살아날 수 있는 체제를 만드는 것입니다. 결국 요구되기 시작한 것은 '성과'입니다. 예컨대, 학습부진 학생 수가 얼마나 줄어들었는지, 학생들의 학업성취도 향상 정도는 어느 정도인지 등을 결과로 말하라는 것입니다.

이러한 과정에서 학교의 책무성 개념이 중요하게 대두됩니다. 미국의 NCLB(No Child Left Behind) 정책은 책무성을 묻는 대표적인 실천 사례로 꼽을 수 있습니다. 이 정책을 통해 책무성을 다하지 못한 학교는 재정 감축이라든지 정원 감축, 학교 폐쇄 등의 불이익을 당하게 됩니다. 우리나라에서도 이러한 모습을 대학교에서 찾아볼 수 있습니다. 교과부는 각 대학의 성과지표(예: 졸업생 취업률)와 여건지표(예: 전임교원 확보율)를 산출한 공식을 만들어 이를 중심 사업과 연계하여, 예산 지원 여부나 예산액을 결정합니다. 좋은 성과를 보인 학교에는 예산을 더 주고, 그렇지 않은 학교에는 예산을 줄이거나 아예 주지 않는 방식을 채택하는 것이지요.

한편, 우리나라에서도 도입된 자율형사립고는 국가로부터 재정 지원을 받지 않는 대신, 학비 수준이나 교육과정 편성의 자율권을 대폭 보장하고 있습니다. 교육과정과 프로그램의 특성화로 학부모와 학생의 선호도를 높이겠다는 의도를 가지고 있는 것입니다.

이러한 메커니즘은 경쟁과 효율을 중시하는 흐름이 한국 교육에서도 한층 강화된 것으로 볼 수 있습니다. 제가 시민단체에서 활동을 할 때는 회원

1명이 탈퇴를 하면, 그 원인과 이유에 대해서 철저히 분석을 했습니다. 회사는 더하겠지요. 하지만, 학교는 지원하려는 학생 수가 줄어들어도 절박하지 않은 듯 보입니다. 평준화를 비판하는 주요 논거 중 하나가, 학생과 학부모 선택을 위해서 치열하게 고민하는 학교의 모습이 없는 부분입니다.

시대의 전환

김영삼 정부 시절에 발표된 5·31 교육개혁안의 서두에서는 정보 사회를 강조했습니다. 이러한 생각 속에서 학교운영위원회, 자율형사립고, 평생학습 등의 개혁안이 제시되었고, 이들 중 상당수가 이미 진행되었거나 현재 추진 중에 있습니다. 학교, 나아가 교육에 관한 관점이 변화해야 할 필요성을 정보사회의 관점에서 제시한 부분은 지금의 관점에서 봐도 나름 유효성을 지닌 것으로 평가받을 수 있습니다.

산업화 시대에서 정보 사회로 넘어오면서 지식의 성격이 분명 변화되었음을 우리는 벌써 몸으로 체험하고 있습니다. 인터넷과 스마트폰은 쌍방향성을 강화시켰으며, 문자와 그림, 동영상의 통합을 가져왔습니다. 책을 읽을 때는 대부분이 순차대로 읽어 내려갑니다. 하지만, 오늘날의 웹

알고 갑시다 ●●●●

학교운영위원회 : 교사위원, 학부모위원, 지역위원으로 구성된 위원회로서 학교 예결산 심의, 교사 초빙, 학교 운영과 관련한 다양한 사안을 심의한다. 교장 초빙이라든지 혁신학교 도입 여부도 학교운영위원회가 심의한다. 혁신학교가 순조롭게 진행되려면 혁신학교의 취지에 공감하는 학교운영위원회가 많아야 한다.

환경에서 순서는 의미가 없습니다. 하이퍼링크의 비선형적 접근이 가능하기 때문입니다.

어찌 보면 지금의 학교 교육은 산업화시대에 최적화되어 있다고 볼 수 있습니다. 즉, 표준화된 교육과정과 수업 내용, 교수 방법을 가지고 학생들에게 전달하는 방식이었습니다. 그 과정에서 학생 개인의 특성과 흥미는 반영되지 못했지요. 오히려 학생들은 학교가 제시한 목표와 방법, 절차에 자신을 맞추어야 했습니다. 다시 말해서, 학생 개인의 능력이 어느 정도 인지와는 상관없이 학교에서 주어진 목표와 방법, 절차에 적응해야 했습니다. 적응하지 못한 학생은 공교육의 대오로부터 낙오하게 되지요. 이러한 과정에서 교육과정과 수업, 평가의 획일화는 물론이고 산출 결과물의 획일화를 가져왔습니다. 이와 같이 표준화된 조건에서 학교의 수업은 학생들의 경험보다는 교사의 일방적인 지식 전달 방법을 중시했습니다. 학습자의 실패 역시, 학교가 아니라 학생 개인의 몫으로 치부되었습니다. 그런 면에서 학교는 기존의 전통적인 지식의 정수를 학생들에게 전달해주는 모형을 채택했다고 볼 수 있을 겁니다. 학생들은 학교에서 배운 지식을 얼마나 잘 알고 있는가를 국가 수준의 평가를 통해 확인받았으며, 그 평가 결과를 통해 배출된 인력은 사회에 배분되었습니다. 그런 점에서 학교는 사회화 기능과 인력 선발, 배분의 기능을 동시에 수행했다고 볼 수 있습니다.

이러한 상황에서 학교는 굳이 창의성을 강조할 필요가 없었습니다. 있는 지식을 잘 요약·암기·정리하는 능력이면 충분했기 때문입니다. 그저 국가가 정해준 교육과정과 교과서, 평가체제에 잘 적응하면 되는 상황 속에서 교사의 창의성과 자율성은 불필요한 짐이 됩니다. 그렇기 때문에 이 시절에 교사들은 주어진 교육과정과 교과서를 잘 요약해서 학생들에게 전달하면 그 역할을 다한 것으로 볼 수 있었습니다.

산업화시대는 정보망이 제한되어 있습니다. 그렇기 때문에 사실상 학생들에게는 지식을 얻을 수 있는 유일한 통로가 교사였습니다. 그렇기에 교사는 지식에 관한 많은 권위를 인정받을 수 있었으며 학교는 유일한 배움의 공간이었습니다.

그러나 IT 기술의 발달은 인간의 물질 세계를 바꾸었을 뿐만 아니라 인간의 정신 세계, 일상, 지식의 성격을 확연히 바꾸어 놓아 지식과 교육에도 영향을 끼쳤습니다. 산업화시대에서는 표준화된 지식을 잘 암기한 학생들이면 충분했습니다. 하지만 인터넷과 스마트폰 등을 통해 지식에 대한 접근성이 너무나도 용이해진 오늘날, 교과서와 교사의 권위는 매우 낮아질 수밖에 없습니다. 제가 성균관대와 한신대학교에서 강의를 한 적이 있는데, 일부 대학생들은 제가 설명한 개념에 대해서 아이패드나 스마트폰으로 검색을 해서 다시 내용을 정리하더군요. 이러한 변화가 중·고등학교에서도 오지 않겠습니까? 학생들은 교과서의 핵심 개념과 원리를 손에 있는 스마트폰 하나로 검색하면 교사의 설명보다 더 정확하면서도 많은 정보를 손쉽게 찾을 수 있습니다. 심지어는 교사가 잘못 설명한 내용에 대해서 바로 지적할 수도 있습니다. 그러한 과정에서 학생은 교사가 갖는 지식의 권위에 대해서 부정하는 사태가 올 수도 있습니다.

폭발적으로 증가하는 정보 사회의 시대는 더 이상 표준화된 지식의 암기를 요구하지 않습니다. 이제는 많은 지식을 외우고 아는 것이 아니라 지식을 제대로 찾는 방법, 활용하는 방법, 생성하는 방법, 의미를 이해하는 방법, 융합하는 방법 등이 더욱 중요해지고 있습니다. 아울러, 지식을 통해서 자신만의 통찰력과 관점을 세워나가는 능력이 더욱 요구될 것입니다.

이러한 맥락을 고려한다면, 우리는 더 이상 배움과 가르침이 인생의 젊은 시절(초기교육)에 학교라는 공간(형식교육)을 통해서만 이루어질 수 없음을 인정해야 합니다. 이러한 상황은 분명, 교사 내지는 학교 교육이 새롭게 바뀌지 않으면 큰 위기를 맞이할 수 있음을 의미합니다. 인터넷과 스마트폰에 엄청나게 축적되어 있는 지식을 교사가 다 가르칠 수는 없으며, 동일한 내용에 대해서 교사 이외에도 다양한 교육 주체와 프로그램이 존재합니다. 교대와 사범대에서 배운 이론적 지식의 유효 기간도 짧아졌습니다. 이런 상황은 가르침과 배움에 대한 기존의 원리를 교사들이 탈피할 필요가 있음을 시사합니다. 물론, 기존의 교수법과 교육 방법이 다 틀렸다고 말할 수 없습니다. 그러나 지금은 교육방법과 원리에 새로운 적응을 필요로 하고 있습니다. 그렇지 않으면 공교육의 존재 이유에 대해 질문을 던지는 이들이 더욱 늘어날 겁니다.

대안교육 등장

미국의 개토(Gatto)라는 교사가 쓴 『바보 만들기』*라는 책을 보면 다음과 같은 비판이 나옵니다.

> 관리체제의 학교 교육은 그 역사만큼이나 개인과 가정과 사회에 해를 끼쳐 온 것이 분명합니다. 그래서 납세자들의 주머니만 더 많이 털어 온 부끄러운 기록을 남긴 채 이 흐름이 곧 사라지리라는 생각도 있었죠. 하지만 이런 일은 아직 일어나지 않았습니다. 학교 교육이 성장해오면서 국민과 민주적 전통에 해악을 끼친 건 분명한데, 학교 교육은 미국에서 가장 큰 하나의 사업체가 되었고, 국방부 다음으로 가장 큰 계약 체결자죠. 이런 현실이 막강한 정치인 친구들, 홍보인들, 옹호자들, 도움을 주는 혈맹들을 교육에 공급합니다. 학교의 실패담이 그렇게 많았는데도 여태까지 왜 학교가 변하지 않았는지, 왜 그렇게 오랫동안 변하지 않는지, 많은 부분을 이 사실이 설명해줍니다. 〈중략〉 제가 확신하는 것은 관리인들이 학교 문제를 해결할 수 없다는 겁니다. 이 사람들은 중요한 변화는 모두 가차없이 막아버리죠.
>
> - 개토, 『바보 만들기』, pp. 62~63.

그는 훌륭한 교사였지만 교사에 대한 뼈아픈 지적을 하고 있습니다. 이러한 비판을 외부인이 하기보다 교사 스스로 던졌음을

● 존 테일러 개토(2005), 『바보 만들기』, 김기협 역, 민들레.

기억해야 합니다. 배움에 대한 신비로움과 앎에 대한 기쁨이 사라진 교육은 공교육이 화석화되었음을 의미하지 않을까요?

> 우리는 이제 더 이상 학교에 기대를 걸지 않을 것입니다. 학교가 바뀌기를 진정으로 바라는 만큼 우리는 학교를 대신할 수 있는 새로운 교육 환경을 만들어가고자 합니다. 우리 자신들이 곧 길인 것입니다. 그러나 이 길은 잘 닦여져 열려 있는 그런 길이 아니라 우리가 함께 열어 가야만 하는 길입니다. 자기를 찾을 수 있도록 돕는 것, 그래서 삶을 꽃피울 수 있도록 돕는 것이야말로 교육의 본질임을 잊지 않는 한 우리는 길을 잃지 않을 것입니다. 이제 진정한 교육을 시작할 때입니다.
>
> - 『민들레 창간호』 창간사.

대안교육 잡지 『민들레』의 창간사를 보면서, 학부모님들이 더 이상 교육에 기대를 걸지 않고 스스로 길을 모색했다는 사실에 한편으로 가슴이 아팠습니다. 공교육의 교사들도 답답한 현실을 보면서 소주 한잔 마시면서 이런저런 푸념을 했겠습니다만, 그러는 사이 학부모님들은 스스로 스크럼을 짜면서 대안을 찾았습니다.

이한이 쓴 『학교를 넘어서』라는 책을 읽어보셨습니까? 이한이라는 학생은 공교육이 길러 낸 최고의 존재라고 볼 수 있습니다. 서울대 법대를 나와서 인권변호사의 삶을 살고 있기 때문입니다. 그가 고3 수능을 마치고서 공교육의 문제점을 있는 그대로 드러냈던 책이 바로 『학교를 넘어서』라는 책입니다.

학교는 학생들의 교육에는 사실상 아무런 관심이 없다. 학교는 학교제도, 나아가서 전체 사회제도의 톱니바퀴가 잘 돌아가도록 하기 위해 학생들을 효율적으로 통제하는 데 관심이 있고, 그 다음으로는 스스로 무슨 대단한 활동, 교육 활동을 하고 있다는 쇼를 벌이는 데 관심이 있는 것이다. 학교는 학년제, 고정화된 교과과정, 뒤떨어진 교수법과 시설을 고수하면서 학생들의 요구를 무시한 채 관료식 경영을 그대로 유지하고 있다. 학교는 학교에 착취당하는 수많은 사람들에게서 자금을 빼앗아 그 일부분을 질 나쁜 서비스의 형태로 그것도 매우 불평등하게 배분해왔던 것이다.

- 이한, 『학교를 넘어서』, p. 39.

그는 딱히 방어할 말도 떠오르지 않는 정말 뼈아픈 지적을 했습니다. 그의 책을 보면서 많은 학부모들은 '이러한 학교에 과연 내 자녀를 보내도 되는가?'라는 질문을 했을 것이고, 공감대를 이룬 학부모들은 공동육아 내지는 대안교육 등에 관심을 기울였지요.

일리히(Illich)와 라이머(Reimer)와 같은 탈학교론자들은 교육을 학교가 더 이상 독점해서는 안 된다는 문제의식을 일찍이 가지고 학습 네트워크와 비형식 교육 등을 강조했습니다. 이들의 사상은 현재 대안학교라든지 홈스쿨링의 발전에 밑거름이 되었습니다. 과거에 대안학교는 공교육에서 적응하지 못한 일부 학생들이 다니는 학교로 인식되었으나, 지금은 많은 학부모들이 공교육과 대안학교를 하나의 선택지로 고민할 정도로 보편화되었습니다. 심지어 공교육에 근무하고 있는 교사들 중에서 적지 않은 수가 자신의 자녀를 대안학교에 보내고 있습니다.

서울에서 학교를 다니다가 초등학교 3학년 때 경기도로 전학을 온 제 딸 혜원이에게 "학교 생활은 어떠니?"라고 물어본 적이 있습니다. 혜원이는 저에게 이렇게 대답했습니다. "아빠도 참⋯⋯ 그런 것을 물어보세요? 학교가 다 똑같죠. 교과서도 똑같고, 수업도 똑같고⋯⋯" 그 말을 들으면서 초등학교 3학년 아이가 공교육의 문제점을 벌써 파악하고 있는 느낌이 들어 쓸쓸한 느낌이 들었습니다. 딸 아이가 다니는 학교에서 공개 수업을 한다고 해서 참관해 보았습니다. 선생님은 기존에 제작된 컴퓨터 프로그램에 의존하여 수업을 진행했는데 수업 자체가 상당히 부실하다는 느낌을 받았습니다. 아이에게 물어보니 그마저도 사전 연습을 했다고 하더군요. 학부모가 되어보니 공교육의 한계가 보이기 시작했습니다. 교사인 제가 이런 생각을 가질 정도면 일반 학부모들이 갖는 아쉬움은 더욱 크겠지요.

물론, 대안학교도 학교마다 그 내용과 수준이 천차만별이기 때문에 일률적으로 평가할 수는 없습니다. 그러나 간디학교, 이우학교, 산마을고등학교 등은 그 여건이 공교육에 비해서 불리함에도 불구하고 그 인기가 공교육을 훨씬 뛰어넘습니다. 또한, 적지 않은 교육적 성과를 내고 있습니다. 공교육 제도 아래의 많은 학교들이 이들 학교를 배우기 위해서 방문을 하는 경우도 있습니다.

대안학교가 부상한 것은 공교육의 한계와 문제점에 대한 인식에서 비롯되었습니다. 대안학교를 보면 같이 생활을 하면서 농사를 짓거나, 전국 곳곳을 돌아다니는 등의 다양한 체험활동을 진행하고 있습니다. 생태주의, 공동체주의, 체험 및 노작 활동 등은 기존의 공교육에서 거의 제시하지 못했던 교육적 가치이자 철학으로 볼 수 있습니다. 이들의 교육에서는 '어떤 삶이 잘 사는 것이고, 그런 삶을 위해서 교육과정과 수업이 어떻게 설계되어야 하는가?'에 관한 근본적인 고민이 담겨져 있다고 할 수 있습니다. 즉, 삶과 교육을 철저히 일치시키려는 노력이 있었습니다. 공교육이 '입시 성과를 어떻게 하면 더 낼 수 있을까'를 고민하는 동안 대안학교는 '어떻게 하면 학생의 삶을 성숙시킬까'에 초점이 있었던 거죠.

대안학교의 부상은 '공교육이 왜 존재해야 하는가'에 대해서 분명히 답하고 실천하지 않으면 훗날 더 큰 위기가 올 수 있음을 의미하는 현상입니다.

학교 혁신을 방해하는 조건과 구조

입시 구조

학교는 산업화 시대에 인적 자원을 사회화·선발·분배하는 역할을 했습니다. 이를 위해서 평가 시스템이 필요했지요. 우리나라는 내신과 본고사, 예비고사·학력고사·수학능력시험 등 시대에 따라 변동된 다양한 평가 체계의 조합이 존재했었고, 이를 통해서 학생을 선발했습니다. 입시 제도는 계속 바뀌었지만 관통하고 있는 핵심 가치는 변별력과 객관성이었습니다.

학벌의 가치를 높이 부여하는 한국 사회에서 학생들의 꿈은 명문대 입학으로 귀결됩니다. 따라서 경쟁이 치열해질 수밖에 없었습니다. 결국 어떤 학생을 선발할 것인가의 문제가 남지요. 대학으로서는 A학생은 합격이고, B학생은 불합격이라고 설명할 수 있는 어떤 객관적인 근거가 필요하게 되었습니다. 그것이 곧 점수입니다. 우리는 '수능 350점은 합격, 수능 349점은 불합격'이라는 상황을 너무나도 자연스럽게 받아들이고 있습니다. 평가가 교육과정과 수업을 결정짓는 상황에 이르게 되면서, 교육은 변별력과 객관성을 위해 존재하게 됩니다. 변별력과 객관성을 담보한 평가를 위해서는 당연히 통일된 교육과정과 평가 체계를 요구할 수밖에 없습니다. 평가에 맞추어서 교육 목표와 내용이 결정되다 보니, 수업을 하다 보면 시험에 자주 출제되는 내용에 대해서 교사가 몇 번이고 반복해서 가르치지만, 교과서의 막판에 나와 있는 마지막 부분은 거의 가르치지 않게 되는 경향이 있습니다. 왜 그럴까요? 시험에 나오지 않기 때문이죠.

이러한 표준화 과정은 단위학교 교육의 수준과 질을 일정하게 끌어올리는 순기능도 존재합니다만, 교육과정과 목표, 수업, 교직 문화, 청소년 문화 등에 심각한 왜곡을 가져왔습니다. 즉, 입시 체제와 평가 체제에 종속된 교육과정과 수업, 학교 경영이 이루어진 것입니다. 교육과정의 본질 내지는 교육의 본래적 목표는 상실된 채, 입시에서 좋은 성적을 획득할 수 있는 학생들을 길러 내는 것이 학교의 실질적 목표로 자리 잡게 되는 것입니다.

저도 고3 담임을 해봤습니다만, 고3 학생들은 계발활동이나 동아리 활동을 거의 경험하지 못하고 있습니다. 문서상으로는 관련 시간이 보장되어 있지만 실제로는 자습으로 대체되고 생활기록부에는 계발활동을 한 것처럼 몇 줄 적어두고 있습니다. 그 이유는 무엇입니까? 수능을 목표로 가야 하는데, 당장 입시에 도움이 되지 않는 과목과 시간, 내용은 무의미한 것처럼 간주하기 때문입니다. 다른 예로 어떤 인문계 고등학교는 입시에 도움이 되지 않는다는 이유로 학교 축제를 격년제로 실시하고 있습니다. 학교 축제야말로 학생들의 다양한 꿈과 재능을 발현시키고, 학생회가 뭔가 기획할 수 있는 자기 성장의 계기를 제공하는 좋은 기회입니다. 그런데, 입시는 그 모든 교육적 가치를 쓰나미처럼 휩쓸어 버리고 있습니다.

대한민국 고3 교실을 한번 관찰해보십시오. 수능 직전의 교실 모습과 수능 이후 교실의 모습은 완전히 다릅니다. 수능이 끝난 후부터는 학생들이 학교에 나오지 않거나 지각을 하고, 수업은 거의 진행이 되지 않습니다. 기말고사까지 치르게 되면 학생들은 완전히 무장 해제의 상태가 됩니다. 재수를 결심한 학생을 제외하고는 대부분의 교과서와 문제집은 쓰레기통으로 들어갑니다. 수능 직전까지 반복해서 보던 책과 문제집을 수능 이후에는 언제 봤냐는 듯 폐지함에 버립니다.

이 과정에서 배움이란 과연 무엇인가에 대해서 우리는 고민하지 않을 수 없습니다. 학생들에게 국어, 수학, 영어, 과학, 사회는 과연 어떤 의미를 갖습니까? 내신과 수능 성적을 산출하기 위한 하나의 도구였고, 그 과정이 끝나면 폐기되는 일시적인 점수 놀이에 불과한 것일까요?

저는 후배 교사들에게 고3 담임교사를 너무 오래하지 말라고 조언하고 있습니다. 사실, 고3 담임을 하면 몸은 힘들어도 마음은 편합니다. 수능 응시일을 D-day로 잡고, 학생들에게 불안감, 경쟁심, 긴장감을 계속 불러일으키는 역할만 수행하면 되기 때문입니다. 수업은 교과서 진도 빨리 끝내주고, 문제집은 최소한 2~3권 정도 풀어주면 됩니다. 학생들에게 시험 출제 경향을 언급하면서 수업을 하면 권위도 얻게 됩니다. 협동학습, 프로젝트 같은 교수법을 적용하기보다는, 철저히 강의식으로 진행해야 합니다. 저는 고3 교과에 들어가서도 협동학습이라든지 토론수업을 진행해 본 적이 있습니다. 그 과정에서 학생들이 상당히 불안해하는 마음을 읽을 수 있었습니다. '이래 가지고 언제 진도 다 끝낼 건가요' 하는 불안감이었습니다. 이렇게 고3 교육에는 강의와 자습, 문제풀이의 세 가지 학습 패턴만이 존재하고 있습니다. 제가 보기에 이런 패턴들로 인해 학생들도 피폐해집니다만, 교사 역시 그 전문성이 죽게 된다고 생각합니다. 입시 전문성은 생깁니다만, 학급운영과 수업방법 등에 관한 전문성은 자연스럽게 죽게 되는 것입니다.

이렇게 입시 구조에 종속된 교육 방식은 서서히 한계에 봉착하고 있으며, 그 한계에 대해서 기업들도 파악하기 시작한 것 같습니다. 예전에는 학벌이 높은 자원을 기업에서 많이 선호했었습니다. 이른바 암기형 인간을 선호한 거죠. 그러나 암기형 인간은 창의력이나 문제해결능력이 뛰어나지 못할 가능성이 높습니다. 그러나 모방이 아닌 창의를 요구하는 시대에 돌입했습니다. 공기업이나 대기업의 신입사원 출신 대학에 대해서 밝힌 자료를 한번 보십시오. 전국경제인연합회가 최근 삼성전자와 현대기아차 등 주요 기업 22개사를 대상으로 실시한 '대학 소재지별 채용 조사' 결과, 대졸(전문대 포함) 신규채용 인원 중 60%가 지방대 출신인 것으로 나타났습니다. 4년제 지방대 출신 비중은 2008년 41.3%(5,092명), 2009년 43.6%(6,024명), 지난해 46.8%(8,248명)로 높아졌다고 합니다.* 이를 통해서만 보아도 기존의 학벌 서열

● CBS 기사(2011.6.13). 지방대 우수인재, "대기업 문을 두드려라. 열릴 것이다."

화와는 상관이 별로 없음을 알 수 있습니다.

무한하게 지식이 팽창하고 있는 이 시점에서, 고입 내지는 대입 시험이 끝나면 잊어버릴 지식에 모든 학생과 교사들이 매달리고 있는 것은 전인교육에 도움이 안 될 뿐만 아니라 엄청난 경제적 교육적 낭비라고 생각합니다. 지금 이 시대는 단순 암기 능력이 뛰어나거나 객관식 문제를 잘 푸는 학생들보다는 문제해결능력, 토론 능력, 창의력, 사회적 기술, 커뮤니케이션 기술, 자료 습득 능력, 문해력 등 역량을 갖춘 인재를 요구하고 있습니다. 그러나 현재와 같이 객관식 지필 평가 방식에 매인 수업과 교육과정은 이 시대가 요구하는 능력을 거의 길러 내지 못합니다. 기업인의 관점과 시각이 교육의 절대적 기준이 될 수는 없겠습니다만, 그들이 보기에도 문제풀이식, 주입식 교육에 대해서 공통적으로 불신하고 있다고 보여집니다.

이러한 변별력 중심의 교육 패러다임을 깨자는 움직임은 예전부터 있었습니다. 참여정부 시절, 2008 대입안이 바로 그런 취지와 목적을 가지고 있었습니다. 하지만 변별력의 덫에 걸려들고 말았습니다. 수능 등급화로 가면서 서울의 상위권 대학들은 변별력을 문제 삼았고, 논술 등 대학 자체 고사를 부활시켰죠. 그 과정에서 학생들의 부담은 더욱 커졌습니다. 비록 정책적으로 실패한 면이 있지만, 궁극적으로는 변별력 패러다임에서 벗어나려는 의미 있는 시도였다고 저는 평가하고 싶습니다.

2009 개정교육과정도 그런 맥락에서 의미 있게 볼 수 있습니

다. 안타깝게도 집중이수제 때문에 학교에 적지 않은 혼란을 가져왔고, 의도와 달리 국·영·수를 강화시켜서 문제가 발생하고 있습니다만, 진로교육과 선택교육과정, 창의적 체험학습 강화를 통해 자연스럽게 입학사정관제의 필요성이 대두되었기 때문입니다.

근래 들어 정시 비중은 축소되고, 수시 비중이 높아졌습니다. 총모집인원 대비 수시 선발 비율은 2010학년도 59%, 2011학년도 61.6%에 이어, 2012학년도에는 62.1%로 나타났습니다. 그리고 입학사정관 제도를 활용한 수시 선발 인원은 2011학년도 3만 4천 408명에서 2012학년도에는 3만 8천169명으로 3천761명이 늘었습니다. 입학사정관제에 대한 비판도 많고, 실제 왜곡된 사례도 적지 않습니다만, 입학사정관제는 기본적으로 수능 점수 중심의 선발 관행으로부터 벗어날 때 그 존재의 의미가 생긴다고 볼 수 있습니다. 내신과 수능 점수의 단순 합산으로 학생을 뽑는다면 굳이 입학사정관제를 도입할 이유가 없습니다. 수능 점수와 내신 점수 합산해서 서열을 매겨, 정원 수대로 끊어서 합격자를 발표하면 간단합니다. 그럼에도 불구하고 입학사정관제가 존재하는 이유는 무엇입니까? 특목고 학생을 우대하기 위한 목적도, 잘사는 학생을 뽑기 위함도 아닙니다. 성적으로 볼 수 없는 학생의 잠재 가능성이라든지 학생이 학교에서 어떤 삶을 어떻게 살았는지를 살펴보는 과정 중심의 평가를 지향하는 것입니다. 입학사정관이 학생을 보려고 하면 단순 내신 성적 이상의 자료가 필요합니다. 자기 소개서라든지 생활기록부 등이 필요하겠지요. 이런 전형은 학생 나름의 스토리를 요구합니다. 또한 그 스토리는 학교 밖 사교육 시장에서 만들어주는 것이 아니라 사실은 수업과 교육과정, 학급운영, 동아리, 계발활동 등에서 자연스럽게 만들어지는 것입니다. 이러한 방식으로 평가 철학에 변화가 온다면 입시 때문에 학교를 혁신하지 못한다고 말할 수 없습니다.

산업화 시대를 거쳐 탈산업화 내지는 정보화 시대를 맞이하면서 그동안 공교육에서 진행해왔던 교육 프로그램과 지식의 내용, 방법, 평가 등의 유효성에 대해서 의심을 하는 시각이 높아지고 있습니다.*사토 마나부(Sato Manabu) 교수는 한국, 일본과 같이 동아시아권의 국가들이 빠른 성장의 동력이 되었던 교육이 시대의 변화 속에서 이제는 오히려 발전의 걸림돌이 되고 있다고 주장하면서 교육 관행에 대한 전면적 검토가 필요하다는 주장을 제기하고 있습니다. ** 주입된 지식을 얼마나 잘 외우고 있는가를 확인하던 교육 체제는 이제 생명력을 잃었으며, 정보 시대를 맞이하여 그 시대에 적합한 지식을 생산하는 교육 체제로 전환해야 하는 것입니다. 그런 점에서 학교는 입시에서 1점이라도 더 따기 위해서 과도한 경쟁을 벌이는 고통과 긴장의 공간에서 탈피해야 합니다. 그렇다고 해서 혁신학교가 입시를 부정하거나 무시하는 것은 아닙니다. 최근에 변화되고 있는 입시 환경을 놓고 볼 때, 혁신학교가 교육과정의 다양화, 특성화 프로그램, 참여 중심 수업, 평가

● 강창동(2003), 인용.

●●사토마나부(2007), 인용.

의 다양화 등을 추구한다면 오히려 입시 성과에서 좋은 성과를 낼수 있는 가능성이 높습니다. 남한산초등학교나 이우학교 학생들을 종단적으로 추적해보면, 입시를 목적으로 하지 않았지만 입시에서 실패하지 않았고, 오히려 좋은 성과를 낸 경우가 적지 않습니다.

물론 혁신학교는 좋은 입시 성과를 교육 목적으로 설정하지 않습니다. 하지만 저는 혁신학교가 추구하는 교육 방식이 학생들에게 적어도 입시에서 실패를 가져오지는 않을 것으로 확신합니다. 결국 혁신학교들의 실천 사례들은 변화하고 있는 입시 환경과 교육과정, 평가의 흐름 속에서 그 우월성이 더욱 드러날 것으로 보고 있습니다.

국가주의와 관료주의

세상을 구성하는 세 축으로 국가와 자본, 그리고 시민사회가 있습니다. 우리나라는 상대적으로 시민사회의 토대가 매우 취약합니다. 민주주의를 뒤늦게 이식한 탓에 상대적으로 시민사회의 성장은 늦어질 수밖에 없었지요. 그 공백을 국가와 자본이 채웠습니다. 우리나라는 자본의 성장을 촉진시키는 역할을 국가가 했기때문에 사실 국가의 힘은 막강할 수밖에 없었습니다. 하지만 성숙한 사회는 국가와 자본의 성장에 대해서 시민사회가 견제를 해나가야 하는데 사회 전반적으로 국가와 자본의 비대화에 비해 시민사회의 토대는 매우 취약했습니다. 그러한 경향은 교육 분야 역시 예외는 아니지요.

교육과학기술부는 교육에 관한 절대적인 힘을 가지고 있습니다. 이런 구조 속에서는 교육의 중앙집권적 특성이 강화될 수밖에 없습니다. 다행히 민선교육감 시대가 열리면서 변화는 서서히 찾아오고 있습니다만 여전히 중앙집권적 특성은 강합니다. 교육에 관한 많은 내용은 시행령과 규칙, 지침과 공문으로 처리되고 있으며 거의 국회의 통제를 받지 않고 교과부의 독자적 판단으로 진행됩니다. 민선교육감 체제가 들어오기 전에는 교육청의 개성은 사실 거의 존재하지 않았으나 진보교육감의 출현으로 개성 있는 교육청이 존재할 가능성을 높이고 있습니다. 나름의 교육 철학과 가치를 구현하기 위한 공약이 진보교육감을 중심으로 쏟아져나왔기 때문입니다.

지금까지 교육청은 교과부의 공문을 단위학교에 시달하는 역할을 했습니다. 독자적인 공간이 그만큼 적었다는 거죠. 교육청이 이 정도의 자율권을 누린다면 단위학교는 더 말할 것도 없습니다. 우리나라 교육의 가장 큰 문제점 중 하나는 교육에 관한 많은 결정을 중앙 정부가 했다는 점입니다. 그러다 보니 학교는 명령체제를 이행하는 말단 관료 조직으로 전락하게 됩니다. 이러한 과정이 반복되면 학교는 상급 기관의 눈치를 보면서 일하게 되며, 교사들은 지침에 의해 다치지 않기 위해서 규격화된 틀을 요구하게 됩니다. 조직은 경직될 수밖에 없고, 그 과정에서 교육의 생명력은 사라지게 됩니다.

학교와 교육청은 항상 감사를 대비해서 일을 하게 됩니다. 그러다 보면 항상 근거 자료를 만들어야 하고, 실천보다는 문서 작업에 더 많은 노력을 기울이게 되죠. 그 과정에서 교사들의 자기 효능감은 떨어지게 됩니다. 학기 말 생활기록부를 입력하는 교사들의 모습을 유심히 보세요. 하나의 문장에 마침표를 찍어야 하느냐 말아야 하느냐, 괄호가 들어가냐 안 들어가냐 이런 내용을 가지고 교사들은 씨름을 합니다. 생활기록부에 한 줄 글을 쓰는 것도 학교 전체의 통일된 틀에 맞추어 일하거나, 상급 기관의 지침에 의해서 일을 처리합니다. 그것을 벗어나면 아주 큰 일이 나는 것처럼 교사들은 일하고 있습니다. OECD가 발표한 2009년 OECD 교육지표에서 우리나라 교사들의 자기효능감이 OECD 국가 중 최하위 수준*을 기록하고 있는 이유가 저는 이런 데서 온다고 생각합니다.

예를 하나 들어보겠습니다. 수업 중에 아이들이 야외 활동을 하자고 졸라댑니다. 대학교 교수들은 본인의 판단에 의해 나갈 수 있겠습니다만, 대부분의 교사들은 그러지 못합니다. 관리자들의 허락을 먼저 맡아야 하며, 그 과정에서 허락이 나지 않을 가능성이 높습니다. 관리자들이 허락을 못 하는 이유는 무엇입니까? 사고 나면 그 책임을 관리자들이 지기 때문입니다. 이렇게 매사에 최악을 대비해서 일을 하다보니 항상 보수적으로 일하게 됩니다.

● OECD(2009)의 OECD 교육지표는 36개국에 관한 자료가 나타나 있다.

방학 때 저도 가끔씩 아이들과 함께 동아리 MT나 학급 야유회를 나가곤 합니다만, 관리자분들에게는 거의 말씀을 드리지 않고 떠났습니다. 공문서를 만들어야 하는 번거로움도 있지만 허용이 되지 않을 가능성이 크기 때문이었죠.

제가 학생회 학생들과 방학 중 리더십 훈련을 떠난 적이 있습니다. 동강 래프팅 코스가 기획되어 있었지요. 그런데 출발하기 직전에 학교에서 교장 선생님이 인솔 대표자에게 전화를 하셨습니다. 래프팅을 타지 말라고 하시는 겁니다. 본인께서 공문서로 결재를 해놓고 당일에 그러시는 겁니다. 하지만 이미 업체와 계약이 다 되었고, 학생들은 들떠 있는데 교장선생님의 갑작스런 지시를 따를 수는 없었습니다. 교장선생님께서 그런 전화를 주신 것은 만약 무슨 사고가 나면 본인은 가지 말라고 했는데, 관계자들이 따르지 않았다는 근거를 만들기 위함이었습니다. 전형적인 관료주의적인 모습이지요.

공교육이 존재하는 한, 교육에 관한 국가의 역할을 우리는 인정할 수밖에 없습니다. 그러나 국가의 역할은 미래 교육에 대한 비전과 방향을 제시하는 것 아닐까요? 세부적인 일은 교육청이나 단위학교로 이관하는 것이 맞다고 생각합니다.

지금과 같이 중앙집권적 체제라든지 관료제 등의 모습이 너무 강하게 나타나면 개별 단위 학교와 교사의 자율성과 전문성이 심각하게 제약당할 가능성이 있습니다. 교사들이 상급 기관의 지침을 바라보면서 일을 하게 되면 교사들의 기획 능력과 구상력은 사라집니다. 국가주의와 관료주의의 가장 큰 문제가 바로 이러한 점입니다. 예컨대, 국가가 제시한 교육과정과 교과서, 수능과 같은 객관식 중심의 시험 체계는 교사들이 교육과정과 수업을 창의적으로 구상하도록 만드는 데 상당한 제약으로 작용할 가능성이 있습니다. 표준화의 위험성이 여기에 존재하는 겁니다.

최근 들어서 단위학교 내지는 학교장에게 그 권한이 이양되고 있는 추세이기는 하지만, 강력한 중앙집권적 체제에 오랫동안 적응되어 왔던 교사와 학교장으로서는 수십 년간 내면화된 지침과 지시의 관행으로부터 쉽게 벗어나지 못하는 모습을 보이고 있습니다. 단적인 예로, 몇 년 전에 진행된 역사 교과서 수정 및 불채택 압박 과정 등을 살펴보면 단위 학교에서 보장된 역사과 교사들의 교재 선택권은 상급 기관의 압력 속에 쉽게 무너질 수밖에 없는 문서 속의 권리에 불과했습니다. 이러한 상황은 교사 전문성과 단위 학교의 창조성을 발현할 수 있는 교육 구조 체제가 요원함을 그대로 보여주고 있지요.

그렇다면 우리는 어디서 학교의 동력을 찾아야 합니까? 저는 공동체가 그 해답이라고 생각합니다. 학교 자체가 하나의 공동체라는 관점으로 구성된다면, 국가와 시장적 접근이 갖는 한계를 극복할 수 있습니다. 교육의 본질과 공동체는 상당히 맞아떨어지는 지점이 있기 때문입니다. 공동체라면 협력과 상생과 나눔의 가치가 존재해야 합니다. 그런 모습이 없으면 공동체로 보기 힘들지요. 인간의 삶은 경쟁보다는 협동 요소가 훨씬 강하지요. 그런 맥락에서 공동체적인 접근이 학교를 살리는 데 유의미한 시사점을 제공하고 있는 것은 분명해 보입니다. 또한, 우리의 전통적인 정서와도 일치하는 면이 강하지요.

혁신학교는 이러한 공동체주의에 입각해서 학생과 교사의 성장을 함께 만들어가고, 학부모의 참여 협육과 지역 네트워크를 함께 구축해나가는 모델을 만드는 학교가 아닐까 생각해봅니다. 혁신학교는 관료주의와 국가주의의 부작용을 최소화하면서 공동체주의를 강화하기 때문에 기존의 일반학교와는 다른 시도를 할 수 있다고 기대해 볼 수 있습니다. 그러나 혁신학교 역시 기존의 관료체계로부터 완전히 자유로울 수 없습니다. 혁신학교가 교육과정과 인사권의 자율성을 보장하는 자율학교라고는 하지만, 학교라면 기본적으로 감당해야 할 여러 가지 규제와 행정적인 처리, 지침으로부터 자유로울 수는 없습니다.

혁신학교의 어려움은 이처럼 지향하는 정신과 이를 뒷받침하는 제도적 요소가 맞지 않기 때문에 나타난 현상입니다. 그런 점에서 혁신학교는 자연스럽게 교육청과 교과부의 혁신을 요구할 수 있는 지렛대의 역할도 수행할 수 있습니다.

교직문화의 폐쇄성 및 고립성, 타성

학교라는 조직은 독특합니다. 앞에서 관료주의적 특성을 학교가 가지고 있다고 말씀드렸습니다만, 관료주의 하나만으로 학교를 다 설명드릴 수 없습니다. 사실 교육과학기술부 장관들이 얼마나 많이 바뀌었습니까? 교육에 대해서 상당히 해박하고, 정통한 분들임에도 불구하고 이들 가운데 자신의 뜻을 온전히 펴본 분들은 거의 없을 겁니다. 정권이 바뀔 때마다 정부는 다양한 교육 개혁 정책을 쏟아냅니다. 하지만 막상 현장에서 변화를 체감하는 이들은 드물지요. 왜 그럴까요? 학교는 관료조직의 논리로만 돌아가지 않기 때문입니다. 지금까지 교육 정책은 거시적이고 거창한 목표로 제시된 경향이 있지만, 교직 문화에 초점을 맞춘 경우는 드물었던 것 같습니다.

제가 생각하기에 교육 개혁의 핵심 주제 중 하나는 교직문화라고 생각합니다. 교사들의 문화는 독특합니다. 일반적으로 개인주의와 보수주의, 순응주의로 설명을 많이 합니다. 교사는 수업과 학급운영에서 자기 혼자만의 공간을 만들어갈 수 있습니다. 또한 한 학교에 같이 근무를 함에도 불구하고 어떤 경우에는 서로의 이름을 모를 수도 있고, 서로 말 한마디 못해보고 학교를 떠날 수도 있습니다. 왜 그럴까요? 전공과 교과가 다르고, 학년과 업무가 다르면 함께할 일이 별로 없기 때문입니다. 학교의 일은 다른 조직과 마찬가지로 상당히 세분화되어 있습니다. 이를 업무 분장이라고 하는데, 학교가 감당해야 할 일 중 극히 일부를 교사들이 각각 맡게 됩니다. 업무에 있어서는 비교적 전체 교사들과 소통할 수 있는 가능성이 높습니다만, 수업은 그렇지 않습니다. 다른 교과 수업을 관찰할 일은 거의 없습니다. 최근 들어 교원평가가 도입되면서 제도적으로 서로의 수업을 볼 수 있는 기회가 제공되고는 있습니다만, 아직 일상적으로 정착되지는 않았습니다. 수업은 일종의 불가침 영역으로, 다른 교사의 수업에 대해서 쉽게 들여다보고 '이 부분은 이렇게 고쳤으면 좋겠다'고 자유롭게 말할 수 있는 상황이 아니기 때문입니다. 특히, 초등학교에서는 수업과 학급운영을 진행하는 담임교사의 영향력이 절대적인데, 다른 반의 학급운영에 대해서 관여하지 않는 것이 일종의 불문율로 여겨지고 있습니다. 이러한 면에서 개인주의적 특성이 강합니다.

어찌 보면 교사는 학교라는 성 안에 또 다른 성을 쌓고 지내는지 모릅니다. 그 작은 성은 교과 내지는 학급이라는 영역이 될 겁니다. 계란판 속의 계란처럼 각각 존재하는 거죠. 이러한 상황은 교사들에게 외로움을 느끼게 만듭니다. 교사 역시 수업과 학급운영에 많은 고민을 합니다만, 이러한 문화 속에서는 그러한 고민을 공유할 수 없습니다. 교사의 성장은 결국 철저히 개인의 몫으로 돌아가는 겁니다. 누가 어떤 고민을 하고 있으며, 어떤 수업을 어떤 방식으로 진행하는가에 대해서 서로 알 길이 없습니다. 외로운 교사는 결국 학교 밖으로 나가서 연수를 받거나 학교 밖 교사 모임을 찾아다닙니다.

우리나라 교사들은 자기만의 전문 영역을 가진 경우가 드뭅니다. 마치 대형마트에서 여기저기 시식을 하면서 돌아다니는 고객의 모습과 비슷합니다. 문제는 교직 경력 10년~20년이 지나도 자신만의 전문적 영역을 가지고 좌판을 펼 수 있는 교사들이 그렇게 많지 않다는 겁니다. 한 가지 영역에 대해서 깊이 있게 연구하는 교사 모델이 적습니다. 오랫동안 각자 연구한 내용에 대해서 서로 공유하면서 발전하는 교사 성장 모델이 이제는 필요한 시점입니다. 학교 안에서 이러한 모습이 나타날 때 진정한 학습 공동체가 구축되는 겁니다.

안타깝게도 학교는 변화에 다소 느리게 대응합니다. 특히, 우리나라에서는 학교의 변혁적 기능보다는 사회화의 기능을 더 많이 요구하는 것 같습니다. 교육을 구성하고 있는 체계 자체가 상당히 거대합니다. 교과부와 시도교육청, 지원교육청, 교장, 교감, 부장, 교사, 학생의 체계를 거쳐 진행되다 보니 변화하는 상황에 느리게 대응하는 경향이 있지요. 의사소통 구조도 복잡하지요. 외부 사람들이 학교에 대해서 답답하게 느끼는 부분 중 하나가 이러한 보수주의적 성향 때문일 겁니다. 이때의 보수주의는 이념적인 면이라기보다는 학교 밖 상황에 신속하고 탄력 있게 대응하지 못하는 모습이 다소 있다는 겁니다. 즉, 변화에 대해서 신중하게 반응하는 경향이 있지요. 사회의 변화를 주도하기보다는, 사회의 변화를 뒤늦게 따라가는 경향이 있는 겁니다. 학교는 독립변수라기보다는 사회의 종속변수인 셈이죠.

이러한 상황을 비판하거나 때로는 저항을 하는 교사들도 있지만 대체적으로 순응하는 경향이 있습니다. 근무평정제도가 있기 때문에 만약 교사가 관리자의 방침에 대해서 맞서게 되면 근무평점 점수를 잘 받지 못하게 되고, 승진에도 지장을 초래하기 때문에 적어도 승진을 꿈꾸는 교사라면 관리자의 방침에 거의 대부분 순응하는 경향이 있습니다. 교직원회의에서 비판과 토론 장면을 보기 힘든 이유 중 하나도 이러한 순응하는 문화가 있기 때문입니다. 일종의 모범생 문화가 있는 거죠.

이러한 문화적 특성은 어느 날 하루아침에 생긴 것은 아닙니다. 그러한 문화는 역사적 배경이라든지 문화적 상황, 제도적 특성 등이 함께 결합해서 만들어진 겁니다. 이러한 문화가 모두 무가치한 것은 아니겠지만 교직문화를 바꾸지 않으면 학교 혁신은 어려워질 수밖에 없습니다. 정확히 말하면 교직문화에 대한 이해를 바탕으로 혁신을 추구해야 합니다. 어찌 보면 학교 혁신은 곧 교직문화 혁신이라고도 말할 수 있을 겁니다.

이러한 문화에 대해서 갑갑함을 느끼고 뭔가 새로운 시도를 한 사람들이 있지요. 저는 전교조운동이나 좋은교사운동 등 단체가 만들어진 배경에는 교직문화 내지는 그러한 교직문화를 만들어내는 구조를 바꾸어보려는 사람들이 있었다고 생각합니다. 이들 중 일부는 교과모임이라든지 교사전문모임을 만들었지요.

그 모임에서 교사들은 서로 학습하면서 자극을 받고, 때로는 운동을 진행합니다. 논문을 쓰기 위해 2년간 이러한 모임을 참여 관찰한 적이 있습니다. 그들은 자신의 삶을 나누고, 교재를 함께 읽고, 토론과 집필을 함께하고 있었습니다. 모임 회원들에게 참여 동기를 물어봤는데, 대부분이 교직의 실패를 말하더군요. 아이들이 수업 시간에 자고, 말 안 듣고, 딴짓하는 모습을 보면서 교사들은 좌절감을 느낍니다. 어느 날 우연히 좋은 수업 모델을 보게 되면서 충격을 받습니다. 알고 보니 그 교사는 어느 모임에서 꾸준히 학습을 하는 사람이었습니다. 그 모임에 나가 보니 수업과 학급운영에 대해서 치열하게 고민하는 교사들이 많았고, 실제 상당한 전문성을 갖춘 교사들을 보면서 많은 자극을 받았다는 겁니다. 이들의 교직문화는 자발성과 역동성, 전문성이라는 특징을 지니고 있었습니다.

제가 이 모임에 주목하는 이유 중 하나는 승진이라는 외적 인센티브와 상관없이 교사들이 모인다는 점입니다. 이들 모임은 승진 점수와 성과급 등 외적 인센티브와 전혀 상관이 없습니다. 심지어는 연수도 자율연수로 하는 경우도 많습니다. 그럼에도 불구하고 교사들이 이 모임에 오는 이유는 무엇입니까? 성장하고 싶어 하는 욕구를 가지고 있거나 교사로서 해결해야 하는 실존의 문제에 정면으로 승부하고 싶은 마음을 가지고 있기 때문입니다. 승진이나 가산점 등은 비본질적인 것이죠.

그런 점에서 외적 인센티브 중심으로 교사를 움직이던 방식은 나름 한계를 지니고 있는 것 같다고 보여집니다. 혁신학교 역시 근본적으로 승진 점수와 상관없이 모여드는 교사들이 많이 모일 때 성공하게 됩니다. 자발성과 진정성은 외적 인센티브가 없을 때도 그 일을 할 수 있느냐 여부로 결정이 되는 것 아니겠습니까?

이런 맥락에서 정부는 근무평정, 성과급, 가산점 등 외적 인센티브를 중심으로 교사를 추동하던 방식에서 벗어나야 합니다. 교사의 본질인 수업과 학급운영, 생활지도 자체를 제대로 했을 때 느낄 수 있는 만족과 보람을 제대로 느낄 수 있는 학교가 혁신학교입니다. 승진 고리와 연계되지 않고도 나름대로 교사들 스스로 자신이 직면한 문제를 해결하기 위한 노력들이 적지 않았습니다. 교사들이 스스로 학습 동아리를 만들고, 가정 방문을 이행하고, 자체 연구회에서 수업을 공개하는 등의 모습은 교육 그 자체에 대해서 교사의 교사 됨을 확인하는 내적인 보상 과정이 있는 겁니다. 혁신학교는 외적 인센티브가 아닌 내적 인센티브를 통해서 그 동력을 만들어 가야 합니다. 혁신학교에 근무하는 것 자체가 보상이라고 말하는 사람이 많아질 때 혁신학교는 성공하게 될 겁니다.

제 **2** 장

혁신학교란
무엇인가요?

혁신학교를 아세요?

혁신학교 열풍이 일어난 곳은 경기도입니다. 김상곤 경기교육감
이 내세운 주요 공약 중 하나가 혁신학교였습니다. 사실 혁신학
교의 기본 골격은 아주 새로운 것은 아닙니다. 참여정부 때 '공영
형 혁신학교'를 기억하시나요? 공영형 혁신학교 아이디어는 미국
의 차터스쿨과 관련이 있습니다. 차터스쿨은 대학이나 시민단체
등 민간 주체들도 사전 계획안을 제출하고 교육청 승인을 받으면
일정 기간 학교를 운영할 수 있는 체제를 의미합니다. 우리나라
에서도 이러한 차터스쿨을 도입하고자 했으나 교원 자격 등 여러
가지 문제에 봉착하게 되면서 현실적으로 완전 개방은 어렵다는
결론을 내렸습니다. 대신 정부는 차터스쿨의 아이디어를 공모제

교장과 연계시켜 적용했습니다. 서울의 원묵고등학교, 구현고등학교 등이 대표적인 예가 될 겁니다.

공영형 혁신학교는 혁신 의지가 강한 운영주체에게 학교운영권을 과감하게 위탁하고, 대신 대폭적 자율권과 책무성을 부여하여 교육과정 운영과 교수·학습방법 등을 혁신적으로 운영하는 학교로 보면 됩니다. 참여정부 시절 김진표 교육인적자원부 부총리의 작품으로 알려졌습니다. 참여정부 당시 공영형 혁신학교는 입시 위주 학교가 아니라는 점을 분명히 밝혔었지요. 심지어 입시 중심 체제로 학교가 운영될 때에는 운영권을 회수하겠다는 방침도 밝힌 바 있습니다. 이명박 정부 들어서 공영형 혁신학교는 개방형 자율학교로 불리다가 결국 자율형 공립고로 개칭되었습니다.

김상곤 경기교육감이 후보자 시절 혁신학교 아이디어를 밝혔을 때, 학급당 인원수를 25명 수준으로 낮추어 질 높은 교육을 꾀하자는 것과 될 수 있으면 소외된 학교를 중심으로 좋은 교장과 교사를 초빙하여 공교육의 모델을 만들어보자는 두 가지의 발상에서 출발한 것으로 보입니다. 그래서 많은 사람은 혁신학교를 학급당 인원수 25명 정도로 줄이는 학교로 생각합니다. 그러나 혁신학교는 그 이상의 가치를 추구하는 학교로 봐야 합니다.

사실 혁신학교는 일반 학교보다 비교적 열악한 지역에 놓인 학교들이 많습니다. 이러한 모습은 기존의 명문고라든지 특목고와는 다른, 즉 애초부터 우수한 학생들이 들어오는 학교보다는 그

수준이 어떠하든 들어온 학생들을 대상으로 의미있는 교육을 해 그 효과를 극대화하겠다는 전략을 채택한 겁니다. 이를 위해서는 좋은 교장과 교사가 필수적입니다.

하지만 초기에는 혁신학교 적용에 어려움이 많았습니다. 혁신학교에 대한 이해가 별로 없다 보니, '일만 많아지는 학교', '특정 교원 단체 중심의 학교'라는 오해가 많았습니다. 열린교육 운동이 실패했듯이 혁신학교 운동 역시 실패할 것이라며 냉소를 보낸 이들도 적지 않았습니다. 하지만 열린교육 운동이 단위학교 내 교수 학습 방법론에 초점이 맞추어졌다면, 혁신학교는 학교 전반에 관한 재구조화를 시도한다는 점에서 차별성은 분명히 존재하고 있습니다.

혁신학교는 뜻을 모으는 학교입니다. 따라서 혁신학교를 신청하기 위해서는 교장과 교사, 학부모, 지역사회의 뜻이 중요합니다. 하지만 시행 초기에는 교사가 혁신학교를 해보자고 해도 교장이 반대하거나, 학부모가 혁신학교 지정에 찬성했으나 교사가 반대하는 등, 그 출발이 순탄치만은 않았습니다. 학부모들이 찬성했음에도 불구하고, 일이 많아질 것을 우려한 교사나 교장의 반대로 혁신학교 신청이 좌절되자 분노한 학부모들이 경기도교육청에 항의 방문을 하기도 했었지요.

심지어 혁신학교라는 제도는 시행되었지만, 막상 인사체제와 유기적 연계가 되지 않아서 뜻있는 교사들이 혁신학교로 발령을 받지 못하는 상황이 종종 발생하기도 하였습니다.

이러한 어려움 속에서도 혁신학교는 서서히 자리를 잡아가기 시작했습니다. 공중파 방송을 통해서 남한산초등학교, 보평초등학교, 조현초등학교, 덕양중학교, 홍덕고등학교, 장곡중학교, 서정초등학교, 구름산초등학교 등이 알려지면서 입소문이 조금씩 나기 시작했습니다. 전학생들이 몰려오기 시작했고, 심지어 학교 주변 땅값이 오르는 상황까지 발생했습니다.

혁신학교가 비교적 좋은 평가를 받을 수 있는 이유에는 4년 중심의 공모 계획서가 있기 때문이라고 생각합니다. 기존의 학교는 주로 1년 중심의 학교 운영 계획서에 근거하죠. 하지만 혁신학교는 단기 사업이 아니므로 단기와 중기, 장기 계획을 함께 세워야 합니다. 운영 계획에 대해서는 학교 내부 구성원들의 논의를 거쳐 교육청 심사 과정을 거치는데, 중간 평가를 거쳐 혁신학교 지정 및 재지정, 해제 여부가 판단되기 때문에 책무성을 묻는 장치 역시 가지고 있습니다.

경기도 혁신학교의 모델은 크게 세 가지로 제시되었습니다. 신도시 신설학교를 중심으로 한 미래형(신설), 도심 학교를 대상으로 한 도시형, 농촌의 소규모 학교를 대상으로 한 농촌형이 그것입니다. 다만, 세 가지 모형에 대한 차별성이 분명히 드러나지 않는다는 문제가 있습니다. 그런 점에서 혁신학교의 유형을 더욱 세분화하면서, 차별화를 어떻게 시킬 것인가는 중요한 과제로 보입니다.

경기도의 경우, 학교운영위원회에서 교장공모를 통해 교장을 선임합니다. 물론, 승진제 교장도 임명할 수 있습니다. 어떤 교장을 원하는가는 단위학교의 의사 결정이 중요하기 때문입니다. 전체 교사의 30% 내에서 학교장이 교사를 초빙할 수 있습니다. 또한, 교사들의 업무 경감을 위한 교무 보조 인력이나 상담교사들도 우선 배치됩니다. 경기도교육청은 혁신학교에 학교당 1억에서 1억 5천만 원의 운영지원비를 4년간 집중적으로 지원합니다.

경기도교육청에서 제시한 경기도 혁신학교의 운영모델은 다음과 같습니다.

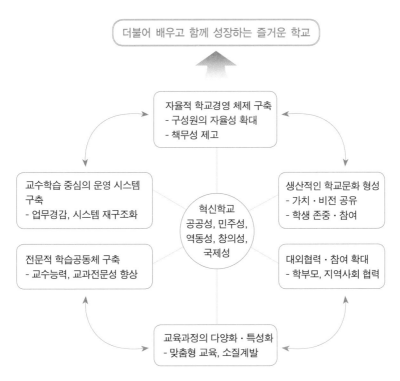

출처 : 경기도교육청(2010), 『공교육의 희망 혁신학교』

2009년 경기도교육청에서 13개를 지정하며 시작된 혁신학교는 2010년 진보교육감이 당선된 6개 교육청에서 올해 157곳으로 확산했습니다. 경기도교육청에서 보여준 성과가 서울과 강원, 전북 등으로 확산한 겁니다. 2011년 현재 경기도에는 71개의 혁신학교가 지정돼 있습니다. 첫해 혁신학교 지원 비율은 1.5 대 1에 불과했습니다. 제가 학교혁신추진단 위원으로 활동했을 때 학부모님들과 교사들을 만나서 혁신학교를 해보라고 통사정을 했었습니다. 그러다가 막판에 여러 가지 이유로 철회해서 가슴앓이를 한 적이 몇 번 있었습니다. 하지만 지금은 상황이 달라져 2010년만 해도 9 대 1 수준까지 높아졌습니다. 지금은 무엇을 어떻게 해야 혁신학교로 지정받을 수 있느냐는 문의 전화를 자주 받습니다. 혁신학교에 대한 인식이 달라졌음을 알 수 있지요.

　　경기도교육청에서는 경기교육 5대 혁신과제로서 수업혁신, 교실혁신, 학교혁신, 행정혁신, 제도혁신을 제시하였습니다. 혁신학교가 아닌 일반학교 변화를 꿈꾸고 있는 셈입니다.

　　일각에서는 혁신학교에 대한 비판이 있습니다. 혁신학교는 지향적 성격을 지니고 있습니다. 혁신을 지향하는 학교이며, 변화를 추구하는 학교입니다. 대립과 구별의 개념은 결코 아닙니다. 혁신학교는 그것 자체가 목적이 아니고, 공교육에서 변화할 수 있음을 보여주는 일반화에 방점을 찍고 있습니다. 혁신학교란 "교육 주체들의 협력으로 학교 문화를 새롭게 창출하여 교육과정, 수업, 평가 체제에 의미 있는 변화를 시도하는 학교"로 정의하고 싶습니다.

물론 공교육에서도 인기 있는 학교가 있습니다. 바로 명문고와 특목고입니다. 하지만 혁신학교는 기존의 명문고와 특목고와는 다른 패러다임으로 바라봐야 합니다. 특목고가 과연 한국 교육의 희망이 될 수 있을까요? 특목고는 입학을 위한 사교육비를 증폭시켰습니다. 학비도 일반고의 2~3배 이상에 달합니다. 물론 수능 성적은 특목고가 좋지요. 수시나 정시 모두 좋은 성과를 내고 있습니다. 그러나 특목고나 자사고는 일반학교와 다른 특수한 조건을 가지고 있기 때문에 일반학교의 변화를 견인하기 어렵습니다. 아무리 좋은 교육과정과 프로그램을 만들었다고 해도, "애초부터 우수한 학생들이 있었기 때문에 가능한 거다."라는 한마디에는 할 말이 없어지지요.

특목고의 경우, 들어올 때의 실력에 비해서 졸업할 때 실력이 향상되었다는 실증적인 증거가 없다는 연구결과가 발표되기도 했습니다. 들어올 때부터 우수한 학생들이 모여 있기 때문에, 학교에 와서 더 공부를 잘하게 되었다고 보기 어렵다는 것입니다. 하지만 혁신학교는 학생들의 학업 성취도를 입학할 때 수준보다 졸업할 때 더욱 끌어올리는 학교입니다. 교육과정과 수업, 평가 방식의 차별화를 통해서 질 높은 교육을 구현함으로써, 학생들의 학업과 인성의 성장에 이바지하는 학교입니다. 고양중학교는 학습부진 학생이 34%에 달했으나 2년 만에 10%로 낮추었습니다. 앞으로는 3%로 낮추겠다는 목표를 세우고 있습니다. 덕양중학교 역시 학습부진 학생이 20% 이상이었으나 6%로 낮춘 바 있습니다.

특목고나 자사고는 전반적으로 공부를 잘하는 학생들이 모여 있는 균질 집단이지만, 혁신학교는 다양한 계층 배경을 가진 학생들이 함께 모여 있습니다. 우수한 학생들이 모여 있다고 해도 교육의 목표가 같다면 자칫 균질집단, 획일화 교육의 가능성이 있습니다. 혁신학교는 이질 집단, 다양한 교육을 추구합니다. 혁신학교는 다양한 교육적 가치를 실현하기 때문입니다. 이러한 환경 아래, 학생들은 경쟁보다는 협동의 가치를 통해서 서로의 다름과 차이를 이해하면서 성장할 것입니다.

혁신학교는 근본적으로 일반학교를 바꾸는 데 도움을 줄 수 있는 모델과 철학, 프로그램과 사례를 제공하는 데 그 목적이 있습니다. 사실 대안학교라든지 특목고 등에서 일부 좋은 프로그램이 있습니다. 하지만 공교육에 적용하는 데 한계가 있지요. 그러나 혁신학교에서 어떤 성과가 나온다면, 일반학교에 적용할 가능성을 더욱 높이게 되는 것입니다.

혁신학교는 교육청이 개혁을 주도하는 학교가 아닙니다. 단위학교에서 교장, 교사, 학부모, 학생들이 함께 좋은 학교를 만들어가는 방식을 중시합니다. 단위학교의 자율성과 창의성, 실험정신을 교육청은 지원해줄 뿐입니다. 혁신학교 이전에도 많은 이들이 학교를 바꾸기 위한 시도를 했었습니다. 남한산초등학교라든지 이우학교 등은 지금은 혁신학교로 지정받았지만, 혁신학교 이전에도 많은 성과를 만들어낸 바 있습니다. 이러한 학교를 일반화하기 위해서 교육청에서 적극적인 지원을 하고 있을 뿐입니다.

혁신학교에도 성공한 학교와 실망스러운 학교가 있습니다. 그 차이는 혁신을 주도할 수 있는 교사 그룹의 존재 여부에서 결정이 되는데, 그런 점에서 아래로부터의 혁신 모델은 혁신학교에 상당한 시사점을 주고 있습니다.

혁신학교에 대해 오해하는 한 가지는, 많은 이들이 연구시범학교 수준으로 혁신학교를 이해하고 있다는 점입니다. 실제로 실패하는 혁신학교를 살펴보면 관리자들이나 교사들이 연구시범학교 수준으로 이해한 것에 원인이 있습니다. 연구시범학교는 특정 분야에만 주목하여 때로는 단기간에 성과를 내야 하지만 혁신학교는 연구점수라든지 외적 인센티브를 받기 위해서 접근하는 학교가 아니라는 것에 차이점이 있습니다. 혁신학교는 근본적으로 철학과 문화를 바꾸는 운동입니다. 그런 점에서 부분적인 변화가 아닌 총체적인 변화를 꾀합니다. 어찌 보면 여러 이유로 상실된 학교의 원형 내지는 교육의 본질을 추구하려는 학교로 볼 수 있습니다. 교육의 본질이 무엇입니까? 교육이란 교육과정, 수업, 평가, 학급운영을 통해 학생들의 성장을 돕는 가치 지향적인 행위 아니겠습니까? 이러한 본질에 충실한 학교가 혁신학교입니다. 기존의 명문고 패러다임과는 전혀 다른 방향에서 시작되는 새로운 행복 프로젝트가 혁신학교인 셈이죠.

	자사고	외고	일반학교	혁신학교
설립목적	학교의 자율성 극대화	어학 인재 육성	국가가 고시한 교육과정 목표 달성	좋은 교육 방법과 프로그램을 제시하는 선도적인 역할을 통해 일반학교에 긍정적 영향을 끼침
주요특성	- 사학의 재정자립도가 높아야 함 - 상위 50% 이내 학생들만 진학 가능(서울) - 부분적으로 학생 선발권을 가짐 - 학비가 일반학교의 3배 수준에 달함 - 가정 환경이 좋은 학생들이 많음	- 상위권 학생들이 선호하는 학교임 - 일반적으로 상위 10% 이내 학생들이 진학 - 상당한 학생 선발권을 가지고 있으나 최근 통제가 가해지고 있음 - 학비가 일반학교의 2배-3배에 달함 - 가정 환경이 좋은 학생들이 많음	- 성적, 계층 등이 다양한 학생들이 섞여 있음 - 지역 요인에 따라서 학교 분위기가 크게 다름 - 지방자치단체의 재정자립도 수준에 따라서 학교별 지원 격차가 날 수 있음 - 전반적으로 근거지 중심의 통학이 이루어짐 - 상급 기관의 통제가 비교적 심해 경직된 방식으로 학교 운영 - 1년 단위 중심의 학교운영계획서를 중심으로 학사가 운영됨 - 학비가 저렴함 - 학부모, 교사, 학생 만족도가 전반적으로 낮음 - 교장과 교사 간 가치관이 충돌될 수도 있음	- 지역적, 환경적으로 불리한 학교에 더욱 특별한 지원을 보장함 - 학교 주체와 지역 사회의 요구가 혁신학교 지정의 중요한 출발점이 됨. - 위에서부터 아래로의 내리먹임식 개혁 요구가 아닌, 아래로부터 시작되는 학교 변화 과정을 중시함 - 4년 중심의 학교운영계획서를 중심으로 학사가 운영되며, 교장 공모제 방식과 연동되기도 함. - 교장의 학교운영비전과 그 비전에 동의한 교사들의 단결에 의해 학교 혁신 프로그램이 진행됨 - 명문학교를 뛰어넘는 발전적, 미래지향적 가치를 가짐
핵심가치	- 사학의 자율성 - 명문대 진학	- 글로벌 인재 양성 - 명문대 또는 해외 대학 진학	- 명문대 진학 - 무난한 학사 운영	- 자발성, 창의성, 지역성, 공공성, 민주성 - 본질에 충실한 교육
한계	- 특정 계층의 학생들이 몰리게 됨 - 입시 중심의 교육과정 운영 가능성 존재 - 비평준화 지역 자율형사립고의 경우, 과도한 입시 경쟁 발생 - 상위 1~50% 안에 진입하기 위한 내신 사교육 등이 촉발됨	- 특정 계층의 학생들이 몰리게 됨 - 어학에 특화된 교육을 실시하기보다 입시 중심 교육과정에 초점이 맞추어졌다는 비판을 받고 있음 - 과도한 입시 경쟁으로 인한 사교육비 증폭	- 사립초, 국제중, 특목고 등에 밀려서 슬럼화 경향이 두드러짐 - 경제적으로 어려운 지역에 속한 학교일수록 전반적으로 분위기 침체 - 지역별로 학업성취도, 면학분위기에서 편차가 심함 - 사교육, 대안학교 요인, 특목고, 자사고 등에 의해 갈수록 입지가 좁아지고 있음	- 교사들의 헌신성이 더욱 요구됨 - 교육청의 특별한 재정적 지원 요청됨

혁신학교의 이론적 배경과 기초

혁신학교 교육과정이나 학교운영계획서를 보면, 성공하는 학교
인지 아니면 실패하는 학교인지 대략 보입니다. 핵심은 학교에
대한 철학에 있습니다. 학교에 대한 철학은 교육 이론에 대한 학
습으로부터 나오거나 외국 사례를 보면서 혜안을 얻어야 합니다.
아니면 구성원들과 함께 좋은 학교가 무엇인지 치열한 토론을 해
야 합니다. 그런 과정을 거치지 않으면 흉내 내기에 그칠 가능성
이 있습니다. 다른 학교에서 하고 있다는 좋은 프로그램을 그대
로 도입했다고 해도 철학이 없으면 왜곡될 가능성이 큽니다. 누
군가가 왜 그것을 하느냐고 물어봤을 때 혹은 학교의 방향성에 대
해서 비판을 할 때 분명한 자기 대답을 하고 있어야 합니다. 그리
고 이러한 철학을 바탕으로 학부모와 교사, 지역사회를 설득해야
합니다.

스톨(Stoll)의 학교 5유형

스톨(Stoll, 2002)은 학교가 추구하는 가치와 비전을 의미하는 '발
전과 쇠퇴' 그리고 양적인 성과 내지는 구체적 성과를 의미하는
'효과성과 비효과성'을 기준으로 학교의 유형을 다섯 가지로 분류
했습니다. 스톨의 관점에 의하면 명문 고등학교는 입시 성과 등

구체적인 지표가 좋아서 순항형에 해당합니다. 하지만 입시 성과라는 가치는 70년대의 교육 목표이며, 시대가 바뀌었음에도 예전의 가치를 그대로 고수하고 있음을 의미합니다. 겉으로 보기에는 순항하고 있지만, 서서히 가라앉고 있는지도 모릅니다.

그다음에 나타난 학교가 침몰형입니다. 최악의 학교지요. 학교의 방향과 비전이 전혀 미래지향적이지 않습니다. 여기에 학교에 관한 객관적인 성과 지표 역시 나쁘게 나오고 있습니다.

대부분 학교는 어디에 해당할까요? 방황형입니다. 발전하는 것도 아니고 쇠퇴하는 것도 아닙니다. 또한, 효과적인 학교도 아니고 비효과적인 학교도 아닙니다. 겉으로 보기에는 별문제가 없어 보이고, 관료제 시스템에 의해서 유지되고 있으나, 시대 상황에 따라서 혹은 정부의 교육 지침에 따라서 이리저리 움직이고 있을 뿐입니다.

고군분투형은 어떤 학교일까요? 이 학교의 객관적인 성과는 좋지 않습니다. 하지만 뜻을 함께한 교사들이 모여서 변화를 시도합니다. 저는 혁신학교는 고군분투형일 가능성이 높다고 생각합니다. 불리한 여건을 가졌지만 포기하지 않고 교사와 학부모, 학생이 함께 변화를 추구하면서, 비전과 꿈을 가집니다. 구성원들이 학교의 방향성을 공유하면서 추구하는 가치의 혁신성을 지니고 있습니다. 당장 성과는 나오지 않겠지만, 변화 가능성이 높은 학교이지요. 시간이 지나면서 안정화 단계에 접어들게 되며, 이후 성과도 자연스럽게 나타납니다. 학교 폭력과 학업부진 학생이

줄어들었다든지, 학생들의 학업성취도나 학업 흥미도, 만족도가
향상되겠지요.

학교 혁신 모형[●]

	발전하는 학교	쇠퇴하는 학교
효과적인 학교	혁신지향형(Moving)	순항형(Cruising)
비효과적인 학교	고군분투형(Struggling)	침몰형(Sinking)

　제가 아는 선생님 가운데 일부러 명문고나 특목고에 가지 않는
분이 계십니다. 명문고나 특목고는 자기 말고도 갈 사람이 많지
만, 생활지도와 수업이 어렵고, 가정 형편이 좋지 않은 학생들이
많이 모인 학교에는 자신이 꼭 필요하다고 생각합니다. 교실에
들어갈 때마다 '내가 너희를 지켜줄게'라는 다짐을 한답니다.
　혁신지향형은 궁극적인 혁신학교의 모습이겠지요. 발전적인
교육 가치를 지향하면서도 성과도 좋게 나옵니다. 스톨이 혁신학
교를 Moving으로 설정한 이유가 무엇일까요? 혁신은 완료형이
아닌 진행형임을 의미합니다. 이것은 완벽한 교육은 없다는 것을
동시에 의미합니다. 끊임없는 반성하는 노력이 요구되고, 그 과
정에서 변화를 지속해서 시도하길 요구합니다.

[●] 자세한 내용은 아래 논문을 참조하세요.
박삼철(2005), 「학교조직 변화과정 모델 탐색: 학교조직문화와 기술구조적 접근의 수용적 통합」, 『교육행정학연구』 23(1), pp. 49-69.
Stoll, L.(2002). *School culture: black hole or fertile garden for school improvement?*. in j. Prosser(Ed). School culture, (pp. 30-47). London: Paul Chapman.

혁신학교에서 치열하게 교육을 고민하는 사람들이 아름다운 이유는 무엇일까요? 애초부터 교육 여건이 좋고, 학생 자원이 뛰어난 학교가 아님에도 포기하지 않고 희망이 존재함을 드러내기 때문 아닐까요? 대한민국 교육의 희망은 순항형이 아니라 고군분투형이나 혁신지향형에서 나와야 하지 않을까요? 대한민국의 모든 학교가 혁신지향형 학교가 되었으면 좋겠습니다.

OECD 미래학교의 6가지 시나리오

OECD(2001)는 총 5장으로 된 『교육정책분석(Education Policy Analysis)』 보고서에서 미래의 학교 모습에 관한 6가지의 시나리오를 제시했습니다. 이 시나리오는 학교의 모습을 크게, '학교의 현 상태 유지', '학교 교육 강화', '학교 폐지' 세 갈래로 설정하고 갈래별로 두 가지씩 총 6가지의 시나리오를 제시했습니다(소경희·이화진, 2001; Watkin, 2005). 다음에 나오는 표를 살펴봅시다.

미래학교의 6가지 시나리오

현 상태 유지	학교 위상 강화	학교 폐지
시나리오 1 → 관료주의 학교체제 유지	시나리오 3 → 핵심적인 사회 센터	시나리오 5 → 학습자 네트워크 및 네트워크 사회로 인한 학교체제 붕괴
시나리오 2 → 시장 지향적 학교 모델	시나리오 4 → 학습조직 강화	시나리오 6 → 교사 부족으로 인한 학교 해체

시나리오 1에서는 강력한 관료주의적 학교 체제가 그대로 유지됩니다. 현대사회에서 관료제는 나름 순기능을 가지고 있습니다. 그러나 관료주의하면 부정적인 이미지가 강화되지요. 어떤 이미지가 떠오르십니까? 뭔가 창의적이지 못하고, 현실 대응이 느리지요. 이러한 관료주의는 관료 자신의 이익에 예민합니다. 따라서 개혁이 쉽지 않습니다. 공무원 조직이 일반 기업체보다 변화가 느리다는 비판을 많이 듣는 이유도 여기에 있지요. 아시다시피 학교는 교육부, 도교육청, 시군교육청의 위계구조 시스템에서 하위 조직에 자리 잡고 있습니다. 학교 내에서도 교장, 교감, 부장, 담임, 학생의 수직 서열 구조가 존재합니다. 이처럼 상명하달에 익숙해진 학교는 유연성이 떨어지고, 기존의 관행과 전통에 의해 움직이게 되면서 경직될 수밖에 없습니다. 자연스럽게 외부 변화에 매우 둔감해지지요. 기업과 같은 절박성이 없기 때문입니다. 그렇다고 학교가 망하지는 않습니다. 졸업장의 중요성과 위력이 사회생활을 하는 데 크게 작용하기 때문입니다. 사람들은 싫어도 졸업장을 따기 위해서 꾸역꾸역 학교에 다닙니다. 제도적으로 학교의 졸업장을 요구하는 상황은 학교에 대한 불만이 존재해도 학교를 존속하게 합니다. 부실한 교육을 제공해도 학생들은 계속 입학을 하기 때문입니다. 학교에 대해서 불만이 있지만, 학교를 안 다닐 수는 없는 거죠. 학교를 둘러싼 여러 가지 문제점은 해결되지 않은 채 누적됩니다. 이러한 모습은 결국 학교의 위기를 가속화합니다.

시나리오 2에서는 시장 지향적 학교 모델을 설정합니다. 공교육 체제에 대한 불만이 가속되자, 정부는 결국 교육체제 개혁의 칼날을 빼어듭니다. 교육 개혁의 방향은 수요자 중심 교육, 경쟁, 책무성 등을 강조하는 데 있습니다. 이러한 시장 모델에서는 학교와 학습자에 관한 지표, 인증, 평가가 중시되지요. 미국에서 NCLB(no child left behind) 법안을 만들어 일정 수준의 학업성과를 내지 못한 학교에 행정적 제재를 가하는 방식이 진행된 바 있습니다. 학교 역시 시장에서 살아남지 못하면 퇴출의 길을 걷게 됩니다. 이 과정에서 교권은 위축됩니다. 효율성을 추구하다 보니 자연스럽게 임시직과 계약직 등 비정규직 교사가 증가하지요. 대학을 포함한 학교의 민영화는 가속화됩니다. 우리나라의 경우, 자율형사립고가 이런 정신에 들어맞지요. 국가가 예산지원을 하지 않지만, 학비를 2~3배 이상 올릴 수 있도록 해줄 테니 알아서 생존하라는 겁니다. 이러한 구조조정과 경쟁의 회오리 속에서 살기 위해 교사와 학교는 노력하지 않을 수 없다는 거죠. 학교의 긴장감은 더욱 강화될 겁니다. 그러나 공공성의 관점에서 교원단체 등이 문제를 제기하는 등 저항에 부딪힐 가능성이 큽니다. 비정규직 교사가 많이 양산되고, 교사의 신분 안정성은 점점 약화하면서 또 다른 문제가 발생합니다.

　시나리오 5와 시나리오 6은 학교의 와해를 점치고 있습니다. 시나리오 5는 학교가 시대의 흐름을 따라가지 못한 채 경직되어 있고, 관료적인 모습에 사람들의 불만이 더욱 커지고 결국 사람들이 학교를 탈출합니다. 이른바 '학교 붕괴' 담론과 유사하지요. 인터넷과 스마트폰 보급 등 미디어 기술의 발달로 지식의 원천이 다양화되었습니다. 학생들은 지식을 어디에서나 획득할 수 있게 되었지요. 교과서에 한두 줄로 간단히 설명된 개념을 스마트폰으로 검색하면 다양한 설명과 사례를 쉽게 접할 수 있습니다. 이러한 네트워크 사회에서 지식에 대한 교사의 권위는 약화할 수밖에 없지요. 학생들은 교사의 말이 어디에서 틀렸고, 맞았는지를 교사의 설명이 끝나기도 전에 파악할 수 있습니다.

경제적 여력이 되는 사람들은 학교 이외의 다른 교육적 모습을 추구하게 됩니다. 대안학교, 홈스쿨링, 귀족형 사립학교 등이 여기에 해당하지요. 이 때문에 불평등과 정보 격차는 더욱 심화합니다. 학교 체제의 붕괴는 네트워크 시장에서 고용된 가정방문교사 등 새로운 학습 전문가를 동시에 출현시킵니다. 중상층 이상의 계층이 유비쿼터스 및 홈스쿨링의 교육 형태로 빠져나가고, 그렇지 않은 계층들이 일반 학교에 남게 되고 학교는 더욱 슬럼화됩니다. 학습 네트워크 사회가 오히려 양극화를 만들어내지요. 디지털 디바이드 개념이 미래 학교 양상에서도 드러나게 됩니다.

시나리오 6은 교사가 다른 직업에 비해서 봉급, 지위, 사회적 조건 등에 있어 경쟁력을 상실하면서 교사 공급이 어려워지는 현상을 다루고 있습니다. 미국에서는 사실 교사

알고 갑시다 ●●●●

디지털 디바이드 : 정보 양극화 현상을 의미한다. 연령, 성별, 계층에 따라 정보 격차가 상당히 벌어진다. 정보 사회가 진행될수록 소외 계층 문제가 더욱 대두될 것이다.

의 인기가 그리 높지 않습니다. 유럽 국가는 교사의 노령화가 심화하면서 교사 공급 부족을 경험하기도 합니다. 이러한 양상이 일시적인 것이 아니라 지속한다면 심각한 문제를 만들어내겠지요. 교사를 수입해야 하는 상황이 오기 때문입니다. 이렇게 보았을 때, 시나리오 5와 6은 상상하기 싫은 시나리오입니다.

저는 혁신학교의 가능성을 시나리오 3과 시나리오 4에서 찾고자 합니다. 이 시나리오에 의하면 학교의 기능이 현재보다 더욱 강화됩니다. 시나리오 3에 의하면 학교는 지역사회 인적 자원과의 네트워크가 강화되면서 핵심적인 사회센터의 기능을 수행합니다. '가르침'은 교사뿐만 아니라 다른 전문가, 지역사회 인사, 학부모도 일정 부분 역할을 분담하는 것입니다. 공교육의 목적과 가치에 대해서 사회에서 인정하고 국가의 전폭적인 지원이 이루어집니다. 학교는 공동체와의 관계 속에서 나름대로 다양한 길을 모색하고, 그 내용을 지역 사회에 서비스합니다. 학교는 덜 관료주의적이면서도 더 새로운 조직 형태로 강화되게 됩니다. 방과후 학교도 사실 교사의 힘만으로 감당하기 어렵습니다. 결국, 지역사회의 네트워크를 활용할 수밖에 없습니다.

이러한 모습은 일종의 시나리오 3에 근거한 방식이겠지요. 지역사회의 인적 자원들을 학교에 끌어들임으로써 평생교육 또는 성인교육의 센터로서 학교는 새롭게 태어납니다. 이러한 모델은 학교가 단순히 지역 주민에게 도움만 받지는 않습니다. 지역 주민에게 도움을 줄 수도 있지요. 다만, 이때의 방점은 교사보다는 지역주민에게 있을 수밖에 없습니다.

　시나리오 4는 학교가 강력한 학습공동체로 탈바꿈합니다. 이 시나리오대로라면 학교는 학문과 예술, 개인 능력 개발을 우선시합니다. 그 과정에서 실험과 연구가 일반화되죠. 교사 조직 역시 팀 중심 접근이 강조되면서 교수-학습 과정에 대한 새로운 지식 및 지식의 생산, 중재, 활용 등에 집중적인 관심을 둡니다. 여기서 주목할 것은 학교가 지식을 생산한다는 점입니다. 기존의 지식 소비자가 아닌 생산자로서 조금 더 능동적인 교사와 학교의 역할을 부여하고 있습니다. 교수와 학습, 전문성 발달과 연구가 잘 이루어지기 때문에 교사들은 자신들의 전문성을 더 많이 인정받습니다. 시나리오 3보다 시나리오 4는 교사의 전문가로서 해야 할 역할을 더욱 강조하고 있습니다. 이를 통해 전문 학습공동체로서의 학교 모습을 우리는 상상할 수 있습니다. 학교가 관료주의의 모습에서 학습공동체로서의 모습으로 얼마나 탈바꿈할 수 있느냐에 따라 학교의 미래가 결정될 수 있다는 것을 이 보고서는 보여주고 있습니다.

배움의 공동체 이론

혁신학교에서는 학교를 바꾸기 위해서 '배움의 공동체 운동'을 전개하고 있습니다. '배움의 공동체 운동'은 전통적인 주류 심리학이 취해온 '개체주의(individualism)'로부터 탈피를 시도합니다.

알고 갑시다 ••••

개체주의 : 개별적인 존재를 중심으로 학습 과정을 파악한다. 학습인지과정을 개인의 내적인 인식 과정으로만 여기게 되는데, 이 과정에서 타인과의 상호작용이라든지 공동체를 통한 학습 등에 대해서는 등한시하게 된다.

사토 마나부는 배움 혹은 학습을 개체 내부에서만 일어난다고 하는 전통적인 관점에서 벗어나 공동체 수준에서의 학습을 논의하고 있습니다. 그는 특히 듀이(Dewey)나 비고츠키(Vygotsky), 레이브(Lave) 및 웬저(Wenger)의 영향을 받은 것으로 보입니다. 듀이는 기존의 성인 중심의 교육관을 깨고, 학생들에게 의미 있는 경험을 제공해야 한다는 아동중심 교육관을 집대성한 학자입니다. 사토 마나부 역시 수업을 바라보는 관점을 기존의 교사 중심에서 학생 중심으로 이동시켰습니다.

비고츠키는 근접발달영역(ZPD)이라는 개념을 도입했는데, 이는 개인이 스스로 학습을 해서 도달할 수 있는 목표치(수준)를 타인과의 상호작용을 통해서 더욱 끌어올릴 수 있는 수준을 의미합니다. 근접발달영역은 학습을 개인의 인지적 습득 과정으로 인식했던 그간의 인식론에서 벗어나서 타인과의 상호작용을 중시한 개념입니다. 이러한 비고츠키의 이론은 인지발달론(Cognitive Development Theory)의 범주에 속합니다.

인지발달론은 적절한 과제에 대한 아동 간의 상호작용은 아동의 지적 발달을 돕는다고 보고 있습니다. 즉, 아동의 지적 발달은 타인과의 상호작용을 통해 가능해진다는 이론입니다. 이러한 상호작용을 통한 지적 발달에 대해서는 피아제(Piaget)나 비고츠키나 같은 견해를 보입니다. 다만, 피아제는 또래 집단과의 상호작용을 중시했지만, 비고츠키는 교사나 유능한 아동과의 상호작용을 중시했다는 차이가 있습니다. 사토 마나부는 비고츠키의 근접 발달영역의 영향을 받은 것으로 보입니다. 이처럼 사토 마나부는 학습을 개인의 고독한 작업으로 보지 않고 교사와 학생, 학생과 학생 간 상호작용과 교류를 통해 이루어지는 작업으로 보았습니다.

유상덕(2006)은 사토 마나부의 '배움의 공동체 운동'의 철학을 '대화적 실천으로서의 배움', '발돋움과 도약(jump)', '서로 배우는 관계(서로 들어주는 관계를 바탕으로)', '교사의 동료성'으로 요약했습니다. 교사 간 동료성 관계를 구축하고, 서로의 수업을 관찰하면서 배움이 어디에서 이루어졌는지를 깊이 있게 논의하는 과정을 사토 마나부는 중시했습니다.

사토 마나부의 배움에 대해서 또한 손우정(2009)은 다음과 같이 세 가지의 배움으로 설명했습니다.

> 활동적인 배움, 협동적인 배움, 표현적인 배움으로 설명한다. 첫째, 활동적인 배움이란 수업 시간에 학생들이 주변 사물과의 접촉, 다양한 체험 활동 등을 통해 학습 의욕을 고취하는 것이다. 둘째, 협동적인 배움이란 모둠을 중심으로 모둠원 간의 사회적 상호작용을 강조하여 학습효과를 극대화하자는 것이다. 셋째, 표현적인 배움이란 다른 사람의 표현에 집중함으로써 자신의 생각을 비추어보도록 하고 서로 배우는 일로써 '모노로그

(독백)'에서 '다이아로그(대화)'로 전환하도록 하는 것이다.

- 손우정 ●

이처럼 사토 마나부는 배움의 실천을 사물(대상세계)과의 대화, 타자와의 대화, 자기와의 대화를 통한 실천으로 규정했습니다. 사토 마나부는 교사는 가르치고 학생은 배우는 기존의 이분법적인 틀을 근본적으로 깨고 있습니다. 배움은 본질에서 주는 사람과 받는 사람을 분리하지 않는다는 거죠. 배움은 다양한 주체 간에 서로 일어날 수 있다는 겁니다. 그의 관점에 의하면 교사가 학생에게 배울 수도 있겠지요(김대현, pp.103-104).

그의 이론은 학교 혁신을 위한 기초적인 작업으로 매우 유용합니다. 수업에 대한 관점을 바꾸고, 교사 간 협력 문화를 만드는 것이 혁신학교의 성패와 직결된다고 보기 때문입니다. 제가 보기에 배움의 공동체 수업이 갖는 의미는 적지 않습니다. 미국보다 우리나라 교육 상황과 유사한 일본에서 그의 운동이 어느 정도 성공을 거두고 있기 때문입니다. 그러나 일본의 맥락과 우리의 맥락은 다를 수밖에 없지요. 따라서 그의 모델을 기계적으로 적용하기보다는 한국 상황에 맞게 변용해야 합니다. 예컨대 사토 마나부는 '경청'의 중요성을 강조합니다. 그러나 우리나라는 학생 간 역동성을 중시합니다. 그러한 문화적 차이를 존중하지 않은 채

● "배움의 공동체를 기반으로 한 학교개혁", 『협동학습저널』, 겨울호, 6권

기계적으로 따를 필요는 없다고 생각합니다.

배움의 공동체 수업의 특성 분석

	배움의 공동체 수업
이론적 뿌리	- 비고츠키, 듀이, 레이브&웬저* - 아동중심주의, 진보주의, 구성주의 - 통합중심교육과정(예: 총합학습 강조)
특 징	- 일본발 개혁 - 교사와 학생, 학생과 학생 간 적극적인 상호작용 강조 - 공동체주의와 결합 - 학습을 개인의 단독적 자아 과정으로 인식하는 것에 대한 비판 - 배움이 학생들에게 제대로 일어났는지를 확인하는 과정 중시 - 교사 공동체를 통한 수업 변화 전략 제시
한계점	- 철학을 구체화할 수 있는 교수 방법론 취약 - 경청과 조용한 분위기 등을 중시하는데, 한국의 역동적 분위기와는 문화적으로 맞지 않음 - 학습 의지가 없는 하위권 학생들을 어떻게 끌어들일 것인가는 여전한 과제임

혁신학교 핵심 가치

혁신학교가 추구하는 핵심 가치는 지역마다 또는 학교마다 다를
수 있습니다. 하지만 저는 다음의 5가지 가치를 적어도 혁신학교

 상황학습은 지식과 학습의 과정을 '학습이 발전하고 활용되는 활동, 맥락, 그리고 문화의 산물'로 파악한다. 이들은 상황적 지식은 '실천의 장'에 참여함으로써 더욱 촉진될 수 있다고 보았다. 인간은 공동체에 참여하는 과정을 통해 공통의 지식을 획득하게 되고 집단에 소속하게 되는 사회화를 겪는다는 것이다. 학습은 네가지 구성 요소, 즉 의미(경험으로서의 학습: learning as experience), 정체성(되어감으로서의 학습: learning as becoming), 실천(행위로서의 학습: learning as doing), 공동체(소속됨으로서의 학습: learning as belonging)가 필요하다고 보았다(윤창국, 2002).

가 담아내야 한다고 생각합니다.

자발성

혁신학교의 힘은 교사들의 자발성에서 나옵니다. '열린 교육'이 힘을 잃은 이유 중 하나는 제도화되면서였습니다. 아래로부터 움직이던 힘이 위로부터 내려오는 힘으로 전환되면서 그 힘이 급격히 약화하였고, 급기야 변질하였던 것입니다. 자발성은 곧 아래로부터의 힘을 의미합니다. 그 힘을 교육청이 지원해야겠지요.

제 주변에는 가정 방문을 가는 교사들이 적지 않습니다. 만약, 교장이나 교감의 지시로 가정 방문을 간다면 생명력이 급격히 약화할 수밖에 없습니다. 교사 내면에서 스스로 가정 방문의 필요성을 인정하고 그 일에 가치를 부여할 때, 교육적인 생명력은 살아나게 됩니다.

혁신학교를 보면 가정 방문을 시도하는 학교가 적지 않습니다. 주로 가정 형편이 어려운 학생들이 많이 거주하는 학교일수록 그런 경향이 강한데, 가정 방문은 교장 혹은 교감 선생님께서 지시할 수 없는 일입니다. 주로 퇴근 이후에 교사들이 움직여야 하기 때문입니다. 만약 자발성에 입각한 가정 방문이 학교 차원에서 이루어지고 있다면, 그 학교는 성공 가능성이 높은 학교라고 생각합니다.

자발성과 관련하여 다루어야 할 문제로 '교육개혁'이 있습니다.

교육 개혁이 어려운 이유는 무엇입니까? 학교가 기존의 경영 조직이나 관료 조직과는 또 다른 특성을 지니고 있기 때문입니다. 지시와 명령으로 이런저런 시늉을 하겠지만, 의미 있는 교육적 결과로 이어지지는 못합니다. 교과부나 교육청의 문서를 한번 보십시오. 내용 자체가 상당히 완벽합니다. 나름의 논리 공정 체계를 가지고 있습니다. 하지만 현장에서 적용될 때는 상당히 다른 모습으로 나타날 때가 많습니다. 어느 조직이든 마찬가지이겠습니다만, 지시와 명령만으로는 학교가 쉽게 바뀌지 않습니다. 그러한 지시와 명령은 교사를 소외시킵니다. 그 과정에서 교사의 주체성은 사라지고, 교사는 대상화됩니다. 그런 점에서 혁신학교의 성공은 교사의 자발성을 얼마나 많이 복원할 수 있느냐에 달려 있습니다.

이우학교 이수광 교장 선생님께서는 8시 30분 출근해서 4시 30분 퇴근을 교사들이 절대 가치로 여긴다면 학교 변화는 쉽지 않다고 말합니다. 그는 교사들의 노동 철학이 바뀌어야 한다고 주장하는데, 예컨대 가정 방문을 가고, 교육과정 및 수업을 위해서 교사협의회를 하고, 학부모협의회를 해야 하는데, 그 모든 것을 일과시간에만 할 수는 없기 때문입니다. 때로는 일과시간 이후에도 뭔가 할 수 있어야 합니다. 이러한 움직임이 교사들의 자발적 동의 없이 이루어진다면 교사는 상당한 괴로움을 느낄 것입니다. 저도 퇴근 이후 지역모임과 전문모임에 참여하면서 매주 학습을 했습니다. 퇴근 후 6시 30분에 모임을 시작해서 밤 9시 30분이나

10시까지 강사를 초빙해서 강의를 듣기도 하고, 토론도 하고, 대화를 나눕니다. 모임을 마치고 집에 가면 거의 밤 11시가 넘습니다. 몸은 피곤하지만, 마음은 뿌듯한 행복한 피로감을 경험합니다. 제가 행복한 피로감을 느낄 수 있는 이유는 자발적으로 모임에 나갔기 때문입니다.

혁신학교는 사실 일반학교보다 해야 할 일이 더 많고, 잘해야 한다는 부담감이 교사들의 마음을 짓누르기도 합니다. 그럼에도 많은 교사가 혁신학교 근무를 자원하고 있습니다. 그것은 교육의 본질적 의미를 경험하고, 교사로서 해야 할 일을 반드시 혁신학교에서 해보고 싶은 내적 욕구가 있기 때문이 아닐까요?

우리가 무엇을 꿈꾸어야 하며, 그 꿈을 위해 해야 할 일이 무엇인가에 대해서 인식해야 합니다. 우리가 이것을 해보자고 서로 말해야 합니다. 이러한 모습이 저는 자발성이라고 생각합니다. 타율적 존재와 자율적 존재의 차이는 똑같은 일을 해도 자발성에서 결정됩니다.

이처럼 자발성은 인간의 주체성 복원의 핵심적 가치가 됩니다. 타율, 지시, 명령에 따라서 마지못해 수행되는 교육적 행위는 내면의 동의를 얻지 못할 가능성이 크고, 그 과정에서 효과가 상당히 떨어질 수밖에 없습니다. 교육이라는 개념 자체는 개인의 주체적 판단이 없이 주어진 내용을 반복적으로 몸에 익히는 훈련과는 차원이 다릅니다. 그런 점에서 혁신학교는 교사와 학생, 학부모의 자발성에 따른 학교입니다.

안타깝게도 현재의 학교에서 사라진 가치 중 하나가 자발성입니다. 교육에 관한 대안이 없는 것은 아닙니다. 하지만 문제는 그 대안을 누군가가 실천하지 않기 때문입니다. 정부에서 제시한 교육 개혁안 중 어떤 내용은 나름의 의미를 지니고 있습니다. 그러나 그것이 단위학교 내에서 충분히 논의되지 않고, 교사 스스로 합의하지 않았다면 일방적인 집행에 그칠 가능성이 크고, 결국 교사들의 형식적 대응을 만들어 낼 겁니다. 이러한 과정에서 많은 아이디어와 정책들이 그만 생명력을 잃어버렸습니다.

결국, 혁신은 외부의 힘을 빌리는 방식보다는 내부에서 힘이 나와야 하고, 그 힘을 지원하는 외부의 지원과 결합하여야 합니다. 자발성은 형식성과 수동성 극복을 의미합니다. 어찌 보면 관리자의 지시 내지는 교육청에 의한 지시를 기계적으로 따르는 것에 비해서 덜 효율적이며, 소모적인 느낌이 들 수도 있습니다. 그러나 낮은 수준에서라도 합의를 하고, 그 과정을 강력하게 집행한다면 훨씬 더 많은 성과를 만들어낼 수 있습니다. 그런 점에서 혁신학교에서 교장의 리더십은 주체들의 참여를 유도하고, 문제에 대한 해결책과 대안을 찾아내며, 결정된 안에 대해서는 강력하게 집행할 수 있는 능력을 요구합니다. 이 과정에서 민주성이라는 가치는 자연스럽게 도출되겠지요.

민주성

그렇다면 자발성은 어떻게 만들어가야 합니까? 저는 이것이 민주성과 연계된다고 생각합니다. 최근 들어서 참여와 소통의 중요성을 강조하고 있는데, 자발성은 이러한 흐름과 관련이 있다고 생각됩니다.

학교는 단순하지 않습니다. 최근 들어 복잡성 이론으로 혁신학교 모형을 설명하려는 경향이 있는데, 저는 나름 타당성을 가진다고 생각합니다. 학교의 혁신 과정은 생각처럼 단순하지 않으며, 상당히 역동적인 과정을 거칩니다.

호이와 미스켈(Hoy & Miskel, 1996)은 변혁적 지도자에게 요구되는 활동을 다음과 같이 규정했습니다.

첫째, 변화에 대한 필요를 규정한다. 둘째, 새로운 비전을 만들고, 그 비전에 구성원들을 집중시킨다. 셋째, 장기 목표에 집중한다. 넷째, 구성원들로 하여금 개인적 이익을 초월하게 만든다. 다섯째, 조직을 변화시켜 기존의 비전을 조정하게 만든다. 여섯째, 구성원들이 자신의 개발과 다른 사람의 개발에 보다큰 책임감을 갖도록 가르친다.

그러나 이러한 변혁적 리더십은 탁월한 교장을 전제하고 있는데, 이러한 교장을 발굴하기가 쉽지 않고, 설령 이러한 교장이 있다고 해도 그가 모든 것을 좌우할 수 있는가는 다른 문제입니다.

또한, 이러한 접근은 자칫 엘리트주의적인 접근이라는 비판을 받을 수 있습니다.

그런 점에서 1인에 의한 탁월한 리더십보다는 다양한 사람들에 의해 분산된 리더십에 주목할 필요가 있습니다. 실제 성공적인 혁신학교를 보면 교장 한 명의 전문성과 리더십에 의존하지 않는 모습을 보여 주고 있습니다. 역량을 갖춘 교사들이 적지 않고, 그들이 비공식적인 모임 또는 공식적인 모임을 통해서 혁신을 추동하고 있음을 알 수 있습니다.

이러한 분산적 리더십은 교장 한 명보다는 교사라든지 비공식적인 문화 등에 주목합니다. 참여와 소통의 문화는 민주성과 연결이 되고, 그 과정에서 자연스럽게 교사의 자발성을 이끌어낼 수 있습니다.

학교 혁신은 결국 교사들의 자발성이 담보되어야 합니다. 이러한 자발성이 보장되기 위해서는 무엇보다 먼저 그런 혁신을 위해서 헌신을 해보겠다는 교장과 교사들이 특정 학교에 모여야 합니다. 두 번째로는 교사 각자가 가지고 있는 꿈을 단위학교에서 실현해보겠다는 생각을 해야 합니다. 교사라면 좋은 수업과 좋은 학급운영을 해보고 싶은 열망을 누구나 가지고 있습니다. 관리자들 역시 좋은 학교를 운영해보고 싶은 욕구가 있습니다. 그러나 대부분은 실제 그런 비전을 이루기보다는 좌절과 절망을 더 많이 경험했지요. 결국, 자신의 꿈과 학교의 비전을 얼마나 일치시켰느냐가 혁신의 동력으로 이어질 겁니다. 이는 결국 학교의 목표와 비전, 철학을 세워나가는 과정을 함께 공유해야 하며, 교사 개인의 바람과 꿈이 단위학교의 운영계획과 일치되어야 함을 의미합니다. 즉, 학교의 비전과 목표가 자신의 비전과 일치해야 합니다. 아니면 학교에서 제시한 비전과 목표에 대해 구성원들이 충분히 공유해야 합니다.

대부분 학교가 지닌 문제점 중 하나는 학교운영계획서가 자신의 것이 아니라는 점입니다. 특정 부장이 주변의 다른 학교 운영계획서를 참조하여 적당히 만드는 예도 있는데, 이럴 때 학교운영계획서로부터 대부분 교사들이 소외당하게 됩니다. 이 과정에서 교사들의 자발성은 자연스럽게 상실되지요. 학교의 운영계획서가 내 것이 아닌 남의 것이 되기 때문입니다. 그런 점에서 집단 지성이 작용할 수 있는 소통 문화가 대단히 중요합니다. 그러한 소통 문화는 민주적인 과정을 통해 더 잘 일어나게 됩니다.

예컨대, 특정 교장이 자신이 세운 공모제 계획서를 가지고 교사들에게 던지면서 "이렇게 해야 한다."고 강요할 때 교사들은 소외됩니다. 하지만 교장이 자신이 세운 계획서에 대해서 함께 평가하고, 수용할 것이 무엇인지, 수용하기 어려운 것이 무엇인지, 대안이 무엇인지 함께 논의해보자고 말할 때 혁신의 가능성은 더욱 높아집니다. 물론, 매우 어려운 논의 과정이 요구되기 때문에 비효율적일 수 있습니다. 때로는 교장 스스로 자신이 생각했던 계획을 내려놓을 수도 있습니다. 하지만 교장의 진정성이 전달되고, 나아가 함께 소통하기 위해서 서로가 노력하면 변화를 가져올 수 있습니다. 다만, 토론의 윤리 내지는 규칙이 필요합니다. 신이 나게 토론을 해놓고, 합의된 내용이 실천으로 이어지지 않는다면 이기적인 토론을 한 셈입니다. 치열하게 토론하고, 합의한 내용은 강력하게 집행하자는 내부의 합의가 필요합니다.

교사들의 참여와 소통이 이루어질 때, 학생과 학부모의 참여도 자연스럽게 이루어지게 됩니다. 단위학교 내 의사소통의 병목 현상을 어떻게 해결할 것인가는 혁신학교의 중요한 과제라고 말하지 않을 수 없습니다.

교사들은 나름대로 교직 생활을 하면서 성공과 실패를 경험합니다. 문제는 그러한 성공과 실패를 교사 개인의 경험으로 가두어 놓고 있다는 점입니다. 교사들의 성공과 실패 경험이 공유될 때 그것을 극복하기 위한 전략과 전술이 단위학교에서 도출될 수 있습니다. 그러한 변화가 일부라도 나타날 때 교사의 효능감은 높아집니다. 앞서 말씀드렸듯이 우리나라 교사들의 자기효능감은 OECD 국가 중 최하위 수준으로 나타나고 있습니다. 교직에 입문하면서부터 뭔가 성취해본 경험을 거의 해본 적이 없어서 나타난 현상입니다.

혁신학교에서는 교사들의 효능감과 자신감을 높여야 합니다. 이를 위해서는 교사들이 무엇이든지 건의하고 이야기할 수 있는 분위기가 연출되어야 합니다. 그러한 분위기는 교사의 사기와 자발성을 높일 수 있게 됩니다.

● 하비(2006), 『왜 아무도 NO라고 말하지 않는가?』, 이수옥 역, 크레듀.

애블린 패러독스*라고 들어보셨습니까? 미국 조지워싱턴대학의 제리 하비 교수가 가족 모임을 했습니다. 40도가 넘는 불볕더위에 가족 중 한 명이 집으로부터 2시간가량 떨어진 애블린이란 도시에 가서 점심을 먹자고 제안을 합니다. 그런데 오가면서 불볕더위와 극심한 도로 정체 때문에 실망스런 외출이 되고 말았습니다. 집에 돌아와서는 서로 책임을 전가합니다. 알고 보니 누구도 원하는 사람이 없었는데, 최초 제안자의 의견을 무시하기 그래서 나갔던 겁니다. 제안자도 예의상 한마디 했는데, 아무도 반대하지 않아서 내키지 않았는데도 애블린까지 가게 된 겁니다. 이렇게 아무도 원하지 않는 데 반대하는 사람이 없어서 그냥 하게 되고, 좋지 않은 결과가 만들어지는 상황을 애블린 패러독스라고 합니다. 이 개념은 무엇보다도 소통과 대화의 중요성을 강조하고 있습니다. 뒤에서 구시렁거리고, 불만이 있어도 앞에서는 아무말도 못 하는 조직은 혁신이 어렵지 않을까요? 사실은 저도 학교에서 '벌떡 교사'로 불리고 있습니다. 직원회의 시간에 혼자 벌떡 일어나서 손들고 문제 제기를 하기 때문입니다. 사실은 제가 문제 제기를 하기 전에, 많은 교사는 불만을 느끼고 있습니다. 그런데 막상 공론화를 시키지는 않습니다. '학교가 이렇게 가서는 안된다.'고 평소 불만을 말하던 사람이 교장 선생님 앞에서 또는 회의 석상에서는 침묵으로 일관합니다. 소통이 없는 학교에서는 학생이든 교사든 학부모든 불만이 누적될 수밖에 없고, 언젠가는 이상한 방향으로 사건이 터질 가능성이 있습니다. 교육청과 학교의 혁신은 결국 소통에서 출발합니다.

교사의 자발성을 통해서 많은 논의가 이루어진다면, 자연스럽게 학부모와 학생의 참여로 이어지게 됩니다. 이른바 참여 협육의 양상이 만들어지게 됩니다. 자발성에 기초하여 참여와 자치의 원리가 민주적인 학교 문화를 통해 구현될 때 모두가 학교의 주인이 되며, 모두가 행복한 학교 생활을 할 수 있게 됩니다.

이러한 모습은 학생회 활성화로도 이어집니다. 학생인권조례가 시행되면서 교사들은 수업과 생활지도에 어려움이 커졌다고 말합니다. 이 문제를 극복하는 방법의 하나가 학생회 활성화입니다. 지금까지 학생들의 문제를 교사들이 지적했다면, 학생들 스스로 문제의식을 느끼고 공동체 생활 가운데 발생한 문제점을 고치기 위해서 노력해야 합니다. 예를 들어 보겠습니다. 제가 근무하던 학교에서 매점이 들어서면서 학교가 상당히 지저분해졌습니다. 학생들이 음료수며 빵 봉지를 복도나 운동장 등에 버렸기 때문입니다. 이 문제에 대해서 학생회가 공론화를 시작했습니다. 점심시간에 퍼포먼스를 동원한 다양한 캠페인 활동을 전개하거나, 학생회 임원들이 연설했습니다.

이러한 모습이 나타나기 위해서는 평소 학생회 기 살리기가 필요합니다. 교사들이 필요로 하는 일만 대행하는 학생회는 자칫 학생들에게 어용(?)으로 몰릴 수 있습니다. 이들의 주체성

알고 갑시다 ●●●●

학생인권조례 : 2010년 10월 경기도학생인권조례가 제정되었다. 차별받지 않을 권리, 폭력 및 위험으로부터의 자유, 학습에 관한 권리, 정규교과 이외의 교육 활동의 자유, 휴식을 취할 권리, 개성을 실현할 권리, 사생활의 자유 등을 보장하고 있다. 이 조례로 인해서 교사들의 직간접 체벌은 금지된다. 교사와 학생간 갈등의 주 원인이었던 두발과 복장 관련 내용도 대폭 허용하였다.

을 강화하기 위해서는 평소 원활한 참여와 소통 과정을 만들어가야 합니다. 학교 교육의 주요 목적 중 하나는 민주시민을 길러 내는 겁니다. 어떤 사회 선생님은 천부인권사상을 가르치면서 그 사상의 주창자인 존 로크(John Locke)의 이름을 모른다고 학생을 때렸다고 합니다. 이렇게 교육과 삶이, 형식과 내용이 분리되어 있습니다. 삶을 가르치는 것이 교육이라고 가정한다면, 학교 역시 민주성이 발현되는 공간이어야 합니다. 학생회의 활동, 교칙 제·개정, 학급회의 등은 그 과정 하나하나가 민주시민을 길러 내는 데 매우 좋은 교육적 수단 아니겠습니까?

지역성

우리나라 공교육에서 가장 취약한 모습이 지역성이 아닐까 싶습니다. 사실 따지고 보면 학교는 지역 주민의 세금으로 운영됩니다. 그럼에도 학교는 지역과 상당히 분리되어 마치 외로이 떠 있는 섬과 같은 모습을 보여주고 있지요. 학교가 지역사회와 거의 협력하지 않고, 도움을 받지도 않습니다. 지역사회 발전에 이바지하는 모습은 더욱 보기 어렵습니다. 지역 주민과 함께 호흡하는 학교 모습을 우리가 꿈꾸어볼 수는 없을까요?

모든 학교는 나름의 특수성을 지니고 있습니다. 농촌과 도시, 학교급별, 경제적 여건, 교통, 지역적 여건, 전통, 교사와 학생, 학부모의 특성 등 학교마다 처한 상황과 조건이 다릅니다. 이러한 차이는 결국 지역성으로 설명할 수 있습니다. 혁신학교에서 지역성의 가치를 반영하기 위해서는 다음 세 가지 과정이 필요합니다.

첫째는 지역 상황과 특성을 고려하여 학교운영계획을 수립해야 합니다. 교장과 교사가 4년의 학교운영을 계획할 때, 가장 먼저 할 일은 학교가 속해 있는 지역적 특성을 고려하고, 그에 따른 장단점을 분석하는 것입니다. 이후 단위학교의 장점을 극대화하고, 단점이나 문제점을 해결할 방안을 모색해야 합니다. 최소한 단위학교는 지역사회의 장점을 최대한 활용해야 합니다. 즉, 단위학교의 단점은 지역사회의 자원을 통해 극복해야 합니다. 이러한 전략을 위해서는 단위학교가 지역사회에 속해 있고, 함께 상생해야 한다는 생태적 관점이 필요합니다.

둘째는 지역의 특성이 담긴 수업과 교육과정을 모색해야 합니다. 교육과정을 통합적으로 운영할 때, 가장 쉬운 접근은 지역을 토대로 학교 교육과정을 재구성하는 것이지요. 교육 목표를 민주시민 양성이라고 본다면, 그 민주시민은 결국 특정 지역 사회에서 활동하게 될 겁니다. 그런 점에서 자신이 속해 있는 지역 사회의 역사와 자원, 지리적 여건, 인적 자원, 생태환경 등을 교과와 학교 교육과정의 핵심적 요소로 적극 활용해야 합니다. 창의 체험 활동이나 정규 교과목에서 지역화 교육과정을 고민해 볼 수 있습니다. 가장 쉬운 일은 지역사회의 자원에 학교의 특정 시간을 맡기는 겁니다. 누군가를 초청하여 교육 프로그램을 구성할 수 있지만 때로는 지역으로 나가서 활동할 수 있습니다. 예컨대, 지역

사회에서 개선되어야 할 부분을 학생들이 찾아서 내용을 정리하여 지방자치단체에 민원을 올리는 방식으로 수업을 진행할 수 있겠지요. 혹은 지역사회의 역사적 인물이나 자원을 탐구하는 시간으로 수업을 구성할 수 있습니다. 그런 관점에서 보면 각 교과와 지역사회 연결은 얼마든지 가능합니다. 최근 들어 학교 교육과정 특성화 및 다양화에 대해서 많은 이들이 강조하고 있습니다. 지역을 중심으로 교육 요소를 기존 교과와 연결하는 지역화 교육과정이야말로 특성화 및 다양화를 가능케 하는 좋은 전략입니다.

셋째는 학교와 지역 사회가 적극적인 연대와 협력을 통해서 상호 발전해나가는 학교운영 전략을 수립하고 실천해야 합니다. 학교는 결국 지역 주민의 세금으로 운영됩니다. 지방자치가 점점 강조되고 있는 현 상황을 고려해본다면, 지역사회와 분리된 학교를 상상하는 것은 거의 불가능에 가깝습니다. 그런 점에서 먼저 학교는 지역사회의 발전에 이바지하고, 지역 주민에게 서비스하겠다는 생각을 할 필요가 있습니다. 지방의 고등학교를 보면 서울의 명문대학교에 많은 학생을 보낸 것을 자랑스러워하는 경향이 있습니다. 이러한 모습은 서울 중심의 사고 내지는 지방에 대한 콤플렉스가 반영된 것으로 생각합니다. 그렇게 해서 지방의 한 학생이 서울의 손꼽힌 대학을 갔다고 가정을 해 봅시다. 그 학생이 지방으로 다시 돌아올까요? 지방에서 특목고를 많이 세웁니다. 특목고 학생들의 상당수가 서울에 있는 대학을 갈 겁니다. 그 학생들이 다시 지역 사회로 와서 이바지하겠다는 생각을 할까요?

대부분 지역으로 돌아오지 않습니다. 어찌 보면 지역 사회에서는 지역 주민의 세금을 거두어 학교를 운영해서 서울에 좋은 일을 시키고 있습니다. 우수한 학생들이 서울로 가고, 그들이 고향이 아닌 수도권에 이바지하는 삶을 사는 모순이 발생합니다. 자신이 사는 지역에서 이바지할 수 있는 삶을 고민할 기회를 학교가 만들어 주어야 하지 않을까요? 학생들이 지역을 사랑하고, 가능하면 지역에서 이바지할 수 있는 삶을 고민하게 하는 것 자체가 학교가 지역사회에 크게 이바지하는 일이겠지요.

또한, 학교 공간을 가지고도 지역사회에 얼마든지 이바지할 수 있습니다. 제가 사는 동네에는 재래시장이 있습니다. 이 재래시장은 주차공간이 늘 부족합니다. 주차 전쟁입니다. 주말이면 그런 경향이 더욱 심해집니다. 재래시장으로부터 몇십 미터 떨어진 곳에 중학교가 있습니다. 주중에는 학생들의 안전사고 등을 우려해서 개방이 어렵겠지만, 학생들이 없는 주말에는 얼마든지 주차장이나 운동장 개방이 가능하지 않을까요? 학교가 학교 운동장을 학생들이 없는 주말만이라도 지역 주민에게 개방하는 것도 일종의 지역주민 서비스라 볼 수 있겠지요. 학교 도서관을 조그마한 북카페 형태로 만들어 지역 주민도 활용할 수 있는 공간으로 만들어보면 어떨까요? 가벼운 문화 행사를 하거나 공간 대여도 얼마든지 할 수 있을 겁니다. 평생 교육의 관점에서 본다면, 학교는 지역 주민의 학습 욕구를 해결할 수 있는 평생학습 센터로 얼마든지 기능할 수 있습니다. 장소와 프로그램, 네트워크만 가동하면 가능하지요. 필요하면 지방자치단체의 지원을 유도할 수도 있을 겁니다. 하지만 전반적으로 학교는 여전히 지역사회에 여전히 문턱이 높습니다.

이러한 원인 중 하나로 순환근무제를 들 수 있습니다. 우리나라의 순환근무제도의 폐해 중 하나가 교사들이 지역사회에 오랫동안 정착하지 못하게 만들고, 그 결과 지역사회와 유리된 교사들을 많이 길러 낸다는 것입니다. 그러다 보니 지역사회에 대한 정체성이 거의 없지요. 지역사회 활동을 하지 않으니 지역 네트워크가 취약할 수밖에 없습니다. 그래서 학교에서는 학교운영위원회 지역위원을 뽑을 때 곤욕을 치르는 경우가 종종 있습니다. 연대활동을 하지 않았는데, 좋은 지역 자원이 누구인지 어떻게 알겠습니까? 결국, 학부모들의 추천을 받거나 학부모 위원을 지역 위원으로 활용하는 편법을 사용하기도 하지요. 슬픈 자화상입니다.

교사들 역시 지역사회에 더 많은 관심을 기울이면서 적극적인 자세를 보인다면 얼마든지 지역 발전에 이바지할 수 있습니다. 도움을 받기도 하고, 도움을 줄 수도 있어야겠지요. 그동안 학교는 지방자치단체로부터 사업지원비나 시설지원비를 요구하기만 했지, 지역에 뭔가를 줘본 일이 별로 없습니다. 가장 쉬운 실천은 학교 공간을 지역주민도 이용할 수 있게 만드는 겁니다. 지역주

알고 갑시다 ●●●●

순환근무제 : 한 학교에 오랫동안 머물러 있는 사립학교 교사와 달리 공립학교 교사들은 한 학교에 보통 4~5년 정도 있다가 다른 학교로 전근을 간다. 이러한 제도는 선호 지역에 교사들이 몰리고, 농어촌 등 비선호 지역에 교사들이 몰리지 않는 상황을 막기 위해서 도입되었다. 순환근무제는 형평성이라는 장점을 가지고 있지만 교사들이 특정 지역에 거주하지 않은 채 학교만 옮겨 다니기 때문에 학교가 입지한 지역 주민들과 거의 교류가 없이 지내다가 다른 지역으로 옮겨 간다는 비판도 제기된다.

민이 뭔가 할 수 있는 활동공간을 학교에 열어주는 거죠. 학교의 시청각실도 방과 후에는 지역 주민들의 공청회나 토론회 장소로 참 좋지 않을까요? 지역 주민의 회의 공간으로 학교만큼 좋은 데가 없지요. 주차 공간도 넓지 않습니까? 이러한 관점의 전환이 필요합니다.

동시에, 학교 역시 지역의 물적, 인적 자원을 충분히 활용할 필요가 있습니다. 덕양중학교는 동네에 있는 군부대와 MOU를 맺고, 군 장병 중 우수한 자원들이 학생들에게 영어를 가르쳐주는 시간을 확보했습니다.

학교는 나름대로 특색적인 것을 시도하려고 하지만, 교사의 힘만으로 새로운 방안을 만들기가 쉽지 않을 수 있습니다. 하지만 학교가 조금만 개방적인 생각을 한다면, 방과 후 활동, 창의 재량 활동, 계발활동, 동아리 활동, 학교 특별 행사, 자치 적응 활동을 지역사회의 인적 자원과 연계할 수 있고, 그 과정에서 새로운 콘텐츠를 학생들에게 제공할 수 있습니다. 이러한 장점을 가졌음에도 지역 자원 연계에 소극적인 이유는 교사보다 학생들을 잘 장악하지 못한다는 사실 때문입니다. 그러나 신규교사들도 처음부터 잘하지는 않았다는 것을 기억해야 합니다. 제가 아는 외부 강사도 처음에는 시행착오를 겪었지만, 진행하는 과정에서 학생들이 어디에서 지루해하고, 어떤 지점에서 아이들의 눈빛이 반짝거리는지를 발견하게 되었다고 말하더군요. 처음부터 너무 가혹한 잣대를 외부 지역 자원들에 들이대지 말고, 그들의 성장을 지원하면서 같이 호흡을 맞추어봐야 할 것입니다.

　이러한 과정은 학교가 지역사회로부터 고립된 섬으로서 존재하지 않게 만들어줄 겁니다. 학교가 지역사회로 나아가고, 지역사회는 학교로 들어옵니다. 서로 윈-윈(win-win)할 수 있지요. 지역 네트워크는 이렇게 학교 교육력을 한 단계 높일 수 있는 좋은 전략이 될 수 있습니다.

창의성

한국 교육이 학생들에게 엄청난 양의 공부를 시키고 있고, 많은 교사가 수고와 헌신의 땀방울을 흘리고 있음에도 과연 창의적 인재를 길러 내고 있는가에 대해서는 회의적인 시각이 많습니다. 우리 사회가 선진국을 따라잡기 위해서는 모방을 할 수밖에 없었습니다. 속도전인 사회에서 살아남기 위해 교사는 많은 양의 정보를 주입했고, 학생은 그것을 빨리 암기했습니다. 그래서 예전의 학력고사 시절의 문제를 보면 암기 지향적인 성격을 많이 지니고 있습니다. 교과서를 거의 외우다시피 하면 어느 정도 성적이 나왔었지요. 그런데 우리 사회도 선진국의 반열에 들어가야 하는 시점에서 이제는 모방하는 인재로는 어렵다는 사실을 기업들은 깨달았습니다.

　물론, 창의성이 기초적인 지식 습득 없이 이루어지지는 않습니다. 그런 점에서 어느 정도의 기초 지식을 습득하고 암기하는 과정을 완전히 무시할 수는 없습니다. 그러나 단순 지식 습득을 넘어선 문제 해결력이라든지 발산적 사고 등은 현재의 수업 방식으로는 길러지기 어렵지요.

최근 들어 배움 중심 수업이 논의되고 있습니다만, 이는 기존의 행동주의 심리학과 분명히 대비되는 생각을 했다고 봅니다. 인간을 S(자극)-R(반응)의 존재로 봤던 기존의 사고의 틀을 깨는 겁니다. 사토 마나부를 중심으로 일어나고 있는 '배움의 공동체 운동'은 학생과 학생 간에 상호작용을 중시합니다. 기존의 학습은 개인의 고독한 작업이었습니다. 우리 말의 '배워서 남주냐?'는 이야기가 여기에 해당합니다. 그러나 배움 중심 수업은 이제 기존의 교수자 중심에서 학습자 중심으로 사고의 전환을 강조하고 있습니다. 즉, 타인과의 충분한 상호작용을 통해 교육이 이루어지고 그 과정에서 지식의 확장이 이루어진다는 거죠. 그런 점에서 우리의 고정된 교수법에 대한 반성은 분명히 필요합니다. 유능한 투수는 타자의 특성을 파악해서 직구, 슬라이더, 커브, 포크볼 등 다양한 볼 배합을 합니다. 그러나 교사들의 수업은 강의식 수업 하나로 일관하고 있는 것은 아닐까요? 이러한 강의법은 학생들이 배움에 대해서 흥미를 느끼지 못하게 만들 가능성이 있습니다. 교사의 수업이 먼저 변할 때, 학생들의 창의성도 자극될 겁니다.

창의성을 키우기 위해서는 학생들의 경험을 자극해야 합니다. 경험은 직접 경험과 간접 경험이 있습니다. 직접 경험은 오감으로 직접 체험하는 과정이고, 간접 경험은 상징이나 문자, 영상 등으로 익히는 겁니다. 우리나라 교육은 그동안 간접 경험에 의존해 왔습니다. 이미 누군가가 만들어낸 지식을 짧은 시간에 압축적으로 익히기 위해서였습니다. 앞으로는 직접 경험을 통해 학생들의 흥미를 자극하고, 이를 바탕으로 고급 사고력으로 이어지게끔 해야 합니다. 남한산초등학교는 몸으로 익히는 과정을 중시합니다. 자전거는 글로 배울 수 없습니다. 넘어지더라도 몸으로 체험하면서 배우면 시간이 지나도 잊어버리지 않습니다. 이렇게 토론과 탐구, 체험을 몸으로 해봐야 합니다. 그 과정에서 학생들의 지적 호기심과 창의성은 더욱 커질 수밖에 없습니다.

아직 우리 교육 체제 내에서 창의성은 길러 내기 힘든 목표임이 틀림없습니다. 엄격한 상명하복의 문화라든지 관료주의 문화에서는 창의성이 말살될 수밖에 없기 때문입니다. 창의성은 자유로운 사고와 문화 속에서, 수평적인 관계 속에서 더욱 잘 일어나는데, 한국의 교육 문화는 문서상으로는 창의성을 강조하지만, 일상에서는 구현되기 어렵습니다. 창의성은 결국 그것을 장려하는 문화를 통해서 더욱 잘 구현되지 않겠습니까?

이러한 창의성을 교육 목표로 삼기 위해서는 시대의 변화를 먼저 읽어야 하고, 현재와 같은 문제풀이식 교육 내지는 입시 중심의 수업으로부터 탈피해야 한다는 생각을 구성원들이 함께 공유할 필요가 있습니다.

우리나라 기업들은 지원자의 실질적인 능력을 확인하는 과정을 강화하고 있습니다. 역량 면접이 대표적인 예이지요. 그 과정에서 협동능력, 창의성, 토론 및 발표 능력 등을 확인하게 됩니다. 예전에는 어느 대학을 나왔느냐를 중시했다면 이제는 '네가 구체적으로 무엇을 잘할 수 있느냐?'로 바뀌고 있는 셈입니다.

이러한 변화는 아래의 표에서도 찾아볼 수 있습니다. 오늘날, 대학생이 선호하는 4대 기업의 채용과정은 다음과 같습니다. •

회사명	채용 절차	전형 방법과 평가 요소
삼성	지원서작성▶지원서 검토▶SSAT▶면접 전형(인성면접,프리젠테이션면접,집단토론)▶건강검진▶최종합격	① 인성면접 : 개별질문으로 기본인성 및 적응성을 중점 평가하며, 면접시간은 1인당 10~20분 정도 ② 프리젠테이션 면접 : 직군별 기본 실무 능력 및 활용가능성을 중점 평가하며 면접시간은 1인당 10~20분 ③ 집단토론 : 직군별로 전문성 있는 주제에 대해 응시자 간에 서로 의견을 나누는 방법으로 논리력, 설득력, 의사소통 능력 등을 종합적으로 평가함. 4~6명을 1조로 구성하며, 면접시간은 40분 정도이다.
LG	지원서 작성▶서류 전형▶면접전형▶신체검사▶최종합격	① 지원서 : 온라인으로 작성 ② 서류전형 : 지원한 희망 직무와 희망 근무지를 중심으로 지원자가 보유한 능력과 자질을 종합적으로 고려해 심사 ③ 면접전형 : 직무수행에 필요한 기본지식과 역량, 직무별 적성 확인 ④ 임원면접 : 기본자질, 교양, 가치관, 인성, 품성 등을 종합적으로 평가 ⑤ 신체검사 : 건강 검진으로 근무 가능 여부 판단
STX	서류전형▶SCCT전형(인적성검사)▶1차면접(역량면접,토론면접,영어면접,PT면접)▶2차면접▶신체검사▶최종합격	① 서류전형 : 전공, 학점, 어학능력, 자격증, 봉사활동 등을 기본심사 ② SCCT : 인적성 검사(4시간 소요). 언어, 수리, 공간지각 능력 진단 ③ 1차면접 : 역량면접과 토론면접을 통해 직무 역량 측정. 영어면접을 통해 어학능력, PT면접을 통해 산업군에 대한 전공 지식의 활용 능력 측정 ④ 2차면접 : 사장단 면접을 통해 인성이나 기업관과 같은 잠재 능력 평가

• 양종철(2009)이 각 기업체 홈페이지에서 정리한 내용을 표로 재구성하였음.

	채용면담▶입사지원 ▶서류전형▶SK적 성검사▶면접전형 (1,2,3차 면접)▶신 체검사▶최종합격	① SK 종합 적성 검사 : 적성검사, 인성검사, 영어검사(G-TELP)
SK		② 적성검사 : 어휘력, 수리력, 판단력, 추리력, 창의력, 분석력 등 8개 영역 150문항. 사고의 합리성과 문제해결 능력 등 종합적 판단
		③ 인성검사 : 345문항으로 구성. 직장생활에서 요구되는 사교성, 대인관계, 사회성 등을 종합적으로 판단
		④ 1차면접 : 과장급 3~4명이 집단면접을 통해 집단 토의 실시(패기, 잠재능력, 사교자세 등 평가)
		⑤ 2차면접 : 부/차장 3~4명이 1명을 개별면접함. 기업관, 패기, 전공 및 경영지식, 사교자세 등을 주로 평가함
		⑥ 3차면접 : 임원 2~3명이 개별면접. 전반적인 사항 평가

이것만 보더라도, 도서관에 앉아서 공부만 잘하는 모범생을 기업들은 더는 원하지 않습니다. 공기업 역시 국가인권위원회의 권고를 받아 더는 학벌을 서류 전형에서 고려하지 않고 있습니다.

이러한 노동시장에서의 채용 양상이 달라지고 있음을 생각해볼 때 우리의 교육에서 중요한 부분은 '학생이 성적을 얼마나 잘 받았느냐?', '학생이 얼마나 많은 것을 알고 있느냐?'라기보다는 "학교에서 배운 지식과 경험을 토대로 무엇을 생각할 수 있고, 무엇을 할 수 있느냐?"가 될 겁니다.

결국, 창의성이 혁신학교의 화두가 되어야 합니다. 저는 창의성이 갖는 의미를 다음과 같이 정리하고 싶습니다.

첫째는 입시 위주의 교육 극복을 의미합니다. 입시 교육을 무시할 수는 없지만, 그것이 교육 전부가 되어서는 안 됩니다. 현재 다양한 입시 방식을 고려해볼 때, 좋은 입시 성과를 내기 위해서라도 다양한 형태의 교육이 필요합니다. 그럼에도 우리는 객관식 입시에 초점을 맞춘 교육을 강행하고 있습니다. 입시에 초점을 맞춘 교육의 모습은 어떻습니까? 암기식 공부, 강의식 수업, 문제 풀이식 수업, 결과 위주의 성적 산출, 대학 위주의 진로 선택, 양 중심의 수업과 자습과 같은 양태를 보입니다. 상황과 필요에 따라서 그런 양태가 필요할 때도 있지만, 이제 그러한 교육의 유효성에 대해서 우리는 인정해야 할 것입니다.

예를 들어보겠습니다. 사회문화 교과서를 보면 양적 연구와 질적 연구에 대한 개념이 나옵니다. 수능 시험 문제의 단골 메뉴입니다. 수능 시험 문제를 잘 풀기 위해서는 아래와 같은 표로 핵심 내용을 정리해서 암기하고, 관련 유사 문제를 많이 풀어보면 됩니다.

양적 연구	질적 연구
- 방법론적 일원론	- 방법론적 이원론
- 실증주의	- 해석학, 현상학
- 객관성 추구	- 이해 추구

그런데 이러한 수업은 문제가 있습니다. 학생들은 양적 연구와 질적 연구에 대해서 제대로 알았다고 볼 수 없습니다. 적어도 관련 논문을 읽어보거나 아니면 관련 연구 방법을 사용해서 어설프더라도 보고서를 한번 만들어봐야겠지요. 시간이 걸리더라도 학생들은 설문지를 만들어보고, 그 결과를 분석하거나 아니면 주제와 관련한 당사자를 만나서 인터뷰를 해봐야 합니다. 그런 과정에서 학생들은 비로소 양적 연구와 질적 연구가 무엇인지를 알게 되고, 나아가 연구 방법론을 사용하여 특정 문제를 깊이 있게 파

볼 수 있을 겁니다. 하지만 우리나라 학생들은 누군가가 표로 정리해준 내용을 피상적으로 이해한 다음에 수능 패턴에 맞추어 관련 문제를 반복해서 풉니다. 그리고는 수능시험이 끝나면 다 잊어버립니다. 제시된 개념에 대한 의미 있는 경험을 제대로 해보지 못한 채 추상화된 지식을 그냥 반복해서 볼 뿐입니다. 양적 연구와 질적 연구의 장단점이 무엇인지, 어떻게 적용해야 하는지 제대로 알지도 못한 상태에서 중간고사와 기말고사, 수능을 위해서 꾸역꾸역 공부합니다. 이러한 수업으로는 배움이 제대로 일어나기 어렵습니다. 창의 지성을 기르는 수업이라고 말하기도 어렵습니다. 수업이 창의적이지 않은데 창의적인 학생을 어떻게 길러내겠습니까?

둘째는 사교육과 차별화된 교육을 시행함을 의미합니다. 아시다시피 우리나라 학생 10명 중 9명 가까이는 사교육을 받고 있습니다. 이러한 사교육을 받는 이유는 대부분 입시 경쟁력을 갖추기 위해서지요. 그러나 사교육은 기본적으로 입시의 틀에 갇혀 있고, 강의 위주, 반복식 학습, 선행학습의 형태로 진행된다는 점에서 나름의 한계를 가지고 있습니다. 그런데 사교육 관계자들은 과연 공교육이 사교육보다 무엇이 다르냐고 말하고 있습니다. 다시 말해 교수 방법과 수업, 교육 목표에서 큰 차이를 보이지 않는다고 말합니다. 이 부분에 대해서 우리는 제대로 답할 수 있을까요?

저는 개인적으로 '사교육걱정없는세상'이라는 단체에서 활동하고 있습니다. 사교육의 문제점에 대해서 숱하게 말하고 다녔지만, 그럼 공교육은 사교육보다 다른 수업을 보여주고 있느냐고 누군가가 물어온다면 제 답변은 궁색해질 수밖에 없습니다. 그런 점에서 공교육은 기존의 문제 풀이식 수업과 강의식 수업을 뛰어넘어야 합니다. 강의 내용에 따라서 강의식 수업을 적절히 활용해야겠습니다만, 그것에만 의존해서도 안 되지요. 다양한 교수법을 통해 학생들로 하여금 흥미를 갖게 하고, 의미를 파악하게 하며, 나아가 비판적 사고력과 창의력 등 고급 사고력을 자극해야 합니다.

학교 수업은 학생들의 석차를 산출하기 위한 목적으로 이루어져서는 안 됩니다. 그러나 그동안 우리의 수업은 평가에 수업 목표와 과정이 종속되어 있었습니다. 적어도 혁신학교라면, 수업 목표에 적절한 수업 과정과 평가를 구상해야 할 것입니다. 이는 강의 위주의 수업을 넘어서서 교과와 단원, 학생의 특성에 맞추어 다양한 교수 학습법이 시도됨을 의미합니다. 이러한 과정을 통해 학생들의 흥미와 사고력은 배가될 것이며 동시에 학생과 교사, 학생과 학생 간 활발한 상호작용이 이루어질 것입니다. 블록식 수업, 협동학습, 협력학습, 참여 중심 학습, 프로젝트 학습, 토의·토론 학습, 미디어 활용 교육 및 미디어 교육 등 다양한 방법과 내용이 수업과정에 결합하여야 합니다. 또한, 이러한 과정에서 드러난 학생의 특성이 평가에 반영되어야 합니다. 이러한 수업과 평가는 사교육과 상당히 차별화될 수밖에 없지요. 혁신학교라면 사교육과는 다른 양상의 수업을 전개해야 합니다.

사교육은 타율적인 학습을 하게 만들고, 자기주도적인 학습 능력을 떨어뜨리게 하는 문제점을 가지고 있습니다. 반면에 혁신학교에서 꿈꾸는 수업은 학생 간 공동체성과 상호작용성을 강화함으로써 집단 지성을 경험하고, 이를 통해 학생 개개인에게는 참된 배움이 일어나도록 도와야 합니다.

셋째, 창의적인 수업을 위해서는 창의적인 아이디어가 수용되는 교육공간을 먼저 만들어야 합니다. 오늘날 적지 않은 대안학교가 주목받는 이유 중 하나는 창의적인 아이디어가 수용되고, 시도되기 때문입니다. 그러나 공교육의 많은 학교는 여전히 경직되어 있습니다. 정확히 말해, 문화가 경직되어 있지요. 가령 학교의 종소리를 클래식으로만 틀 필요가 있을까요? 아이들이 좋아하는 신이 나는 음악으로 틀 수 있지 않을까요? 적어도 수업이 시작할 때만이라도…… 덕양중학교는 타종을 없애고 학생과 교사들이 수업을 시작하고 끝내는 과정을 스스로 의지와 통제를 통해서 만들어보기 위한 시도를 했습니다. 이렇게 창의적인 아이디어가 수용되는 학교 문화를 만들

알고 갑시다 ● ● ● ●

블록식 수업 : 일반적으로 초등학생은 40분, 중학생은 45분, 고등학생은 50분 수업을 실시한다. 교사가 활동 중심의 수업을 진행하기 위해서는 적어도 2차시분 이상의 수업을 연결할 수 있다. 즉, 초등학생 80분, 중학생 90분, 고등학생 100분 수업이 가능하다. 이러한 수업을 블록식 수업이라고 말한다.

협동학습 : 4~5명으로 구성된 모둠원들에게 각자 역할을 부여한다. 이끔이, 칭찬이, 기록이, 지킴이 등 역할을 각각 부여하고, 상호 협력을 통해 공동과제를 수행하게 만드는 수업을 협동학습이라고 말한다. 미국에서 활발하게 적용하고 있는 수업이다. 협동학습을 연구하는 단체로 한국협동학습연구회가 있다.

프로젝트학습 : 교사가 대주제를 정하면 학생들은 관련 소주제를 찾고, 정한 주제에 관한 지식이나 활동을 전개한다. 학생들이 주도하여 과제를 이행한다. 교사는 조언자 역할을 한다. 지식의 탐구자로서의 모습을 학생들을 지니게 된다. 교사는 수업을 세분화하여 각 단계에 학생들에게 적절한 도움을 주어야 한다.

기 위해서는 먼저 교직원 회의부터 바뀌어야 합니다. 지시나 명령, 전달 위주의 교직원 회의가 아닌, 안건 중심의 토의나 토론이 충분히 이루어져야 합니다. 누구나 자유롭게 학교의 사안에 관해서 이야기할 수 있는 분위기가 형성되어야 합니다. 지금의 교직원 회의를 보면 거의 침묵 문화입니다. 교사들이 그렇게 침묵하는 이유는 무엇입니까? 이야기해 봐야 수용되지 않기 때문입니다. 학생회 역시 마찬가지입니다. 회의는 잔뜩 하는데, 뭔가 반영되지 않는다는 생각을 할 때 결과적으로 학생회는 힘을 잃게 됩니다. 앞서 제시한 민주성의 원리가 학교를 창의적으로 만드는데 밑거름이 됩니다.

넷째, 창의적인 학교는 결국 반성과 비판의 과정에서 만들어진다는 것입니다. 기존에 하던 방식이 편하거나 괜찮아서 웬만하면 이대로 가자는 방식은 창의적인 학교를 만드는 가장 큰 적입니다. 기존에 우리가 하던 교육 행위에 대해서 문제의식을 느껴야 합니다. 잘된 교육이라고 해도 더 좋아질 수 없는가에 대해서 고민해야 합니다. 무엇보다 교육 관행에 대한 반성을 토대로 새로운 시도를 해야 합니다.

소풍, 수학여행, 체육대회, 입학식, 졸업식 등도 조금만 생각을 바꾸거나 사례를 모으면 얼마든지 개성을 가지면서도 의미를 찾는 행사로 탈바꿈할 수 있습니다. 기존의 체육대회를 보면 일부 운동을 잘하는 학생들만 좋고, 나머지 학생들은 오히려 소외감을 느끼지요. 학급별 스포츠 댄싱에 가장 높은 점수를 줘보면 어떨까요? 학생들은 자신들이 좋아하는 음악을 가지고 재해석해서 단체로 연습할 것입니다. 점심시간에는 동아리 공연을 결합할 수도 있습니다. 수학여행에 대한 반성도 필요합니다. 오늘날 대다수 학생들은 가족 여행을 많이 다닌 경험하고 있습니다. 과거에는 기존방식의 수학여행으로도 나름 의미가 있지만 지금은 그렇지 않습니다. 학생 중에는 "여기 이미 몇 번이나 왔는데요." 하는 표정으로 수학여행에 나설 수 있습니다. 그 때문에 학급별 테마 여행이나 교과별 테마 여행 등으로 전환해 볼 수 있습니다. 홍덕고등학교는 소풍과 수학여행을 대체한 통합 기행을 진행하고 있습니다. 기존의 학교에서 진행하듯 대규모 학생들이 버스를 타고, 한군데에 다 같이 가는 방식이 아닌, 10~15명으로 구성된 다양한 팀들이 논의와 기획을 거쳐 체험 장소와 프로그램을 찾고, 결정하여 활동을 진행합니다. 지리산 종주팀, 강촌팀, 철원 DMZ팀, 안면도팀, 강원 인제팀, 템플스테이 등 다양한 주제별 여행을 진행하였고, 이 모든 과정은 아이들이 결정했습니다.

　물론 이러한 과정이 교사들에게는 더욱 힘들어질 수 있습니다. 하지만 입시 중심의 사고에서 조금만 벗어나면 이러한 과정을 통해 아이들은 스스로 성장할 수 있습니다. 자료와 정보를 찾아보고, 팀원들끼리 논의를 거쳐 결정하고, 스스로 다양한 활동에 참여하는 과정 자체가 아이들 성장에 밑거름이 되지 않을까요? 조금만 더 자료를 찾고, 아이디어를 모으고, 교사의 헌신과 결단이 더해지면 색다르면서도 의미를 살릴 수 있는 학교 행사가 얼마든지 가능해집니다.

공공성

한 해 예산만 44조를 넘습니다. 상당한 돈입니다. 국가가 이렇게
국민 세금을 교육에 쓰이는 이유는 무엇이겠습니까? 교육이 가
진 공공성이라는 특성 때문입니다. 공공성은 공교육이 가진 보편
성을 강조합니다. 즉, 개인이 처한 경제적 배경과 상관없이 누구
나 질 높은 교육을 누릴 수 있는 개인의 권리를 인정하면서, 이를
실행할 수 있는 국가의 의무를 규정했다고 볼 수 있습니다. 교육
을 시장에게 맡기거나, 개인이나 가정의 배경에 의존하게 하지 않
겠다는 의지가 표현된 것이겠지요. 누구라도 일정 수준의 교육을
받을 수 있는 권리를 인정했다고 볼 수 있습니다. 그리고 그에 대
한 책무성이 국가와 학교, 교사에게 주어집니다.

제가 생각하는 공공성의 구체적 의미는 다음과 같습니다.

먼저, 교육 시설이나 교육 환경에 대한 국가나 지방자치단체,
교육청의 철저한 지원을 의미합니다. 특정 지역 학교에 대한 특
혜를 배제하고, 모든 지역의 모든 학교가 일정한 수준 이상의 교
육 환경을 갖추어야 합니다. 현실적인 여건을 고려해 볼 때 모든
학교를 일정 수준 이상으로 끌어올릴 수는 없겠지요. 그러다 보
면 예산과 재정의 선택과 집중을 필요로 한데, 지방자치단체의 재
정자립도 수준이라든지 관리자의 영향력 등에 따라서 학교 간 격

차가 발생합니다. 그 과정에서 잘사는 지역의 학교는 더 많은 지원을 받고, 그렇지 않은 학교는 소외를 경험할 수 있습니다. 이는 교육 양극화 현상이 자칫 국가의 단위학교 재정지원을 통해서 발생할 수 있음을 의미합니다.

반면에, 혁신학교는 불리한 조건의 학교에 오히려 주목하고 있습니다. 불리한 조건은 학생 개개인이 속한 가정적, 지역적 특성을 의미합니다. 혁신학교는 불리한 여건에 있는 학교에 우선적 지원을 해줌으로써, 교육 양극화라든지 교육 격차의 문제를 해결하고, 나아가 질 좋은 교육 복지 체제를 갖추어 나가고 있습니다.

이러한 공공성은 사교육에서 해결되고 있는 교육적 욕구를 공교육 체제 내로 흡수하기 위한 노력이 동시에 내포되어 있다고 할 수 있습니다. 예컨대, 현재 학교에서는 학생들에게 수업하지만, 특정 수업에 대해서 이해를 하지 못한 학생들에 대한 특별한 배려가 부족합니다. 영어와 수학의 경우, 꾸준히 복습하지 않으면 학습 결손이 누적될 가능성이 큽니다. 학습 결손이 누적된 학생들은 학교 부적응아가 될 가능성이 크지요. 현재 시스템에서 이런 문제를 해결하기 위해 많은 학부모는 사교육에 의존합니다. 그런 학습 부진아 대책에 대해서 그동안 학교는 살짝 비켜서 책임을 개인 내지는 학부모의 탓으로 돌려왔습니다. 그 과정에서 사교육 수요가 팽창하게 한 책임을 부인하기 어렵습니다. 이제는 학생들의 학습 결손에 대해서 나름 책임질 수 있는 학교 시스템 구축이 필요합니다. 그것은 사교육을 하지 않고도 나름 입시에 대응할 수 있는 학교의 자체적 역량을 갖춘다는 것을 의미하며, 학생 한 명 한 명에 대해서 세심하게 배려하는 돌봄의 미학이 있는 학교를 의미합니다.

공공성은 혁신학교의 교육 목표에도 반영되어야 합니다. 그동안 우리의 교육은 40조를 훨씬 넘는 교육 예산을 지원하고 있지만 정작 배출된 학생들은 공공적 가치에 무관심합니다. 교육의 목적을 명문대에 진입하는 것으로 학생과 개인, 학부모가 인식하고 있다면 제대로 된 교육을 했다고 말할 수 없겠지요. 예컨대, 학교를 졸업한 학생이 공부를 잘해서 판검사, 의사가 되었다고 해도, 그가 사회적 가치에 대한 인식 없이 단순히 사회적 부와 명예를 기준으로 관련 업무를 수행했다면 공공성의 측면에서 성공한 교육이라고 말할 수 없습니다.

이것은 우리나라의 기부문화를 통해서도 살펴볼 수 있습니다. 우리나라 기부문화는 과거보다 많이 좋아졌지만, 여전히 부족합니다. 아름다운 재단의 발표자료를 보면, 개인 기부 참여율은 55%, 국민 1인당 연평균 기부액은 겨우 10만 9,000원에 불과합니다. 미국의 경우, 2006년 기부 참여율이 83%, 1인당 연평균 기부액은 113만 원에 이릅니다.* 미국이 우리보다 잘산다고 가정을 해도 상당한 기부액의 차이를 보이고 있습니다. 미국이야말로 자본주의의 대표적인 사회 아니겠습니까? 그런데 그들이 우리보다 훨씬 많이 기부하는 것은 우리에게 시사점이 있습니다. 학생들이 학교에 들어와서 상급 기관 진학에만 열을 올리고, 취업과 결혼,

승진의 수준에서 자기 삶을 바라본다면 그 학생이 명문대학에 진학했다고 해도 교육의 공공성의 관점에서는 한계를 지적하지 않을 수 없습니다.

예전에 어느 대안학교 선생님께서 그런 항변을 제게 하신 적이 있었습니다. "우리 학교는 대안학교라는 이유로 국가로부터 지원을 받지 못합니다. 하지만 공교육은 엄청나게 많은 지원을 받지요. 그런데 우리 학교는 졸업을 하고 지역과 한국사회에 이바지할 수 있는 예비 시민을 길러 내는 것을 목표로 설정하고 가르치고 있습니다. 과연 어느 학교가 공공성에 충실하다고 할 수 있습니까?"

공공적 가치가 개인에게 내면화되면, 그는 자신이 사회로부터 많은 부분을 받았다는 생각을 하게 됩니다. 그리고 시간이 지나면서 자신도 누군가에게 돌려주고 싶다는 생각을 하게 됩니다. 즉, 이타적 가치와 삶의 태도를 지향하게 됩니다. 혁신학교라면 사회에 나가서 기부하고 봉사할 수 있는 학생, 사회 기초 윤리와 직업적 윤리를 내면화한 학생, 공동체적 가치를 지향하면서 개인의 행복을 추구할 수 있는 학생을 길러 내야 합니다.

그런 학생은 교사의 말 몇 마디나, 조·종례 5분의 훈화로 만들어지는 것은 아닙니다. 기존의 지식 위주의 수업을 넘어서서 더 많은 체험과 경험을 할 수 있도록 학교 교육과정을 구성해야 합니다. 그 과정에서 타인의 고통을 이해하는 인권 감수성도 생겨날

● 세계일보(2009.7.16). 1인당 기부액 10만원… 美의 10% 수준. http://www.segye.com

것이고, 공공성의 가치가 구현된 자신의 삶에 대해서 고민하게 될 겁니다. 공공성의 가치가 반영된 수업과 교육과정, 학교 문화가 혁신학교에는 존재해야 합니다.

제 3 장

혁신학교
모습 들여다보기

혁신학교란 어떤 모습일까요? 저는 혁신학교로서 좋은 평가를 받고 있는 학교들을 방문했습니다. 그곳에서 치열하게 고민을 하는 교장 선생님과 선생님들을 만나봤습니다. 그리고 그분들과의 이야기를 통해서 핵심적인 몇 가지 특성을 발견할 수 있었습니다. 그 이야기를 한번 들어보시겠습니까?

성공하는 혁신학교의 특징은 아래와 같습니다.

단위학교의 철학과 비전 존재

우선은 자신의 학교에서 어떤 학생을 길러 내겠다는 생각을 분명히 가지고 있습니다. 이우학교 이수광 교장은 이런저런 이유로

잃어버렸던 학교의 원형을 찾겠다는 생각을 하고 있습니다. 공공성의 관점에서 학교의 목표를 설정하고 있는 겁니다. 가령 더불어 사는 인간이라든지, 사회에 이바지할 수 있는 민주시민을 목표로 하고 있음을 알 수 있었습니다. 아울러, 교사는 가르치고 학생은 배우는 일방적인 관계가 아닌 상호 교류 내지는 교학상장(敎學相長)의 과정을 중시하고 있었습니다. 이수광 교장은 '학교란 적어도 이래야 한다'는 나름의 철학과 비전을 분명히 가지고 있었습니다.

조현초등학교 이중현 교장은 학교마다 학교의 논리와 철학이 없는 현실을 안타까워하고 있었습니다. 한마디로 학교에 개성이 없다는 것입니다. 학교만의 고유한 철학이 없으니 자연스럽게 획일화될 수밖에 없다고 그는 말했습니다. 상상력과 창의성이 죽어 있는 학교에 대한 안타까움을 가지고 있음을 알 수 있습니다. 이러한 문제의식이 학교를 어떻게 개성화시킬 것인가에 관한 고민으로 이어졌다고 생각합니다. 철학과 비전이 없을 때 입시 교육이라든지 문제풀이식 교육이 그 빈자리를 차지하게 됩니다.

보평초등학교 서길원 교장은 학생과 교사가 함께 지켜야 할 '기본적인 규칙'에 대해서 강조를 합니다. 그는 자유를 빌미로 타인에게 피해를 줘서는 안 된다는 생각을 하고 있습니다. 질서의식과 예절 등이 매우 중요하다는 거죠. 이러한 기본을 바탕으로 배움이 제대로 일어난다고 보고 있습니다. 특히 그가 공적 자아에 대해서 강조하고 있는 부분이 흥미롭습니다. 그는 교사들도 서로 지켜야 할 규칙이 있다고 생각하면서, 기성 프로그램을 가지고 클릭만 하는 교사의 모습을 배척합니다. 교사에게 자율이 있지만, 그 자율은 방임과는 다르다는 겁니다. 기존의 잘못된 관행 극복으로부터 학교 혁신이 시작된다는 보는 거죠.

이렇게 살펴보았듯, 대한민국에 수많은 공립학교와 사립학교가 있고, 대안학교도 있는데, '왜 우리 학교가 존재해야 하며, 어떤 아이들을 길러 내기를 원하는가'에 대해서 먼저 고민을 해야 합니다. 혁신학교의 출발은 결국 '인간에 대한 문제'로 귀결됩니다. 이러한 본질적인 고민을 이들이 공통으로 가지고 있는 점이 매우 흥미롭습니다.

| 이우학교 이수광 교장 |

우리 학교는 학교의 원형을 찾으려고 합니다. 학교의 원형이 있는데, 이게 국가가 손대면서 제가 보기에 서서히 변태화되었단 말이죠. 이걸 원상태로 돌아오게 하려면 어떻게 해야 하느냐? 공교육은 국민이 국가에 세금 내서 운영합니다. 그 이유는 무엇 때문입니까? 교육받은 학생들이 자기 능력의 일부를 사회 일부에 내보내기 위함입니다. 그러려고 국가가 운영하는 것이고요. 공공성의 핵심의 첫 번째는 국가가 교육에 모든 투자를 해주는 겁니다. 의무교육이니깐 교육 비용을 대주죠. 이것을 왜 하느냐? 자기 혼자 잘 먹고 잘살게 하려는 게 아니죠. 배워서 서로 어울려 사는 데 필요한 것을 배우라는 겁니다. 이러한 모습으로 학교를 되돌려 놔야 해요. 그럼 교육내용에 뭐가 담

겨 있어야 하느냐. 그래서 우리가 공적 가치를 이야기하는 겁니다. 우리 학교가 이러한 내용을 실어서 실천하는 부분은 교육의 원형을 찾는 작업이라고 생각합니다. 또 한 가지는 학교라는 공간이 애들만을 위한 공간이 아니죠. 교사도 배워야 하고, 학생도 학부모도 배워야 하죠.

| 조현초등학교 이중현 교장 |

학교마다 우리나라의 학교마다 학교의 논리가 있나요? 철학이 있나요? 없잖아요. 대안학교 등등은 학교의 논리가 있고 철학이 있어요. 그리고 사립은 건학이념이 있다고는 하지만 막론하고 학교라는 것이 참 개성이 없어요. 국가 정책의 말단 수행 기관일 뿐이지 가장 아이들과 만나는 이 자리에서 창조적인 일이 일어나는 곳이 아니거든. 정체성이 없고 철학이 없으니깐 방향이란 것은 학교의 방향이 있는 게 아니라 국가정책의 수행이니깐 초중고가 획일화되어 있는 거죠. 이건 죽은 학교죠, 학교로서의 생명이 없는 거지요. 그 부분을 이제 혁신학교를 통해서 극복해야 하는데, 우리 교사의 문제로 보지 않아요. 우리 교사들이 국가의 정책에 의해서 내가 정말 창의적으로 내 교과든 내 학급이든 창의성을 발휘해서 새롭게 해볼 기회가 없었잖아요. 주어진 교과서 가지고 지도한 것이지, 초빙을 막론하고. 내 교재를 가지고 있지 않잖아요. 전문직으로서 전문가가 아니었단 말이에요. 그것이 교사의 나태라든가 전문성이 부족해서 그런 게 아니라 수십 년간 지나온 것이죠. 그게 너무 관행적으로 익숙해져 있었는데 그걸 바꾸기 위한 이야기를 해도 교사 차원

에서도 참 벅찬 일이고. 일이 년 내에 될 일도 아니고. 상상력
도 고갈되어 있고 말라 있거든요.

| 보평초등학교 서길원 교장 |

보평초 혁신의 첫출발은 공적 자아와 사적 자아의 경계 세우기
로부터 출발합니다. 얼핏 혁신학교는 아이들이 자유롭고 신이
나야 한다는 낭만적인 생각을 강조하면서 학생들의 질서 의식
과 예절 등을 놓치는 일도 있습니다. 하지만 보평초에서는 학
생들 책상 홈집까지 조사합니다. 교실과 학교 전체를 공적 공
간으로서 관리하고 있습니다. 교실에서의 정숙, 교사들의 솔선
수범, 교사 출근 시간 엄수, 클릭 수업 금지, 아침 출근하면서 9
시까지 모니터 켜지 않기 등이 중요합니다. 적어도 교사들이
일반학교에서 저지르는 오류들을 우리 학교에서만큼은 범하지
말자고 합의하고 출발하는 거죠. 이런 내용은 지시, 명령 구조
의 외부 중앙통제시스템이 아닌, 교사로서의 양심과 교육 내적
추동력에 호소하는 내부 자율통제시스템을 통해 이루어내야
합니다.

구성원간 비전 공유

엄밀히 보면 단위학교도 나름의 철학과 희망을 가지고 있습니다.
학교운영계획서나 교육과정을 보면 학교의 목표와 원하는 인간

상, 학교 비전이 제시되어 있습니다. 하지만 그렇게 제시된 내용은 국가가 제시한 교육과정 수준의 내용을 그대로 빌렸거나, 주변에서 좋은 평가를 받고 있는 학교의 내용을 기계적으로 빌려왔을 가능성이 있습니다. 교장 선생님껫 아무리 교육 철학과 희망을 가지고 있어도 구성원이 그 꿈에 동의하지 않으면 많은 어려움이 생길 수밖에 없습니다. 그런데 많은 학교의 경우, 문서상에는 학교의 방향과 비전에 대해서 좋은 글로 쓰여 있지만, 그 내용이 도출되는 과정이 빠져 있습니다. 반면, 혁신학교를 보면 구성원 간에 비전을 공유하는 과정을 매우 중시하고 있음을 알 수 있습니다.

조현초등학교 이중현 교장은 구성원 간에 비전이 공유되지 않으면 학교를 바꿀 수 있는 에너지가 나올 수 없다고 말합니다. 학교가 해야 할 일들이 매우 많은데 어디에 집중할 것인가는 결국 구성원들이 비전을 공유할 때 가능해진다는 거죠. 그 과정에서 교사의 자발성이 나온다고 그는 말하고 있습니다.

이우학교 이수광 교장은 학기 초에 교사들이 집중적인 연수를 한다고 합니다. 이때, 교사들은 1학기를 반성하고, 다음 학교에 무엇을 어떻게 할 것인가에 대한 고민을 공식적으로 한다는 겁니다. 그 과정에서 교사들의 규범도 고민하게 되고, 자연스럽게 건강성이 유지되며 나아가 학교가 추구하는 가치와 철학을 공유한다는 겁니다.

사실 많은 학교에서 1학기를 마치고 여름방학 때 교직원 연수를 떠나지만, 대개는 휴식에 초점이 맞추어져 있습니다. 1학기를 돌아보면서 2학기를 어떻게 이끌어나갈 것인가 또는 1년을 돌아보면서 그다음 해 어떻게 이끌어나갈 것인가에 관해서 치열하게 고민하고 논의하는 과정에 교사들은 익숙해져 있지 않습니다. 하지만 이러한 비전 공유의 과정이 없으면 교사들은 결국 학교의 지침을 수동적으로 따라 하거나 지시 때문에 움직이게 됩니다.

덕양중학교 김삼진 교장은 내부형 공모제 교장 출신으로서, 학교 비전 계획서를 구성원들과 합의해서 만들지는 않았습니다. 하지만 그는 교장으로 가서 교사들에게 그 내용을 강요하기보다는 자신이 만든 계획서를 가지고 구성원들과 함께 토론하고 대화를 나누는 방식을 선택했고 그 과정에서 내용을 일부 수정했습니다. 속도는 다소 느려졌지만, 계획서 자체의 힘은 더욱 커졌습니다. 그 이유는 무엇일까요? 구성원들이 함께 합의하여 논의한 만큼 비전을 공유할 수 있었기 때문입니다. 사실 이러한 과정은 비효율적인 것처럼 보이고, 더디어 보이지만 학교 혁신의 에너지를 만들어내는 필수 요소입니다. 비전 공유는 같은 곳을 향해 나가게 하는 원동력이기 때문입니다.

| 조현초등학교 이중현 교장 |

내가 볼 때는 학교가 혁신학교든 아니든 학교 구성원들의 공감대가 없이는 바꿀 수 없어요. 바꿀 에너지가 뭐예요? 바로 비전의 공유라고요. 비전의 공유가 안 되어 있으면, 또 비전의 차이가 있는 거죠. 어떤 사람은 자꾸 수업에 대해서 초점을 두고,

어떤 사람은 학생활동에 초점을 두고. 어떤 사람은 동아리 활동에 관심이 있으면 서로의 희망이 다르므로 구상하는 게 달라요. 그러면 어느 것도 중요하지 않은 게 없죠. 거기서 공감대 형성이 안 되면 그런 것들은 사실은 학교 계획이라는 하나의 비전 속에서 세부 영역이란 말이에요. 그래야만 비전이 공감되고 비전이 개별사항이 아니라 전체적인 사안이어야만 다양한 아이디어가 나올 수 있고 큰 비전에 자신의 비전이 녹아들어서 전체를 만드는 역할을 하게 되거든요. 그런 점에서 그 관점이 없으면은 자발성이 생기지 않는다고 봐요.

| 이우학교 이수광 교장 |

설립 초기에 우리 학교에 베이스로서의 어떤 공식적 토대가 있는 것이 다른 학교와 차이가 있지요. 우리는 학기 시작하기 전에 1박 2일이든 2박 3일이든 연수를 합니다. 그 연수가 먹고 노는 개념이 아니라 철저하게 1학기 반성, 그 반성을 통한 새로운 기획, 기획하는 과정에서 우리가 고려해야 할 조건들 등을 선생님들이 머리를 맞대고 고민하는 그런 시스템이 있는 거죠. 그러다 보니깐 교사의 규범에 대해 고민도 하게 되고요. 이런 점에서 건강성이 유지되고 있다, 그 속에서 뭐라 할까요, 이우학교에 내재하고 있는 가치와 철학을 공유하게 됩니다.

| 덕양중학교 김삼진 교장 |

제가 공모계획서를 가지고 학교에 들어갔을 때 일방적으로 선생님들에게 강요할 수 없었습니다. 선생님들에게 제가 제시한

운영계획서를 드리고, 교사들이 치열하게 논의를 하게 했습니다. 그 과정에서 일부는 채택되고, 일부는 거부되고, 일부는 보류되었습니다. 속이 타들어 갈 때가 있었지만, 때로는 기다려야 했습니다. 하지만 그런 논의 과정에서 학교의 비전과 방향에 대해서 조금씩 구성원들이 공유하기 시작했습니다. 치열하게 토론하고, 합의된 내용에 대해서는 힘 있게 집행하는 토론의 규칙만 지켜진다면 비전의 공유는 얼마든지 이루어질 수 있다고 생각합니다.

본질에 집중

혁신학교에 관한 오해 중 하나가 연구시범학교라든지 예산 받아서 사업 집행하는 수준의 학교로 인식하고 있다는 점입니다. 제가 예전에 근무했던 학교에서는 특정 사업을 집행한 바 있습니다. 1년에 1억 이상의 예산을 지원받았는데, 학교가 네트워크를 갖춘 것도 아니었고, 내적으로 창의적인 시도를 하지도 않아, 돈 쓸 일이 걱정이었습니다. 결국, 보충 수업에 그 많은 예산을 쏟아 부었습니다. 1시간 하던 보충을 2시간으로 늘리고, 예산으로 보충수업비를 보전하여 프로그램을 운영했습니다. 심지어 야간에도 심화학습반을 개설했지요. 영어와 수학 교과 교사들은 거의 죽어났습니다. 정규 수업 3~4시간, 보충 2시간, 야간 심화 보충

1시간을 하고 나니 교사는 거의 진이 다 빠진 상태였습니다.

제가 '사교육걱정없는세상' 부소장으로 활동할 때, 교과부 정책 중 하나인 '사교육없는학교'를 모니터링한 적이 있었습니다. 이들 가운데에는 나름 창의적인 시도를 하는 학교도 있었지만, 어떤 학교는 기존 보충수업에 많은 예산을 사용해서 비판을 받기도 했습니다. 저는 특히 보충수업비, 시설비, 관리수당으로 적지 않은 예산이 나가는 모습을 보면서 분노했던 적이 있었습니다.

혁신학교의 본질은 수업과 교육과정, 학급운영입니다. 보충수업을 많이 하게 되면 상대적으로 정규 수업이 부실해질 수 있습니다. 앞서 말씀드린 사례처럼 심한 경우 보충수업만 3시간을 더하는 경우 과연 정규 수업이 제대로 준비될 수 있겠습니까? 선생님은 공강 시간에 정규 수업보다는 보충수업 준비를 해야 합니다. 우선순위가 뒤바뀌어버린 거죠.

혁신학교는 몇천만 원 예산을 받아서 그것으로 보여주기식 프로그램 집행을 하는 것이 아닙니다. 가장 쉬운 유혹이지만 가장 빨리 망하는 경우입니다. 어디에 집중해야 합니까? 교사의 정규 수업과 교육과정에 집중해야 합니다.

그런 점에서 지속 가능한 학교 프로그램을 모색해야 합니다. 예산이 떨어지면 당장 멈출 수밖에 없는 사업은 그 생명력이 길지 않을 겁니다. 덕양중학교 김삼진 교장은 프로그램 중심의 학교가 혁신학교는 아니라고 말합니다. 이것은 그가 배움에 초점을 맞추고 있음을 알 수 있습니다. 즉, 혁신학교는 학교의 본질에 다가서는 학교라는 겁니다. 그렇지 않으면 전시행정이라든지 성과주의에 사로잡혀 오히려 구성원을 피곤하게 만드는 학교가 될 가능성이 높습니다.

이우학교 이수광 교장도 혁신학교에 너무 많은 예산을 지원해서는 안 된다고 말합니다. 가시적인 자원 이전에 문화를 바꾸고, 구성원의 생각과 철학을 바꾸는 부분에 더욱 집중해야 한다는 것을 그는 강조하고 있지요. 저도 그의 생각에 동의합니다.

저는 혁신학교에 지나치게 많은 예산이 몰리게 되면 설령 교육적 성과와 효과가 나타났다고 해도 많은 사람이 그 의미에 대해서 평가절하할 것으로 생각합니다. 그 정도 돈이면 우리도 할 수 있다고 말하겠지요. 일반학교가 고민하고 있는 당면과제를 혁신학교가 어떤 철학과 과정으로 극복했는가를 잘 보여주는 것이 매우 중요합니다.

본질에 집중하는 과정에서 교사의 업무 경감 문제도 아울러 해결될 수 있습니다. 비본질적이고 중요하지 않은 일에 교사들이 에너지를 쏟지 않게 만들어야 합니다. 업무 경감 담론에 대해 많은 이들은 부정적으로 생각합니다. 하지만 본질에 집중할 때 상황은 달라집니다. "교사들이 질 높은 수업과 평가, 학급운영을 하고 싶은데, 현재는 그 일에 집중하지 못하게 만드는 구조가 있다. 이 구조 타파에 국민이 함께 지지해달라."는 메시지가 필요합니다. 실제 혁신학교 중 성공하고 있는 학교들은 업무 전담팀을 구성하거나, 행정 코디네이터 채용, 교무실과 행정실 통합, 교감의 공문서 직접 처리 등의 노력을 기울이고 있습니다. 이는 단순히 교사들을 편하게 해주자는 차원의 일이 아닙니다. 행정업무와 잡무를 줄여줄 테니 대신 질 높은 수업과 학급운영을 해달라는 요구입니다.

| 덕양중학교 김삼진 교장 |

프로그램을 많이 한다고 해서 혁신학교가 성공하지는 않습니다. 학교의 본질에 접근해야 합니다. 그 과정에서 배움이 일어나고, 그 배움을 통해 학생들의 성장이 이루어집니다. 인성과 지성 등의 성장이 일어나야 합니다. 예산 지원이 안 된다 하더라도 계속해서 학교의 본질인 배움이 일어나도록 수업 첫 시간부터 끝 시간까지 즐겁게 하면 즐거운 학교, 행복한 학교가 만들어지지 않겠어요? 굳이 프로그램으로 돌리지 않아도 됩니다. 예산이 없어도 학교가 학교다운 본질을 추구해서 혁신해나간다면 쉽게 정착해 갈 수 있겠죠. 근본적으로는 예산의 문제가 아니라 어떻게 학교가 본질을 추구하면서 혁신을 하느냐가 문제입니다.

| 이우학교 이수광 교장 |

제가 혁신학교에 돈 너무 많이 주지 말라고, 여러 곳에서 이야기했는데 제가 그런 주장을 한 배경에는 이런 생각이 있어요. 가시적 자원을 동원해서 학교를 바꾸는 것은 한계가 있죠. 100의 자원을 써서 변화는 100밖에 안 나옵니다. 근데 중요한 것은 비가시적 자원입니다. 이게 바로 제가 이야기하는 노동철학

등을 새롭게 해야 100 이상이 나올 수 있습니다. 구체적인 지원을 하게 되면 뭐가 나올 것 같으니깐 그런 환상이 들지 않느냐 그런 문제의식이 있어요.

소통과 참여의 과정 중시

혁신학교는 소통과 참여의 과정을 중시합니다. 이는 카리스마 넘치는 교장 한 명에 의해서 학교가 움직이지 않음을 의미합니다. 제가 신규 교사 때 직원회의 석상에서 두려운 순간을 경험한 적이 있습니다. 한 선생님께서 직원회의 때 일어나서 학교 종소리가 너무 구슬프니 밝고 경쾌한 음악으로 바꾸면 좋겠다는 제안을 했는데 교장 선생님께서 화를 내면서 더 이상의 발언을 하지 못하게 막는 것이었습니다. 그 이후 제가 경험한 직원회의는 거의 받아쓰기 시간이었습니다. 몇몇 부장님들이 전달 사항을 이야기하면 교사들은 받아 적습니다. 이후 교장과 교감 선생님께서 몇 마디 하시면 직원회의는 끝이 납니다. 제대로 된 회의라면 쌍방향 커뮤니케이션이 존재해야 합니다. 그러나 유독 학교 직원회의는 이런 과정이 없습니다. 학교 직원회의가 제대로 되지 않는데, 학생회의가 제대로 진행될 리가 없겠지요.

　학교 교육과정의 중요한 목표 중 하나는 민주시민 양성입니다만, 그 목표는 사회 교과서를 통해서 구현되는 것이 아니라 학교의 문화와 일상에서 구현되어야 합니다. 하지만 아직도 학교운영 위원회는 학교장의 기획과 계획을 단순히 추인해주는 역할에 불과한 곳이 많습니다. 애초 민주적인 과정을 통해 위원을 선출하지 않았기 때문입니다. 소통과 참여의 과정은 교장과 교사, 교사와 교사, 교사와 학생, 교사와 학부모, 교장과 학부모, 학생과 학생, 학생과 교장, 학생과 학부모, 학교와 지역사회 간에 이루어져야 합니다. 교사와 교사 간 소통은 학습공동체를 통해서, 교장과 교사는 직원회의를 통해서 이루어질 수 있습니다.

호평중학교는 직원회의를 과감하게 줄이고, 특정 안건 중심의 논의 과정을 거치고 있습니다. 학교장은 교사들이 의사 결정에 수동적으로 참여하기보다 적극적인 의사 결정을 해 주기를 원합니다. 동시에 학부모의 소통과 참여 과정을 강화하는 것도 매우 중요한데, 많은 학교에서는 학부모 참여를 아침 교통 지도, 급식 지도, 시험 감독 등 업무 보조 차원으로만 활용하고 있습니다. 이런 수준의 참여를 뛰어넘어야겠지요.

학교운영위원회 회의 시간부터 먼저 바꾸어보면 어떨까요? 이렇게 되면 직장을 가진 아버지들의 참여를 독려할 수 있습니다. 학기 총회의 강사진과 운영 시간도 학부모와 함께 논의해야 할 것입니다. 학교의 주요 행사에 대해서 학부모의 이메일과 핸드폰 문자로 알려주는 것은 어떨까요? 학부모 카페와 페이스북을 통해 실시간 소통을 할 수도 있을 겁니다. 서정초등학교도 학교 카페가 매우 활성화되어 있습니다.

학부모를 위한 예산 배정도 필요합니다. 학교의 비전을 공유하려면 학부모 사업이 그만큼 필요하기 때문입니다. 학부모 간 소통을 강화하기 위한 예산도 책정할 필요가 있겠지요. 학부모의 소통이 제대로 진행되면 학교에 요구하는 내용이 나올 것이고, 그 내용 중 타당한 내용을 최대한 반영한다면, 학교에 대학 학부모의 만족도는 자연스럽게 커질 수 있습니다. 교사들이 좋은 교육에 대해서 고민을 하는 만큼 학부모들에게도 고민할 수 있는 시간을 확보해드려야 하지 않겠습니까? 최근에는 학부모를 아예 학교의 지원 인력으로 채용하는 예도 늘고 있습니다. 재능 있는 학부모를 교사 자원으로 활용하기도 합니다.

이러한 분위기가 형성되면 학생회와 학부모회, 교사회의 실질적인 기능과 역할이 살아나게 됩니다. 학교운영위원회는 세 주체의 생각을 조율하고 조정하는 역할을 해야만 하는데, 이를 통해 학교운영위원회의 위상은 더욱 커지게 됩니다.

덕양중학교 이경탁 교사는 학생생활규정에 관해서 자신의 학교에서 어떤 소통의 과정을 거쳤는가를 말하고 있습니다. 두발과 염색에 관한 아이들과 교사들의 생각에는 차이가 날 수밖에 없습니다. 먼저 교사들은 많은 토론과 논의과정을 거쳤습니다. 그 과정에서 교사들의 이야기를 더 세밀히 듣기 위해서 신호등 토론 기법을 적용했습니다. 이경탁 교사는 참여와 소통은 반대 의

알고 갑시다 ●●●●

신호등 토론 기법 : 토론 참여자에게는 빨강, 파랑, 노란색 카드가 쥐어진다. 참여자는 토론전에 토론 주제에 관한 자신의 입장을 정한다. 찬성은 파랑, 반대는 빨강, 보류는 노란색 카드를 든다. 이후 토론을 한 다음에 자신의 입장을 색 카드로 한 번 더 표명한다.

사를 가진 이들의 생각을 수렴하는 과정이라고 생각합니다. 비록 더디지만 이러한 과정을 통해 학교 규정이 힘 있게 집행할 수 있다는 겁니다.

서정초등학교 이우영 교장은 개교 후에 많은 회의가 진행되었음을 말하고 있습니다. 그 과정에서 자율성과 자발성이 나왔다고 말합니다. 그는 '디자인'이라는 개념을 사용하고 있습니다. 회의 참여 과정을 통해 교사들은 누군가 만들어준 기성복을 입는 것이 아니라 학교 디자이너가 된다는 겁니다. 그것이 소통과 참여의 본질 아닐까요?

| 덕양중학교 이경탁 교사 |

저는 학생부장 이병주 선생님께 맨 처음에 일단 고마움을 표시해요. 올해 생활 규정을 개정하는데, 우리 학교에서 첨예하게 대립하였던 부분이 있었어요. 그게 뭐냐면, 아이들의 염색과 파마를 풀 것이냐 말 것이냐에 대해서 작년부터 추진했었거든요. 그래서 "규정을 어떻게 할 거냐"는 주제를 고민하면서 1차 공청회를 하고, 학생들 투표까지 하고 쭉 했어요. 그 와중에 어떻게 할까? 한참 고민하다가 "교사들이 관건이다. 아이들을 바라보는 데 있어서, 아이들만의 문제는 아니다. 교사들의 마음가짐을 어디까지 가져갈 것이냐가 핵이다." 이런 생각까지 왔던 거죠. 그래서 이야기를 하고, 고민하고, 안건을 그냥 통과시킬까 하다가 그 교무회의의 안건으로 올렸지요. 그러나 해결이 안 나는 거예요. 그런 과정에서 다시 회의할 때 이병주 선생님

께서 다음날 여러 가지를 준비하셨더라고요. 신호등 빨강, 녹색, 노랑 그걸로 딱딱하시면서 자기의 의견에 대해서, 찬성하면 녹색, 반대하면 빨강, 그러면서 그것을 왜 생각하는가? 빨강의 생각을 하는 사람은 왜 그런가? 하면서 그 시간을 엄청나게 오래 가졌어요. 그래서 서로 간의 의사소통을 이루어 낸 거죠. 저는 그것을 바라보면서, 첫해에 우리가 의사소통 의사소통하지만 솔직히 말하면 '의사소통을 어떻게 가져가야 할 것인가'하는 부분이 훈련이 안 되었다고 봐요. 그것은 교장 선생님도 그렇고, 지금 계셨던 선생님들도 마찬가지였다고 봅니다. 저는 지금 이병주 선생님께서 그렇게 하셨는데, 참 잘 하셨지만, 그것이 그렇게 되기까지는 선생님들이 그동안 쌓아왔던 부분이기도 했다고 봐요. 무슨 말씀이냐면, 교장 선생님께서 비전을 제시하시고 '이런 일을 하자.' 그리고 또 어떤 안건, 여러 안건이 있었어요. 왜냐면 4년 동안 여러 가지 것들이 있어서 '이걸 하고 싶다, 이걸 하고 싶다'고 하셨는데, 하고 싶다는 의견은 제시하셨지만, 반대 의견이 있었거든요. 그런데 그 반대 의견이 무엇인가를 쫙 수렴해 가는 구조, 그것이 소통이잖아요? 제시하고 따라와라가 아니라…… 그리고 이쪽에서는 '반대한다, 하지만 내가 반대하는 의견에서는 이러이러한 것이다. 어떻게 생각하느냐?' 왔다갔다 왔다갔다 더딜 수 있어요. 하지만 그 더딤이 오히려 나중에 가서는 큰 힘과 속력을 낼 수 있다고 생각을 합니다.

저희는 작년 개교 1년은 거의 전원회의를 했어요. 핵심이 선생님들의 자율성과 자발성을 끌어내는 겁니다. 그것을 살려야 한다고 보거든요. 선생님들은 지식인이잖아요. 자기가 결정하면 자발성이 생깁니다. 핵심으로 단위학교 의사결정 구조의 민주화, 유기적인 의사결정 체제 구축을 통한 학교운영이겠지요. 저는 이것을 학교운영의 핵심으로 생각했어요. 작은 것까지도 의논하고 협의했어요. 혁신학교 1년은 너무나 많은 토론 과정을 거쳤어요. 그래서 만날 불 켜져 있었죠. 1년 정도 학교를 디자인했고, 작년부터는 학년 대표자 회의를 했고, 올해부터는 부장회의 비슷한 걸로 합니다. 물론 지금도 중요한 사항은 전체회의를 해요.

학습공동체 구축

혁신학교는 교사들의 주체성을 강조합니다. 이때의 주체성은 열정만으로 이루어지지 않습니다. 혁신학교라면 교육과정과 수업, 평가 등에서 차별화되어야 합니다. 또한, 이를 위한 이론적 기초와 철학, 구체적인 실천 사항을 학습해야 합니다.

성공하는 혁신학교를 보면 교사들의 학습 조직이 형성되어 있음을 알 수 있습니다. 사토 마나부의 배움의 공동체 운동을 적용하기도 하지요. 혁신학교에서 추구하는 가치와 철학은 사실 다른 학교에서도 얼마든지 볼 수 있는 문구일 수 있습니다. 하지만 국가가 제시한 교육과정에서도 좋은 말들이 얼마나 많이 담겨 있습니까? 단순히 말 잔치로 끝낼 것인가 아니면 실천으로 이어질 것인가는 중요한 문제입니다.

사실 혁신학교에서 근무하는 교사들은 상당한 부담을 가지게 됩니다. 그러한 부담을 줄이는 방법은 무엇이겠습니까? 교사들의 성장을 강조할 수밖에 없습니다. 학교에 와서 교사가 분필처럼 소모되지 않아야 합니다. 핸드폰 충전기는 시간이 지나면 소모됩니다. 그러나 충전기를 전기에 꽂으면 금방 충전이 됩니다. 교사로 하여금 살아갈 수 있게 만드는 힘은 어디에서 와야 합니까? 그동안 많은 교사는 그 에너지 공급원을 다른 곳에서 찾아왔습니다. 우리는 여기서 의문을 가져봐야 합니다. 왜 단위학교가 에너지 공급원이 될 수 없습니까?

교사의 성장을 교사 개인의 몫으로만 돌려서는 안 됩니다. 교사들은 학습공동체를 통해서 함께 성장해야 합니다. 아울러, 자신의 실천을 공유하는 실천 공동체를 경험해야 합니다.

제가 덕양중학교 준비모임 팀에서 활동할 때 교사 학습공동체 없이는 그 많은 계획을 완수할 수 없다고 생각했습니다. 재미있고 즐거운 수업의 중요성에 대해서는 누구나 다 공감합니다. 협동학습, 프로젝트학습, 토론학습 등을 해야 한다는 생각은 갖고 있지만, 사실은 교사들도 그러한 수업 적용법에 대해서 배워본 적이 없습니다. 사대나 교대에서도 제대로 배워 본 적이 없지요. 이러한 현실을 인정하고 교사 스스로 여전히 부족한 점이 많다는 사실을 먼저 받아들일 필요가 있다고 생각했습니다. 하지만 현실적으로 학교생활은 바쁩니다. 어쩌다 한두 번 학습과 연수를 받을 수 있지만, 과연 지속해서 학습 시간을 낼 수 있을까요? 이러한 관점을 과감하게 깰 필요가 있다고 생각했습니다. 교사가 먼저 공부하는 시간을 가져야 한다고 생각했습니다. 그래서 학교 일과 중 일정 시간을 교사들의 학습시간으로 확보했습니다.

장곡중학교 역시 '배움의 공동체 운동'을 실천하고 있는데, 단순히 수업 기법을 배우는 수준에 머무르지 않고 있음을 볼 수 있습니다. 수업에 대한, 아이들에 대한 관점을 재점검하고 새롭게 만들어가는 모습을 볼 수 있죠. 그러면서 구체적인 변화를 하나하나 만들어가고 있음을 볼 수 있습니다. 수업에 대한 철학이 바뀌자 놀라운 변화가 나타났다고 장곡중학교 백원석 교사는 고백하고 있습니다.

덕양중학교 역시 '배움의 공동체 운동'을 실천하고 있습니다. 처음에는 협동학습, 프로젝트학습 등 교수법을 배우더니, 이후에는 애니어그램, 상담 등으로 교사들의 관심 주제가 계속 바뀌었습니다. 학생과의 관계, 소통의 어려움을 몸소 체험한 교사들이 애니어그램 등에 관한 주제에 관심을 기울인 겁니다. 이는

알고 갑시다 ●●●●

애니어그램 : 동양에서 발달한 성격유형론인데, 9가지로 나누어진다. 개혁가, 조력가, 성취자, 예술가, 사색가, 충성가, 낙천가, 지도자, 중재자로 나누어진다.

자신들의 한계를 극복하기 위한 몸부림으로 볼 수 있습니다. 김영식 교사의 인터뷰를 보면 덕양중학교에서 종소리를 없애게 된 과정이 나타납니다. 학교에서 종소리를 없애는 일은 간단하지 않습니다. 그것이 가능해진 이유는 무엇입니까? 생각의 공유 과정이 있었기 때문입니다.

이러한 과정들은 배움의 공동체를 통해서 이루어지고 있음을 알 수 있습니다. 교사들의 전문성은 결국 교사들의 실천 과정에 있습니다. 이른바 암묵적인 지식을 가지고 있지요. 어떤 수업을 했을 때 아이들이 잤고, 어떤 수업을 했을 때 아이들의 눈빛이 초롱초롱 빛났는가를 교사들은 감각적으로 알고 있습니다. 문제는 그러한 경험이 교사 내면에 머물러 있다는 점입니다. 학습 또는 실천 공동체를 통해서 개인의 경험을 끄집어내서 집단적인 논의 과정으로 이어져야 합니다. 그 과정에서 자신의 실천을 검증할 수 있고, 나아가 대화를 통한 치유의 과정을 경험하게 되는 것입니다. 동료 교사들로부터 자신의 실천과 고민에 대한 조언을 받거나, 때로는 실천 모델을 찾는 과정을 통해 교사는 성장하게 됩니다.

| 덕양중학교 김영식 교사 |

2010년도는 애니어그램, 교사 역할, 배움의 공동체 등의 주제를 교내에서 집중적으로 공부했어요. 사실 이게 없었으면 우리가 올해 생활규정 개정이 쉽지 않았을 겁니다. 학생들을 다르게 봐야 한다는 주제를 놓고 교사들끼리 한참 동안 토론을 했

거든요. 치마라든가, 염색 여부에 대해서 허용해줘야 하나, 말아야 하나를 두고 매우 많은 고민을 했어요. 반대되는 의견들도 많았습니다만, 이렇게 연수를 하면서 학생들을 보는 관점에서 공감대가 형성되었고, 그 과정에서 생활규정들에 대해서 같이 합의할 수 있었어요. 그러면서 교사들 전체가 함께 아이들을 기다릴 수 있었던 것 같아요. 저는 학교가 변화되는 데 있어서 이 연수 자체가 굉장히 큰 힘을 가지고 있다고 생각해요. 다른 학교 같은 경우에도 저는, 처음에는 다른 것을 많이 하려고 하기보다는, 연수하면서 같이 공감대를 넓혀가는 과정과 시간이 필요하다고 생각합니다. 〈중략〉 교사들끼리 많은 고민을 하다가, 아이들이 수업 종에 의해서 스스로 생각하지 않고, 교사들하고 관계 맺고 있는 것이 아니라, 아이들이 종소리와 관계를 맺고 있더라고요. 종소리에 의해서 아이들이 움직이고 있는 거죠. 그게 이제 보이는 거죠. 그래서 우리 배움의 공동체에서 수업하면서…… 수업 종을 없애버리자! 아이들이 스스로 시간 관리를 하도록 스스로 자기가 자기의 배움과 학교생활을 관리할 수 있도록 해주자, 그렇게 해서 수업 종을 없앴는데 이제 한 달 지났지만, 아이들이 상당히 잘 적응하는 것 같아요.

| 장곡중학교 백원석 교사 |

저는 수업에 대한 철학이 매우 중요하다고 생각해요. 우리 학교는 자는 아이들이 거의 없어요. 수업을 바꾸면서 나타난 큰 변화는 하위권이 많이 없어졌고, 늘 자던 아이들이 없어졌다는

점입니다. 우리 학교가 본래 기초학력미달인 학생이 많았어요. 그런데 지금은 거의 없어요. 근데 그 아이들이 그렇게 변하는 이유는 수업의 자기결정권보다는 수업이 배움의 공동체로 바뀌면서 자연스럽게 변화하는 거 같아요. 수업의 스타일이나 기법보다는 철학이 더욱 중요하다고 생각합니다. 수업뿐만 아니라 모든 상황에서 평등한 관계가 될 수 있게끔 하는 게 중요하고요. 수직적 관계가 아니라 평등한 관계여야 한다. 수업 시간은 평등하고, 수업 밖에서는 강압적으로 하면 안 되죠. 그런 게 잘 맞아떨어졌던 거 같아요. 교사 공동체를 통한 수업의 변화를 어떻게 만들 것인가가 중요해요. 결국, 교사가 디자인하고 변화하지 않는 한 혁신이 쉽지 않죠. 장곡중에는 스스로 자기가 변화하겠다 생각하고, 변화를 몸소 받아들이는 교사가 많습니다. 배움의 공동체와 관련하여 다른 학교 연수를 하다 보면 거부하시는 분도 많아요. "내가 잘해왔는데, 지나가는 하나의 흐름을 왜 나에게 강요하느냐?" 이런 반응을 보이는 분도 있죠. 우리 학교는 대부분 선생님들이 그것을 수행해야겠다는 생각을 하고 있어요. 많은 공부가 필요하다. 이를 위한 준비도 필요하다. 본인이 받아들이겠다는 생각을 하는 거죠. 다른 학교보다 연수받으러 배 이상 나갑니다. 그러면서 아이들의 동참을 촉구해야겠지요.

교육과정 고민하기

혁신학교가 본질에 집중하는 학교라는 사실은 교육과정에서도 드러나게 됩니다. 사업예산을 가지고 체험 중심 프로그램을 잔뜩 돌리거나, 방과후 프로그램을 다양화하는 방식은 교육과정에 관한 관점이 취약하여서 나타난 현상으로 보입니다. 실제로 혁신학교 운영계획을 보면, 이런저런 프로그램을 잡다하게 나열한 경우를 보게 됩니다. 학교를 관통하는 철학과 가치는 교육과정과 수업을 통해 구현되어야 합니다. 지금까지 학교에서의 교육과정은 편제와 시수 개념으로 이해했습니다. 교육과정은 학교의 철학과 가치를 구현하기 위한 전략으로 이해해야 합니다.

최근 들어 학교에서 체험 중심 프로그램을 많이 강조하는 경향이 있는데 그러한 체험 중심 프로그램도 가능하면 교과와 연계시켜야 합니다. 교과 수업과 체험 중심 수업 연계는 학교 교육과정의 질을 한 단계 높일 수 있지요. 예컨대, 치즈 마을로 체험활동을 가는 것을 예로 든다면, 사전 사후 교육이 필요합니다. 학생들이 치즈 마을을 그냥 한 바퀴 돌고 끝내는 체험 활동은 교육적 의미가 크지 않습니다. 바로 이 지점에서 교사들의 기획력이 요구됩니다. 사전 사후 교육을 통해 치즈에 숨겨져 있는 과학 원리를 교과 지식과 연계하여 배울 수 있겠지요.

의미와 연관되지 않은 체험은 죽은 체험이요, 경험될 수 없습니다. 행사를 위한 행사, 체험을 위한 체험으로 끝나서는 안 됩니다.

　체험 중심 프로그램이 많아지는 것을 저는 의미 있게 보고 있습니다. 지나친 지식 위주의 교육이 많은 문제를 양산하지 않았습니까? 문제는 체험 중심 프로그램도 충분한 기획과 논의를 거쳐서 진행되어야 한다는 것입니다. 가능하면 교과와 연결을 시켜야 합니다. 교과의 내용과 분리된 체험학습은 자칫 일회성 행사로 그칠 가능성이 있기 때문입니다. 어느 일반학교에서는 아이들의 진로체험교육을 위해서 인천공항을 간다고 합니다. 학교에서 버스를 대절해주고, 간식을 제공하는 데 예산을 상당 부분 씁니다. 그러나 학생들을 인천국제공항에 그냥 풀어놓습니다. 인천국제공항 내에 많은 사람이 오고 가니간 직업 탐방에 적합한 공간이라고 생각했기 때문에 선정했지만, 막상 학생들은 관제사나 기장, 스튜어디스는 거의 만나지 못합니다. 만나도 잠깐 이야기하다 말겠지요. 대부분 학생은 식당으로 가서 식당 주인하고 몇 마디 인터뷰하고 온다는 겁니다. 이러한 면들은 기획의 부재요, 네트워크의 부재요, 교육과정에 대한 관점의 부재 때문에 나타난 현상이라고 생각됩니다.

　교육과정 다양화와 특성화는 사실 간단한 문제는 아닙니다. 기본적으로 정부가 정해준 교육과정의 틀에서 벗어나면 안 되기 때문입니다. 한 학기에 집중 이수과목을 8개로 하라는 정부의 지침에 대해서 어느 학교도 다르게 운영할 수 있는 권한이 없습니다. 여기에 입시를 무시하기 어렵습니다. 예컨대, 미디어 교육이라는 과목을 잘 가르칠 수 있는 교사가 있고, 이 교사가 학교 교장에게 찾아가서 "새로운 과목을 개설하고 싶으니, 이 과목을 열어주십시오."라고 말을 하면 다음과 같은 문제에 봉착할 겁니다.

우선은 특정 교사가 특성 과목을 개설한 선례가 없을 겁니다. 두 번째로는 입시에 도움이 되는 과목을 가르치기도 빠듯한데, 전혀 입시와 상관없는 과목에 대해서 한번 개설해보자고 말할 교장은 드물 것이라는 겁니다. 세 번째로는 학생들이 얼마나 이 과목을 선택할지도 미지수입니다. 그러다 보니 대한민국 학교의 교육과정이 대개 비슷해지는 경향이 있습니다. 특히, 입시를 교육과정 편성의 기준으로 설정하다 보니 이러한 획일화 현상은 더욱 심해지고 있습니다. 자율형사립고의 경우, 일반학교보다 더 많은 자율이 부여되었지만, 교육과정은 오히려 국·영·수 과목을 더 많이 편성했다는 비판을 많이 받았습니다. 그런 점에서 혁신학교는 결국, 일반학교와는 다른 교육과정에 대한 관점을 가지고, 나름 차별화하기 위한 노력을 기울여야 합니다. 교육과정이 중요한 이유는 '우선 어떤 학생을 길러야 하는가' 내지는 '어떤 교육이 좋은 교육인가'에 대한 학교의 결론을 수업을 통해 구현해야 하기 때문입니다. 또한, 학생들이 살아가야 할 삶에 대해서 준비해주는 학교의 로드맵이기 때문입니다.

다행히 제가 만나본 혁신학교의 주체들은 교육과정에 대해서 많은 고민을 하고 있었습니다.

덕양중학교 김영식 선생님의 면담 자료를 보면, 교육과정에 대한 고민이 점점 깊어지고 있으며, 교육과정 자체도 단순 체험에서 교과와 연계된 체험으로 진화하고 있음을 알 수 있습니다. 아울러, 학생들에게 부족한 부분과 필요한 부분을 교육과정을 메워주기 위한 노력을 교사들이 기울이고 있음을 알 수 있었습니다. 분절화된 교과가 아니라 교사간 협동을 통해 주제를 교과별로 연결하려는 노력이 나타나고 있습니다.

조현초등학교는 교육과정에 대한 관점을 체계화한 학교라는 평가를 받고 있습니다. 이중현 교장은 교육과정 구성을 위한 공동체의 작업을 중시하고 있습니다. 교육과정에 대한 상은 사실 구성원마다 다를 수 있습니다. 이를 위해서는 교육과정을 똑똑한 한 사람이 짜는 것이 아니라 학생과 학부모의 요구 분석, 사회적인 변화, 학교상황, 지역상황 등을 종합적으로 고려해서 함께 만들어가는 작업을 거쳐야 합니다. 이를 통해 교육과정 상에 대한 공유가 이루어지는 것이지요.

조현초등학교 박성만 선생님은 교육과정 구성을 위해 교사들이 어떤 노력을 기울였는가를 설명해주었습니다. 그들은 퇴근 후에 모여서 교육과정에 대한 논의와 학습을 오랫동안 진행했다고 합니다. 저는 조현초등학교의 한 선생님께 국가가 정해준 교육과정을 단순히 이수해도 되는데, 이렇게 교육과정 재구성을 위해서 구성원 간 논의를 진행하면 퇴근도 늦어지는데 힘들지 않느냐는 질문을 던졌습니다. 그 선생님의 답변은 다음과 같았습니다. "처음에는 힘들었지만, 지금은 너무나 행복합니다. 저는 교육과정을 재구성해서 가르치는 기쁨에 중독되었습니다." 혁신학교는 결국 창조적인 교육과정을 만드는 일에 중독된 사람들이 모여있는 곳이 아닐까요?

서정초등학교 이우영 교장 선생님은 학부모님들이 이제는 학교의 교육과정을 살피고 있다는 사실을 말해주고 있습니다. 시설이 아니라 교육과정에서 어떤 차별성을 가지고 있는가를 살핀다는 거죠. 국가 수준의 교육과정을 일종의 기성복이라고 본다면, 학부모님들은 이제 기성복 교육과정에 만족하지 않는다는 겁니다. 하지만 여기에 공교육이 그동안 소홀히 답했다는 겁니다. 그의 말은 교육과정에 대한 시대적 정신이 잘 반영되어 있다고 생각합니다.

아래의 표는 서정초등학교의 역량중심 교육과정 실천 사례를 보여주고 있습니다. 이처럼 수업을 통해서 어떤 역량을 길러낼 것인가에 대한 생각이 있다면 교재 구성이라든지 수업 활동에 대한 기획이 가능해집니다. 교과 통합 내지는 주제별 통합 수업도 가능해질 것입니다.

서정초등학교 서우철 교사는 "핵심역량 기반 주제 중심 학년 교육과정 운영을 위해 같은 학년 공동 연구가 반드시 필요하게 된다."며, "같은 학년 협의회를 통해 학년 교육과정 목표와 교과별 성취수준을 분석하여 연관성 있는 내용을 묶어 주제를 선정하고, 선정된 주제에 해당하는 교과별 성취기준을 모아 나열한 후 주제를 학생들이 잘 이해할 수 있으며 핵심역량을 배양할 수 있는 활

서정초등학교의 역량중심 교육과정 실천 사례

주제	핵심역량	과목	차시	단원	성취 수준	재구성 이유	활동 및 활동내용 예시	차시	학습목표	관련교과	평가계획/관계 영역
나너 그리고 우리 (3월 2일 ~ 4월 2일)	자기관리능력 시민의식 의사소통능력	국어	12	3.다양한 주장 (설득)	-토의활동에 능동적으로 참여할 수 있다.(더불어 삶아가는 삶 경험) -논설문의 특성과 주장에 대한 근거의 적절성을 판단할 수 있다.	한 학년이 새로 시작되는 지점에서 모든 서 는 공동체에 대해 생각해보는 데 대해 생각해보는 데 적절성을 판단해보는	주제중심 교육과정 설명 및 협의 보장하기 -마인드맵 -진단평가	3	-주제중심 교육과정 운영을 함께 협의할 수 있다.	국어3	
			12	6.타당한 근거 (설득)	-문제에 대한 해결방안이 잘 드러나게 연설문을 쓰기를 할 수 있다. -글에서 문장의 연결관계를 이해하고 주장에 대한 근거의 연결을 파악할 수 있다.	학년이 새로 시작되는 주제 선정음. 국어시간 연 설문과 같은 주장을 담은 글을 통해 주제에 대한 근거의 연결을 파악할 수 있다.	주제중심 교육과정 스스로 성 및 평가하기 -주제중심 교육과정 평가하기	1	-주제중심 교육과정 운영을 스스로 보성할 수 있다.	국어11	-자기평가
			4	심화	-주제중심 교육과정 운영을 함께 협의할 수 있다.(계획및반성)	한 학년이 새로 시작되는 지점에서 사회에선 자기간의 갈등을 조장하고 해결하는 단 원을 통해 학생들 사이의 관계에 대해 미 이 관계에 대해 미 시 토의하고 결정하 는 과정을 생각하면 서	-건강한 사람은 어떤 사람일까? -건강한 사람 마인드 맵 완성 발표 -건강하지 못한 상황에 대한 책 읽고 토론하기(친구들 함 -아버지는 10가지 방법/도시에 어)	10	-토의활동을 능동적으로 활동할 수 있다.(더불어 살아가는 삶 경험) -논설문을 분석하고 그 특성을 이해할 수 있다. -건강한 사람에 대한 자신 만의 논설문을 써보고 평가 할 수 있다.	국어6 재량4	-듣기 : 토의활동 참가모습 (관찰평가) ◆인전교육4:재량
		도덕	3	3. 우리 함께 지켜요.	-법과 규칙을 준수하는 일의 중요성을 알고 이를 실천하는 태도를 기른다.(준법정신)	우리 주변의 생활을 습관 여, 기초생활 실천 지도를 위한 재량활 등 시간을 함께 기른다.(준 가 함께 하는 공간도 준비해 보고자 한다.	차이와 차별 구별하기 -신과 염기의 차이점 -왜차이(이)토의(모르느척) -주장하는 글쓰기	14	-주변의 용액들을 분류하 고 설명하는 글을 쓸 수 있 다.(산, 염기성, 중성) -주장하는 글쓰기를 통해 자신의 차이와 차별에 대한 생각을 발표할 수 있다.	국어4 과학 10	-과학지식 : 신과 염기에 대한 조직적 글쓰기 (지필평가) ◆인전교육4:국어
		과학	10	2. 신과 염기	-우리 주변의 용액들이 신과 염기로 분류할 수 있다는 것을 이해할 수 있다.(산, 염기성, 중성)		공동체의 규칙에 대한 연설문 만들고 발표하기 -경제(이활동(주민회의장까지) -학년 다모임에서 발표하기 -학급 다모임에서 발표하기	13	-법과 규칙을 준수하는 일의 중요성을 알고 이를 실 천하는 태도를 기른다. -활동에 필요한 자료를 제 작활용할 수 있다. -문제에 대한 해결방안이 잘 드러나게 연설문 쓰기를 할 수 있다.	도덕1 도덕5 도덕6	-쓰기 : 문제에 대한 해결방안이 드 러나게 글쓰기(자료평가) -말하기 : 적절한 연설문을 쓰고 함 하기(관찰평가)
							고분벽화그리기 -홍익인간에 대한 이야기	6	-고유의 문화에 대해 관심 을 가지고 우리 민족의 홍 익인간 정신에 대해 이야기 나눌 수 있다.	미술4 국어2	

동으로 구성한다. 주제별로 활동내용을 어떻게 잡느냐에 따라 다양한 핵심역량과 관련지을 수 있게 된다."[●]며 역량중심 교육과정의 필요성에 대해서 강조했습니다.

이우학교는 교육과정 다양화를 잘하고 있는 대표적인 학교 중 하나입니다. 학점제를 채택하기도 하고, 철학, 교육학 등 특색 있는 교과목 또한 많이 개설하고 있습니다.

[●] 이수광 외(2011), 「강원도 미래학교 모형에 관한 연구 전문가 토론회」, 강원도교육연구원.

이우학교 2009학년도 입학생 선택교과 편제 및 단위 배당표 상세 내용

영역	구분	과목·내용	기준단위	이수단위	10학년 1학기	10학년 2학기	11학년 1학기	11학년 2학기	12학년 1학기	12학년 2학기	비고
재량활동	재량선택	교육학, 논리학, 심리학, 철학	4	4			4				학교지정, 택1
일반선택교과	학교선택	수학의 활용 / 국어 생활	4	4					4		학교지정, 택1
	교육청선택	시민윤리	4	4			2	2			
		정보사회와 컴퓨터	4	4					2	2	
		체육과 건강, 음악과 생활, 미술과 생활	4	4					2	2	택1
		중국어I, 독일어I, 프랑스어I, 일본어I	6	4					4		택1
		진로와 직업	4	4	2	2					
		생태와 환경	4	4			2	1			
		합계	30	28	2	2	4	4	12	4	
심화선택교과	교육청선택	외국어 실용영어회화	6	4			2	2			
	학생선택	국어 독서, 작문, 문학	8	8							
		국어 화법, 문법	4	4							
		도덕 윤리와 사상, 전통윤리	4	4							
		사회 법과사회, 경제, 한국근현대사, 세계지리, 세계사, 경제지리	8	8			▶ 11, 12학년 자유선택 ▶ 학기당 4단위 기준으로 5과목 선택 가능(단, 12학년 2학기는 3과목) ▶ 심화선택교과 대신 특성화교과 및 일반선택교과와 선택 가능(단, 이수단위 일치)				- 학년 구분 없음 - 4단위 과목 1학기 완성 - 개인별 시간표 작성
		사회 정치, 한국지리, 사회문화	8	6							
		수학 수학I, 수학II, 적분과 통계 / 미적분과 통계 기본	6	4							
		과학 물리I, 화학I, 생물I, 지구과학I, 과학사	4	4							
		과학 물리II, 화학II, 생물II, 지구과학II, 과학사	6	6							
		체육 체육이론, 구기	4	4							
		음악 음악이론, 음악사	4	4							
		미술 미술이론, 미술사	4	4							
		영화 영화개론, 영화사	4	4							
		외국어 영어I, 영어독해와 작문, 영어II, 심화 영어독해와 작문, 영어문법	6	4							
		외국어 중국어II, 일본어II	6	4							
		합계	6-76		0	0	3-23	3-23	0-20	0-10	
특성화선택교과	학교선택	삶과 철학		4					2	2	
		사회체험(인턴십)		4			2	2			
		졸업 작품		2					1	1	
		지역과 사회(NGO)		6	1	1	1	1	1	1	
		통합기행		6		2		2		2	
		노작활동(농사)		4	2	2	2				
		학교 선택 특성화 교과		2				2			택1 개설현황참조
		소계		30	3	5	3	7	6	4	
	학생선택	탐구영역		2				자유선택			개설현황참조
		직업연구 1/2, 직업실습 1/2		4				자유선택			
		학생 선택 특성화 교과(특기 적성)		2			11, 12학년 자유선택				개설현황참조
		소계		0-70	0	0	0-20	0-20	0-20	0-10	
		합계		30~100	3	4	3-23	7-23	6-26	4-14	

구 분		교 과 명
탐구영역 교과		외국어탐구, 문학탐구, 언어탐구, 수리탐구1, 수리탐구2, 사회재량, 사회탐구, 과학탐구, 자연탐구
학교선택 특성화교과		도자기, 목공, 염색, 컴퓨터, 옷만들기, 음식만들기, 프로젝트학습, 생활기술
학생선택 특성화교과	자연친화	캠핑, 오리엔티어링, 생활원예, 생태건축
	주제탐구	고전강독, 과학실험, 수학의 눈, 문예창작, 만화창작, 애니메이션
	전통체험	우리가락우리춤
	표현예술	실용음악, 힙합댄스, 사진, 한국미술
	몸짓활동	배낭여행

저는 이우학교 이수광 교장에게 "많은 사람이 교육과정 특성화에 대해서 이우학교니까 가능하다고 말하는데, 만약 교장 선생님께서 공립학교로 가면 어떻게 교육과정 특성화와 다양화를 이루겠느냐"는 질문을 던져봤습니다. 이우학교 이수광 교장은 공립의 상황이 대안학교와 다른 면이 있지만, 현실 가능한 교육과정 재구성 방안이 가능하다고 말하더군요. 당장 창의체험활동이라도 제대로 구성해보자는 거죠. 이 영역에는 제약이 없기 때문입니다. 그러한 경험을 토대로 정규 교육과정에 대한 특성화도 시도할 수 있다는 겁니다.

| 덕양중학교 김영식 교사 |

작년부터 교육과정에 대한 고민이 많이 있었던 것 같습니다. 그 고민은 사실 2009년도에 학생들에 대해 고민을 하면서 학생들이 변화되지 않는 것을 답답해하고 때로는 가슴 아파하며 교

사들끼리 아이들에게 뭐가 필요하냐, 때로는 독서도 얘기했고, 여러 가지 얘기를 하다가 정리했던 게 독서와 체험이었죠. 그래서 아침에 학생들이 오면 책을 읽도록 하죠. 아침에만 하면 단순히 책 읽는 것으로 끝나지만, 이게 교과랑 연계되기 시작하면 책 읽기가 하나의 중요한 경험으로 들어올 수 있겠지요. 그래서 교과와 연계시키는 작업을 했습니다. 체험학습을 강조한 이유는 우리 아이들이 가지고 있는 정서적, 문화적 결손들이 있습니다. 이 부분이 어느 정도는 채워져야 학력이라든가 이런 것들에 변화가 올 것으로 봤던 거죠. 그런 문화적 경험들 예컨대, 직접 자기들이 하면서 성취감을 느낄 수 있는 그런 경험들이 필요하다고 생각했습니다. 이 부분을 작년도부터 체험학습을, 창의적 체험학습이라든가 특별활동, 자치 적응, 통합시켜서 운영을 했었던 것이고요, 될 수 있으면 이것들이 교과와 연계될 수 있도록 하려고 했는데 각자의 교과에서 나름 노력을 했지요. 국어 교과와 사회 교과에서 가기 전에 미리 수업을 했습니다. 그런 다음에 아이들이 경험을 해야 많은 것을 볼 수 있다고 판단한 거죠. 실제로 아이들이 나중에 갔다 와서 평가하는 것을 들어보면 반반 정도 되는 것 같아요. 굉장히 좋았다 하는 평가도 있지만 별다르지 않았다는 평가가 나오죠. 우리가 그런 피드백들을 받으면 또 선생님들이 고민하게 되죠. 이런 것을 해보지 않았으면 고민하지 못했을 텐데 해보면서 '별 반응이 없었던 애들은 왜 반응이 없었는가?', '왜 아이들은 더 많은 것들을 보지 못했는가?' 그런 고민을 했죠. 그러한 고민 속에서 올해 2011년도 교육과정은 더욱 다양해지는 겁니다. 올해 새롭게 시작하고 있는 건데요, 책을 읽는 부분들, 교과 통합 수업입니다. 이것도 처음엔 전년도에 저희가 교과통합 관련해서 고민이 많았어요. 인권이나 생태 등 주제를 너무 넓게 잡았어요. 이렇게만 하고 수업을 하다 보니까, 너무 주제가 광범위했죠. 무엇을 해야 할지를 몰랐고, 각 교과 교사들이 헷갈리고, 감을 못 잡았어요. 그래서 주제를 좁게 가봤습니다. '집', '개', '바다', '나무' 이런 식으로 가니까 할만한 게 나오는 거예요. 아예 주제를 좁게 해버리니까…… 사실, 교과통합 수업하려면 수업 지도안부터 새로 나와야 할 것 같고 뭔가 거창한 프로젝트를 새롭게 해야 할 것 같은, 그런 부담감들이 있는데, 그런 기름기들을 다 빼버리면 각 교사가 집을 주제로 해서 처음에는 쉽게 준비를 하는 거죠. 사회 시간에 어떤 집에 대해서, 과학 시간에 집에 대해서, 기술 가정 시간에 집에 대해서, 각자 그냥 그 교과에 있는 진도 끌어다가 수업을 준비하고…… 그렇게 학생들은 온종일 같은 주제에 대한 수업을 듣게 되는 거죠. 그리고 다양한 관점에서 수업을 들을 수 있고. 그리고 이것이 국어 시간에 만약 글쓰기로 연결이 될 수가 있다면, 저는 그게 하나의 교과통합 수업의 모델이 될 수 있지 않을까 생각을 합니다. 올해 해보려고 하는 거죠. 해보면 문제점도 있겠죠. 학기 말에 수업 안 되는 때를 이용해서, 아예 그것을 그냥 온종일 어떤 아이는 연극 연습 계속하게 하고, 영화 제작하게 하고, 수화, 핸드벨 하게 해서, 졸업식이나 겨울 방학식 할 때, 식을 하는 것이 아니라 아예 공연으로 풀어놓게 해서, 아이들이 성취감을 느끼게 하고, 이왕이면 좋은 공연장 빌려서 아이들이 대단한 걸 해냈다 하는 그런 어떤 생각들을 할 수 있도록 해보려고 하는 거죠. 이거는 체험하고 교과하고 연결하는 부분인데 작년에 창의적 체험활동 했던 부분들을 고민하면서, 다시 한 번 시도한 내용입니다. 핵심적인 건 어떤 것은 전교생이 가지만 어떤 것은 학년별로 갑니다. 작년에는 전교생이 무조건 한꺼번에 다 같이 갔는데 규모가 크면 대충대충 설렁설렁 소외되는 애들이 생겨난다고 하는 거예요. '체험의 규모를 줄이자.' 해서 학년별로 쪼개는 겁니다. 대신 우리 학교에 오면 학년이 올라갈 때마다 이런 것들을 다 해볼 수 있도록 하는 거죠. 3월 25일 날 이거 한 번 해보았는데요. 1학년은 안산 이주민센터에 가고, 2학년은 MBTI와 MBTI에 관련된 활동들을 하게 하고, 3학년은 대학가서 자기가 진로들을, 직접 자기가 교수들을 섭외하고 학과에 가서 교수들이나 학과생들을 직접 인터뷰하고 그것을 보고서로 만들어 내게 하는 그런 활동들을 해봤는데 상당히 아이들이 좋아했어요. 앞으로 계획되고 있는 것들은 실제로 아이들이 성취감을 몸으로 느낄 수 있게끔 자기 몸으로 하는 것이 가장 애들이 집중력이 좋더라고요. 강의 듣는 것보다, 그냥 가서 보는 것보다, 직접 자기들이 몸으로 하는 것이 가장 집중력이 좋더라는 거죠. 그런 피드백들이 있어서 될 수 있으면 이런 것들을 꼭 한 번씩은 하게끔 대신에 이것도 수업시간과 같이 연계시킬 수 있으면 연계할 수 있도록 해보려고 하는 거죠. 독서를 그냥 하지 않고, 작가와의 만남이라든가! 진로교육도 생생한 직업 현장, 그래서 아이들을 온종일 시장이나 가락동 농수산물 시장, 동대문 시장이라든가…… 온종일 하나의 가게를 섭외를 해서 온종일 거기서 애들이 있어 보면서 삶과 사회를 고민해 볼 수 있도록 하는 이런 것들을 저희들이 쭉 진행을 해 왔던 것이죠.

혁신학교에서 가장 중요한 것은 교육과정이라고 생각해요. 나머지는 그 교육과정을 잘 운영하기 위한 지원 시스템이거나 저절로 따라올 수밖에 없는 내용이고요. 혁신학교는 부분적 접근이 아니라 총체적 접근인데, 총체적 접근의 핵심은 학교 교육과정 내용과 수업과 평가가 어우러지는 거죠? 이런 것이 없으면 혁신학교의 본질적인 대안을 결국 소홀히 할 수밖에 없는 거죠. 교육과정이라고 할 때도 교육과정의 핵심이 다르고 이것을 받아들이는 사람이 다르고. 그래서 이 부분에 대해서는 전문적인 논의라던가 집중적인 논의가 필요한 사항입니다. 혁신학교가 굴러가는데 혁신학교 이야기를 하면서 수업 이야기도 하고, 그다음에 문화 이야기도 합니다. 그러다 보니 바깥에서 보기에는 대체 혁신학교가 뭐지? 혁신학교 상에 대한 혼란이 오는 거죠. 〈중략〉 저는 그런 점에서 그 시작부터 우리나라 학교 교육의 핵심적인 과제가, 내용의 획일성으로 보는 거예요. 교육내용이 바뀐다는 것은 수업이 바뀐다는 것과 마찬가지고요. 그래서 수업이 바뀌면 학교가 바뀌는 게 아니라 교육내용이 바뀌어야 수업이 바뀌고 아이들 삶도 바뀐다는 생각을 하고 있어요. 그래서 교육내용이 바뀌어야만 수업이 바뀌고 평가도 바뀔 것이고. 그런 면에서 내용과 수업과 평가, 이것을 변화 개혁의 핵심으로 보고 있습니다. 거기에 전념하기 위해서는 업무 경감이 되어야 하는 거죠.

우리 학교가 60년 정도의 역사가 되었는데, 전통 같은 경우는 육상 9연패 그런 이야기를 했거든요. 그 당시에 학교에서 육상 대회를 나가서 좋은 성적을 얻기 위해서 훈련하고 그랬거든요. 그게 조현의 전통일까? 하는 고민을 많이 했습니다. 그리고 대한민국에 있는 모든 초등학교가 그 매월 하는 행사들이 비슷비슷하고 3월에 겪는 내용이 거의 비슷비슷하고 학교마다 특색이 없다는 거죠. 그래서 조현만의 특색이 있는 교육과정을 짜보자. 조현초등학교는 이런 이런 교육과정을 가지고 있다. 그러니깐 시스템을 가지고 있다는 것을 하나의 전통으로 남겨보자, 이런 것이 아마 큰 것 같다는 생각이 들었습니다. 교장 선생님께서 초빙으로 오시면서 그런 교육과정을 가지고 오셨거든요. 2008년 가을만 해도 교육과정에 생소했지요. 선생님들이 회의하고 5시까지 공부하고 저녁에 또다시 공부를 시작하는 모습을 봤어요. 그때 다 같이 모여서 디딤돌 교육과정을 어떤 방향으로 쌓아야 하고, 발전학습은 어떻게 해야 하는가? 이런 내용에 대해서 많은 토론과 논의 과정을 거쳤지요. 그때부터 시작했고, 이제 적응을 했죠. 그 과정에서 너무 어려웠던 점들이 많았습니다. 하나하나 고쳐 나가는 과정을 2년 정도 겪었고, 지금은 그래도 많이 안정적으로 그것들이 많이 수정되었어요.

왜 학부모들이 공교육에서 탈출하는가? 그게 90년대 말부터 생겼어요. 저는 그 배경을 곰곰이 생각해 봐야 한다고 생각하는

데. 90년대 중반에 이제 자녀를 학교에 보냈던 사람들이 어, 그 사람들이 연령상으로 파악해 보면 70~80년대에 소위 민주화 운동을 했던 분들이에요. 그 민주화 운동을 했던 분들이 직장 잡고 아이 낳고 해서 보낸 분들이에요. 이분들은 진보적인 생각을 하고 계시지요. 아이를 학교에 보내고 봤더니, 그러한 자기의 경험으로 봤을 때는 학교는 그냥 교과서의 전달자에 불과한 거예요. 교과서 진도만 나가는 거죠. 교과서도 어떻게 보면 국가교육과정을 바탕으로 만들어진 거 아니겠어요? 맘에 안 들 것 아닙니까? 내 아이를 국가 수준 교육과정을 단순히 이수시키기보다는 내 철학, 내가 생각하는 미래 사회에 적합한 아이로 키워야겠다고 생각을 하고 과감하게 아이를 자퇴시키죠. 그래서 홈스쿨링하고 대안학교 보내고 거기도 안되면 조기유학을 보냈죠. 우리 학교를 찾아오는 분들이 첫마디 물어보는 게요. 그냥 학교 시설 좋네요. 이런 거 아닙니다. 교육과정을 먼저 물어보세요. 도대체 혁신학교는 어떤 교육과정을 하느냐? 어떤 프로그램으로 가르치느냐 하는 거예요. 학부모님들이 똑똑해져서 교육과정을 물어봅니다. 그 이전에는 학교 민원이 대체로 선생님들의 관행적 행위, 학교의 습관적 행동들이 정당하냐 타당하냐 이런 것들이었죠. 체벌이라든지 촌지 이런 거잖아요. 이제는 학부모들이 교육과정을 신경 쓰세요. 교육과정에 대한 불만이 있는 겁니다. 그러면 학교와 공교육이 그러한 학부모들의 교육과정에 대해 갖는 불만을 사실은 수용을 해주고 먼저 이끌어가야 할 처지에 서야 하는데, 그러지 못했기 때문에 학교가 필요가 없는 거지요. 자연스럽게 교실 붕괴론이 나오는 겁니다. 학교가 필요가 없다고 생각하죠. 그러한 학부모와 학교의 상호작용으로 대안학교가 활성화되고 확산한 거 아닙니까? 그런 부분을 우리가 고려해야 하겠다고 생각했죠. 저희가 처음에 학교 교육과정을 생각할 때도 핵심역량을 강조했어요. 교육과정이 너무 교과 중심적이죠. 탈피해야 한다. 그러면 핵심역량 중심으로 학교 교육과정을 짜야겠다고 생각했던 겁니다.

| 이우학교 이수광 교장 |

만약에 저한테 일반 공립학교에서 교육과정을 다양화해보라고 요구한다면 첫 번째는 그 창의 체험활동 속에 아이들이 주제를 설정하고 자기 스스로 탐구하는 것을 두 달이 될지 한 달이 될지 배치하고 싶고요. 우리 학교같이 전면적으로 바꾸었을 때에는 학교도 감당이 안 되고 아이들도 적응이 안 될 수 있겠지요. 해당 학교가 다른 학교와 차별화할 수 있는 과목 딱 하나. 많이도 필요 없어요. 예를 들면 지역에 따라 많이 다를 것 같은데. 해양 생태학이라는 과목을 할 수 있을까? 그런 교재를 만들 수 있고, 또 교재를 만들지 못하면 대학들에 빌려 오더라도 가능성이 있다면 그거 하나 하는 거고요. 교과에서 하나, 창의적 재량활동에서 하나 제대로 시행하고, 그것이 효과가 있다고 학교 구성원들이 인정하게 되면 확정되는 거죠. 처음에 다 바꾸는 게 아니라. 교육과정은 한꺼번에 바꾸면 안 되니깐 그런 수준에서 접근하는 것이 좋지 않을까? 한꺼번에 다 바꾸려면 망하죠. 그러니깐 교과에서 하나 창의적 재량활동에서 하나 접근하는 게 맞지 않을까? 그다음에 하나는 교과목 속에 들어 있는

과목 명칭을 바꿀 수 없잖아요. 그 속에서 자유롭게. 예를 들면 아이들이 저는 사회과니깐 사회과에서 사회문화하고 지리에서 선택했다면 그 애들 빼놓고 나머지 아이들은 다른 과목은 자유롭게 들을 수 있잖아요. 거기서 자유로울 여지를 주는 거죠. 교육과정의 차별화라고 할 수 있지요. 해양 생태학이라고 하면 교사가 그것을 해내야지요. 그런 고등학교는 제가 보기에는 자기 주전공에 인접 학문을 결합할 수 있는 역량이 없으면 앞으로 10년 후에 살아남기 어려울 것이다. 지금 보면 우리 학교 애들 인문사회 쪽에 관심이 많다 보니깐 인류학도 하고 싶은 애들이 있는데, 제가 인류학 만들어 보려고 했는데 특목고에는 이런 과목이 이미 있어요. 가져오면 되거든요. 그런 식으로 보게 되면 아이들의 요구를 학교가 수용하는 그런 정신으로 가게 되면 과목을 넓게 해줄 수 있고, 필요하면 교사가 과목을 넘나들면 돼요. 교사 연수 체계와 관련이 있고요.

새로운 교장 상

성공하는 혁신학교의 특징 중 하나는 좋은 교장이 있다는 사실입니다. 물론, 교장과 교감 선생님께서 탁월한 리더십을 가지거나 전문성이 뛰어나지 않음에도 좋은 평가를 받는 학교는 존재합니다. 그럼에도 혁신학교가 성공할 수 있는 이유는 그를 뒷받침할 수 있는 교사 그룹이 존재하고 있기 때문입니다. 본인이 탁월한 리더십을 가지고 있지 않더라도 그런 교사 그룹을 확보할 수 있다는 것 또한 교장의 리더십으로 볼 수 있지 않을까 싶습니다.

제가 제시하고 있는 인터뷰 내용은 상당 부분 교장의 인터뷰이기 때문에 이분들이 어떤 특성이 있는가를 자세히 설명할 필요는 없다고 보이지만, 제가 보았을 때 교장 선생님들의 가장 큰 특징은 우선 진정성을 가지고 있다는 점입니다. 혁신학교를 발판으로 본인의 명성과 승진 등에 활용하려는 생각을 하지 않았다는 겁니다. 어떤 분들은 교장을 마치고 명예롭게 평교사로 돌아가겠다는 말씀을 하신 분들도 계셨습니다. 적어도 4년 임기 내에 '학교란 이런 것이다'를 보여주는 것을 자신의 사명으로 여기는 거죠. 교사로 돌아가겠다는 생각은 이른 시일 내에 구체적인 성과를 내야 한다는 압박감으로부터 자유롭게 만듭니다. 전시행정 등을 과감하게 없앨 수 있습니다. 이런 마음가짐은 교육과정, 수업, 평가, 학급운영, 교직문화 개선 등의 본질에 더욱 집중하게 합니다. 진정성이 확인되면 교사들은 움직이게 되죠.

사실 학생들은 교사의 조·종례 5분의 훈화로는 바뀌지 않습니다. 교사의 삶의 방식, 학생과의 관계 맺음을 통해 학생들의 변화가 이루어집니다. 교장 역시 마찬가지겠지요. 교장의 진정성이 결합할 때 교사에게 주는 메시지에 힘이 실립니다.

성공하는 혁신학교의 특징을 보면 교장 선생님들이 수업을 맡아서 합니다. 홍덕고등학교 이범희 교장 선생님도 수업을 하십니다. 아이들을 더욱 세밀하게 만나보겠다는 그의 의지가 반영된 것입니다. 수업하는 교장이 교사들의 마음을 더욱 잘 헤아릴 수 있고, 공감대를 만들어갈 수 있습니다.

덕양중학교 김삼진 교장 역시 개방적이고 협력적인 교사 문화로 바꾸어야 한다고 생각했지만, 그것을 구현하는 방식은 말이 아닌 본인의 실천이었습니다. 교사들에게 '수업을 열어라'가 아니라 본인이 먼저 수업을 하면서 열어 보인 거죠.

| 덕양중학교 김삼진 교장 |

제가 2008년도에 부임해서 선생님들께 '달걀판 속 계란'처럼 고립된 교사로 살지 말자고 말했습니다. 깨지던지 부화하여 다시 병아리가 되어야죠. 선생님들이 문을 닫고 '이건 내 수업이다.' 하면 안 되고, 일단은 교실 문을 열어야 한다고 강조했습니다. 하지만 부담스럽죠. 저부터 수업을 공개했습니다. 교장 공개 수업을 먼저 했죠. 지금은 우리 선생님들이 수업을 서로 열어 보이는 문화가 자연스럽게 형성되어 있습니다.

| 불곡초등학교 오재길 교사의 보평초등학교 서길원 교장 면담 및 참여관찰기록 |

통합된 교육지원실은 학교장과 학교 구성원들의 철학적 인식이 공간 구성 및 배치에 고스란히 녹아 있다. 기존의 교장실에 떡 하니 자리 잡고 있었던 권위의 상징인 중후한 책상과 의자, 명패 등은 찾아볼 수 없었다. 물론 학교 현황판 및 게시판, 전시장, 고급 가구들, 난과 분재, 화초들로 장식된 교장실도 없었다. 오히려 난과 화초와 의자들은 중앙 현관에 '푸른 쉼터'라는 곳에 있었고, 누구나 앉아서 쉴 수 있도록 카페테리아처럼

꾸며 놓았다. 교육청에서 예산을 받아 교장실을 단장하고, 심지어 교장실이 아방궁이라는 언론의 비아냥거림도 들리는 마당에, 이곳의 교육지원실은 참으로 신선하다는 생각이 들었다. 교장은 교사들과 업무를 상의하기 쉽게 통합된 교육지원실에 함께 근무하고 있었다. 교장은 우리가 방문했을 때 교사들과 서술형 평가문항에 대해 협의를 하고 있었으며, 교감 역시 민원인들을 상담하느라 바쁜 일상을 보내고 있었다. 결재만 하는 교장이 아니라 교육활동 지원을 위해 업무를 수행하는 교장, 교사들과 소통하기 위한 교장을 위해서는 자연스럽게 이러한 업무 동선과 구조가 필요할 것이란 생각이 들었다. 교육지원실 마련에 2,700만 원 교육청 예산이 내려왔으나, 부족하여 학교 예산 1,000만 원을 더 보탰다고 한다. 통합된 교육지원실의 모델링 학교라는 부담감과 책임감 때문에 교육지원실에 많은 신경을 썼다고 한다. 교육지원실은 교장실을 내어주고, 기존 교무실은 수업멀티실(카메라 설치)을 설치하였다고 한다. 예산을 준다고 해도 기존 학교에서는 꺼리는 사업이 바로 행정실과 교무실, 교장실을 통합하여 교육지원실로 만드는 것이다. 교장들은 자신의 공간을 내어주어야 하고, 행정실과 교감은 상사인 교장 눈치를 봐야 하고, 이래저래 피곤한 일이기에 돈을 준다고 해도 선뜻 나서지 않는다. 교육지원실은 무조건 합치기만 해서는 될 일이 아님을 알았다. 교장은 통합과정에서 어느 사람의 희생, 불편과 소외가 없어야 한다는 전제로 통합했다고 한다. 교장도 동등한 입장에서 통합에 참여했다고 한다. 말이 동등한 입장이지 세속적인 판단으로 보자면 결국 교장의 전폭적인 양보와 희생으로 교육지원실이 만들어졌다고 본다.

주체성을 가지고 헌신

성공하는 혁신학교의 특징 중 하나는 교사의 헌신성이 보인다는 점입니다. 혁신의 주체는 결국 교사일 수밖에 없습니다. 아무리 탁월한 교장이 왔다고 해도 교사들의 마음이 움직이지 않으면 혁신학교는 실패할 수밖에 없지요. 어느 학교든지 모든 교사가 100% 충만한 주체성과 자발성을 가지고 있지는 않습니다. 그러나 몇몇 교사들이 자발적으로 모임을 시작하면서 혁신의 에너지를 전이시킵니다. 교사들이 먼저 시작한다는 점이 매우 중요합니다. 교장 선생님의 명령으로 무엇인가를 한다면 그 활동의 생명력은 반감될 수밖에 없습니다. 하지만 교사들이 먼저 움직이면서 그 과정에서 느낀 행복감을 동료 교사들에게 전파하고, 학교의 방향성에 대해서 설득하다 보면 변화는 생각보다 빨리 나타납니다. 그러한 혁신의 주체는 될 수 있는 대로 평교사일수록 좋습니다. 게다가 이러한 움직임에 대해서 관리자와 학부모들이 지원한다면 금상첨화겠지요. 어떤 학교는 교장과 교감의 리더십이 탁월하지 않고, 혁신 철학에 대한 이해가 부족하지만 혁신의 성과가 나오는 경우가 있는데, 혁신을 추동하는 핵심적인 그룹들이 존재하기 때문입니다.

이우학교 이수광 교장 선생님은 학기 전후에 한 번씩 전 교사들이 모여서 다음 학기를 준비하는 과정을 당연히 거쳐야 한다고 말하고 있습니다. 그리고 그것이 당연하다는 관점을 교사들이 공유하는 데서 변화가 온다고 보고 있습니다. 저는 지금까지 교사 모임을 이끌어오면서 밤늦게까지 모여 회의와 토론을 진행하는 교사들을 참 많이 봤습니다. 교육에 대한 자발성과 열정이 있기 때문에 가능한 거죠. 그런 모습이 단위학교에서 나타난다면 교육의 질은 훨씬 좋아질 겁니다.

장곡중학교 백원석 선생님은 운동성을 강조합니다. 때로는 좌절하고 꺾이지만, 그럼에도 변화를 위해서 부딪혀야 한다고 말합니다. 나의 변화를 통해 동료의 변화, 학교의 변화를 이끌어내야 합니다. 어떤 선생님은 제게 학교를 바꾸는 것은 깨어있는 교사 3명이면 가능하다고 말했습니다. 깨어 있는 교사 세 명이 진정성과 열정, 전문성을 가지고 동료 교사들을 설득시키고, 모델을 제시하고, 모임을 추동한다면 혁신은 얼마든지 가능하다고 생각합니다. 실제로 성공적인 혁신학교를 가보면 각 학교에 그러한 혁신을 중심적으로 추동하는 교사가 최소 3명 정도는 존재하는 것으로 보였습니다.

서정초등학교의 어느 선생님께서는 교사들의 자발성에 대해서 놀랐다고 말합니다. 그리고 그것이 가능한 이유는 뜻이 맞는 교사들이 함께했기 때문입니다. 사실 교사들은 연수를 받으러 나가거나 학교 밖 모임에 참여하는 경우가 많습니다. 그 이유는 무엇입니까? 뭔가 뜻이 맞는 교사들이 만났기 때문입니다. 지금까지는 학교 밖에서 그러한 교사들을 만났다면 혁신학교는 학교 안에서 교사들의 모임 구성이 가능하지 않을까요?

결국, 성공하는 혁신학교를 보면 교사들의 헌신이 분명히 존재함을 알 수 있습니다. 가정 방문을 다니고, 학기 초를 대비하여 1박 2월 워크숍을 운영하고, 밤늦게까지 남아서 교재 연구를 진행합니다. 따라서 항간에는 혁신학교가 되면 교사가 피곤해진다는 평가도 있습니다. 자칫 교사는 피곤해지는 데 반해, 아이들은 행복해진다는 의미로 비칠 수 있습니다. 하지만 제가 본 혁신학교는 교사와 아이들이 함께 행복감을 느끼고 있었습니다. 사실 혁신학교의 일이 일반학교보다 많으면 많았지 적지 않습니다. 그러나 일반적으로 교사들이 힘든 이유는 몸이 힘들어서가 아니라 마음이 힘들어서입니다. 가르치는 일에 의미를 느끼지 못하고, 학교에서 자신의 정체성을 확인하지 못할 때 교사는 쉽게 지치게 됩니다. 하지만 자신이 하는 일에 대한 의미를 느낀다면, 그리고 자기 혼자 꿈을 꾸는 것이 아니라 교사 구성원들이 같은 곳을 바라보고 함께 걸어간다는 걸 인지하게 될 때, 쉽게 지치지 않습니다.

| 이우학교 이수광 교장 |

우리가 개학 전 1박 2일 워크숍을 가진다고 말하면 일반학교는 그것이 어떻게 가능하냐고 말하기도 하고, 2월에는 발령 때문에 못한다는 말이 나와요. 저는 이렇게 말하고 싶어요. 2월에 안 되면 3월에 개학해서 토요일과 일요일은 안 되느냐 이거죠. 제가 생각하건대 내가 만나는 아이들을 통하여 내 삶이 행복하기 위해서는 학기 초에 1박 2일 투자하는 것 정도는 가능한 일

이죠. 어떤 직업세계에서 그 정도 안 하는 직업이 없어요. 농구도 마찬가지죠. 근데 교사는 왜 안된다는 말이죠? 결국은 이게 노동철학과 연계되어 있어요. 그러니깐 교장이 그것을 끌어내지 못하고, 대개 선생님들이 모래알이다 보니깐 안 하는 걸 당연하게 생각하죠. 이러한 생각을 먼저 바꿀 필요가 있습니다. 더욱이 시민사회의 학교에 대한 요구라든지, 시민사회가 교사들에 대한 철학의 정도를 고민하고 있는 이 시점에서 교사와 학교 자체가 반성해야 할 지점이 있습니다. 그런 면들은 우리 스스로 인식하는 게 맞다고 봅니다.

| 장곡중학교 백원석 교사 |

저는 교사가 능동적인 존재라고 생각합니다. 우리를 둘러싼 환경은 수동적으로 몰아가지만, 교사들이 능동적이라는 생각으로 가야 합니다. 많은 의견을 내야겠지요. 때로는 꺾일 때도 있습니다. 하지만 변화를 위해서 움직여야 해요. 적극 내세우고 부딪히더라도 노력해야 합니다. 우리가 적극 참여하고, 의견을 내우지 않으면 변화는 없을 것이라고 생각해요.

| 서정초등학교 교사 면담 중에서 |

제가 혁신학교에서 보고 놀란 점은 선생님들이 자발적으로 움직인다는 점이죠. 뜻 맞는 사람들이 모였을 때 그게 가능해지더라는 겁니다. 같은 학년 분들이 뭉쳐서 가는 것을 보면 진짜 사는 것 같다는 느낌이 들었어요. 전 학년이 다 자발적이세요. 휴일에도 자기가 할 일이 있으면 나와서 하시고. 저녁 시간을

반납하고 서로에 관한 이야기든 학년에 대해 이야기를 하는 부분에 대해서 크게 저항감이 없으세요. 정말 자발적이세요. 늦게 합류하게 된 사람으로서 느낀 점이 그거예요.

제 4 장

혁신학교의
운영 원리와 적용[●]

참여와 소통의 원리

A 교장은 학교 교사들에 대해서 불만이 많다. 자신은 학교를 살려보기 위해서 이런저런 아이디어를 내놓는데, 교사들의 반응이 영 시원치 않다. 시대가 바뀌고 있고, 학교에 대한 요구사항이 갈수록 많아지고 있는데, 그러한 위기의식을 도무지 교사들이 느끼지 못하고 있다. 그는 교사들이 바뀌지 않으면 학교에 변화가 오기 어렵다고 판단한다. 교장에게 강력한 권한이 없는 현실을 A 교장은 한탄한다.

[●] 아래에 제시된 내용은 경기도교육청 주관 혁신학교 관련 내부토론회 자료집(2009년 6월 4일)과 한국교육개발원(2008)에서 발간한 『창의적 인재 정책의 방향과 과제』에서 저자가 발표한 원고의 일부를 재구성한 것이다.

한편, A 교장과 같이 근무하는 B 교사도 불만이 많다. 교사들은 지금도 정신없이 바쁜데, 교장은 자꾸만 이런저런 일을 벌인다. 주변 교사들은 교장이 자꾸만 일을 벌이는 이유에 대해서 이러쿵저러쿵 수군거린다. 몇몇 부장 교사들은 교장의 지시를 비교적 충실하게 이행하려 하지만 한계에 부딪히고 있는 듯하다. B 교사는 교장만 바뀌면 학교가 혁신이 될 것 같다는 생각을 해본다.

제시된 내용은 실제 사례입니다. A 교장과 B 교사가 근무하는 학교는 의사소통 동맥경화증을 앓고 있다고 비유할 수 있습니다. 이와 같은 상황에서 학교 혁신은 거의 불가능합니다. 마음과 마음이 서로 전달되지 않았기 때문에 오해가 쌓입니다. 시간이 지날수록 교장의 지시사항은 갈수록 힘을 발휘하지 못하게 됩니다. 당연히 생명력 있는 교육은 이루어지지 못할 가능성이 높습니다.

참여와 소통은 일종의 혈액과 같습니다. 아무리 관리자나 부장 교사들이 학교운영계획서라든지 교육과정을 잘 짜냈다고 해도, 참여와 소통 과정이 없으면 무용지물이 됩니다. 두뇌가 존재해도 혈액 순환이 되지 않으면, 손과 발이 결국 쓰러지는 것과 마찬가지입니다.

물론, 명령과 지시를 통해서도 학교의 모습은 어느 정도 유지할 수 있습니다. 또한, 꼼꼼한 관리자라면 다른 학교보다 조금 더 부지런한 모습을 보임으로써 괜찮은 학교라는 평가까지 얻을 수 있습니다. 그러나 구성원 모두가 행복한 학교, 만족스러운 학교를 만들어내기는 어렵겠지요. 참여와 소통이 없는 학교는 그 어떤 교육적 성과와 상관없이 혁신 모델로 보기 어렵습니다.

참여와 소통은 수직적 과정과 수평적 과정이 존재합니다. 수직적 과정은 관리자와 부장, 교사, 학생의 의사소통을 의미합니다. 수평적 과정은 교사와 교사 간 의사소통을 의미합니다. 여기에 학부모와 지역사회와의 소통 과정도 수평적 과정에 포함될 수 있습니다. 두 가지의 과정이 함께 원활하게 이루어질 때 우리는 참여와 소통이 있는 학교라고 말합니다.

참여와 소통은 일방향성이 아닌 쌍방향성을 의미합니다. 그런데 대부분의 학교에서는 일방향적 특성을 보이고 있습니다. 마치 텔레비전처럼 자기 이야기만 합니다. 하지만 인터넷은 텔레비전과 달리 쌍방향의 커뮤니케이션이 가능합니다. 혁신학교라면 텔레비전 방식의 소통 방식이 아닌 인터넷 방식의 소통 양상을 추구해야 합니다.

인터넷 방식의 소통법을 학교에 어떻게 정착시킬 수 있을까요? 그 해법은 다음과 같습니다.

먼저, 관리자와 교사의 소통 과정에 대해서 주목해 봐야 합니다. 대부분의 학교를 보면 학교의 방향성과 철학, 비전이 분명하지 않습니다. 특히, 공립학교의 경우 그러한 현상은 더욱 심해집니다. 물론 각 학교마다 학교운영계획서와 교육과정을 가지고 있습니다. 그러나 이 내용을 누가 구성했는가를 생각해봐야 합니다. 대부분은 교무부장이나 연구부장 등이 각 부서의 내용을 취합해서 며칠 동안 끙끙거리면서 만들어냅니다. 심한 경우는 작년도 내용에서 숫자와 연도를 바꾸고, 몇 가지 사항만 수정하여 다시 재활용(?)하는 경우도 있습니다. 어떤 학교는 주변 학교의 교육과정이나 학교운영계획서를 최대한의 인맥과 정보망을 동원하여 수집해서 짜깁기(?)를 하기도 합니다. 이러한 모습은 참여와 소통이 죽은 학교 교육의 현실을 드러낸 것이죠.

4년 중심의 비전 보고서 만들기

단위학교는 주로 1년 중심의 학교운영계획을 설정합니다. 하지만, 적어도 4년 이상의 비전 보고서를 만들 필요가 있습니다. 이를 위해서는 어떻게 해야 할까요? 먼저, 자신의 학교가 현재 처한 상황에 대해서 철저히 분석할 필요가 있습니다. 학교에 관한 데이터를 수집해야 합니다. 학생과 학부모, 교사를 대상으로 간단한 설문 조사를 실시하는 방법이 있을 수 있겠지요. 학부모의 경우, 다양한 집단을 대상으로 면담을 실시하여 학교에 대해서 느꼈던 아쉬운 점, 바라는 점, 제언 사항 등을 최대한 듣고, 자료화해야 합니다. 학생과 교사들에게도 익명성을 보장한 형태의 자료를 동일한 방식으로 최대한 수집해야 합니다. 저도 덕양중학교 준비팀으로 활동하면서 제일 먼저 했던 일이 학교에 대한 교사와 학생, 학부모의 요구와 불만이 무엇이었는지를 파악하는 것이었습니다. 설문지와 전화 인터뷰 정도면 얼마든지 그들의 정서를 읽을 수 있습니다.

학교 특성화의 길, 내부에서 찾기

수집 자료를 토대로 이른바 SWOT(강점, 약점, 기회, 위기) 분석을 해야 합니다. 학교의 상황을 정확히 진단해야 합니다. 어떤 혁신학교를 가보니 외부의 좋은 학교 모델을 찾느라고 애를 많이 쓰고 있었습니다. 그러나 해법은 학교밖에 있지 않고 학교 안에 있습니다. 이 부분에 대해서는 교사들의 브레인스토밍을 통해서 얼마든지 구현할 수 있습니다.

그다음으로 1학기 내지는 1년 이상 근무 경력을 가진 교사들을 중심으로 학교 모습에 대해서 평가해야 합니다. 잘하고 있는 모습과 못하고 있는 모습에 대해서 평가를 신랄하게 해봐야 합니다. 그리고 모든 교사들이 그 내용에 대해서 같이 논의를 해봐야 합니다. 밑바닥까지 다 드러내고, 함께 이야기해야 합니다. 결국엔 그것을 어떻게 극복해야 하는가에 대한 논의로 이어져야 겠지요.

교사들이 어떤 학교, 어떤 교육을 꿈꾸고 있는가를 말해야 합니다. 자신이 교직에 왜 들어왔는지를 말해도 좋습니다. 어떤 학교를 이데아로 그렸는지 맘껏 말하고 즐거운 상상을 해봐야 합니다. 실현이 되는 것과는 별개로 각자가 꿈꾸는 학교와 교육에 대해서 맘껏 말해야 합니다. 그러한 이야기들을 듣다 보면 대략적인 내용의 범주화가 가능해집니다.

교사들이 말한 내용은 누군가 꼼꼼하게 정리를 할 필요가 있습니다. 아니면 색지에다가 각자의 생각을 핵심 키워드를 중심으로 정리해도 좋습니다. 예컨대, 어떤 교사는 "학생의 진로를 책임져 주는 학교"를 자신이 꿈꾸는 학교라고 말할 수 있습니다. 이 교사는 색지에 '진로'라고 쓰고, 벽에다 붙이겠지요. 다른 교사들도 동일한 방식으로 자신이 써낸 색지를 벽에 붙입니다. 이 과정을 거치면 대부분의 교사들은 내용이 유사한 것끼리 묶입니다. 그 과정에서 특정 상위 개념을 발견해낼 수 있습니다. 예를 들면, 진로교육, 의사소통, 참여 중심 수업, 즐거운 학교 등의 상위 개념을 추출할 수 있습니다. 호평중학교 강범식 교장 선생님은 준비팀과 이 작업을 거쳐 학교공모계획서를 만들었습니다.

학교 발전 TF팀 구성하기

이 내용을 잘 발전시키면 모두가 꿈꾸는 학교를 만들어낼 수 있습니다. 학교 발전 TF팀을 구성해야 합니다. 희망자와 추천을 받은 드림팀을 구성해야 합니다. 필요하면 외부 전문가를 자문위원으로 위촉할 수 있을 것입니다. 이들을 중심으로 비전 보고서를 세울 수 있는 평교사 그룹을 먼저 세워야 합니다. 이 과정에는 많은 정보력과 고도의 전문성, 기획력과 창의력이 요구됩니다. 이들을 중심으로 학교의 목표와 방향, 핵심 가치, 연차별 교육 방향, 주요 사업, 교육과정 등을 수립해야 합니다. 최소 4주 이상 소요되는 밀도 있는 작업을 거치면 한 편의 비전 보고서가 만들어집니다. 이를 바탕으로 학교는 비전 공청회를 개최합니다. 1차적으로 비전 보고서의 내용에 대한 교사 간 토론이 필요합니다. 이후 내용이 정리되고 관리자의 승인이 이루어지면 후속 작업으로 학부모와 학생을 대상으로 2차 비전 공청회를 실시해야 합니다.

치열하게 토론하고, 합의된 내용은 강력하게 지키기

비전 보고서를 만드는 과정도 어렵지만 그 내용의 구체적 실행은 더욱 어렵습니다. 여기서부터 난제가 기다리고 있습니다. 이를 위해서는 우선 관리자의 진정성 있는 자세와 솔선수범이 요구됩니다. 리더십의 중요성이 여기서 드러납니다. 많은 분들을 만나서 함께 계획을 세우고 교사와 학부모를 독려하고 소통해야 합니다. 이 과정에서 많은 토론의 과정이 필요한데 여기에는 토론의 룰이 필요합니다. 그것은 치열하게 토론하지만, 합의된 내용에 대해서는 확실하게 집행해야 한다는 것입니다. 토론만 잔뜩하고, 정작 실천으로 이어지지 못한다면 그것도 문제겠지요. 예컨대, 학교 비전 보고서는 특정 사안에 대해서 10레벨 정도의 실천 내용을 제시할 수 있습니다. 하지만 교사들은 여러 가지 어려움을 들어 5레벨 수준으로 제시할 수 있습니다. 치열한 토론 과정에서 6~7레벨 정도로 합의를 볼 수 있겠지요. 이때 합의된 6~7레벨 만큼은 교사들이 확실하게 지키고 실행해야 합니다. 토론의 윤리성은 합의된 내용에 대한 실천에서 비롯되기 때문입니다.

교사 효능감은 교직원 회의에서 출발

교직원 회의부터 분위기를 바꾸어야 합니다. 많은 학교의 교무회의를 보면 반복되는 이야기들이 대부분입니다. 가급적 메신저로 대치하거나 각급 부장을 통해서 일상적인 내용을 전달하는 것이 바람직합니다. 주요 의제를 중심으로 심도 깊게 논의하고 토론하는 과정이 필요합니다. 집단지성의 힘은 교사들의 논의 과정을 통해 발휘되어야 합니다. 앞서 말씀드렸듯이 우리나라 교사의 교사 효능감은 OECD 국가 중 최하위 수준을 보이고 있습니다. 이는 교사들이 학교 내에서 무엇인가를 성취해본 경험이 거의 없기 때문입니다. 교사들이 논의를 통해서 무엇인가를 이루어내고, 바뀌는 경험을 해봐야 합니다. 예컨대, 수업 종소리를 다른 곡으로 바꾸어보자고 제안을 했을 때, 그것이 받아들여지거나 관련 내용에 대한 진지한 구성원들의 토론 과정을 경험해볼 때 교사의 자기 효능감은 높아집니다. 그래야 다른 제안을 할 수 있게 됩니다. 몇 번 이야기를 했는데 아무런 반응이 없다면 결국 교사들은 그다음부터 입을 다물게 됩니다. 교사들이 입을 다물기 전에 관리자들의 적극적인 경청과 수용의 자세가 필요합니다.

학생회 기 살리기

많은 학교에서 교사와 학생 간 갈등을 유발하는 주된 요인이 두발 및 복장에 관한 사항입니다. 서울과 경기를 중심으로 학생인권조 례가 실시되면서 많은 변화가 나타나고 있습니다만, 학생인권조 례가 없는 지역의 경우, 급변하는 청소년의 가치관과 문화의 흐 름 속에서 교칙의 준수를 강요하는 교사들과 그것을 거부하는 학 생 간 문화 갈등이 존재합니다. 두발 및 복장은 사실 문화적으로 규정되는 사항입니다. 따라서 실체적 정의를 가진 문제라고 보기 어렵습니다.

안타깝게도 교칙 제·개정의 과정에서 학생들이 참여하고 구 성원간 의견을 수렴하여 조율되는 과정을 경험하지 못하고 있습 니다. 교칙 개정은 어찌 보면 민주적 논의와 토론을 필요로 하는 과정이며, 살아있는 정치 지식을 배우는 과정이 될 수 있습니다. 교사, 학생, 학부모의 입장이 다를 수 있기 때문에, 조율과 조정의 작업을 필요로 하기 때문입니다. 따라서 설문지 수렴, 대안 도출, 토론회 실시 등 교칙 개정의 과정 자체를 학생들이 민주주의를 체 험하는 과정으로 승화시켜야 합니다. 동시에, 개정된 교칙에 대 해서는 학생 자치회를 통해서 제대로 지켜질 수 있게 하고, 그것 이 지켜지지 않는 것에 대한 제재 방안에 대해서 스스로 논의할 수 있도록 해야 합니다. 이러한 과정을 학생회가 주도하고, 그 내용에 대해서 학교장이 열린 마음으로 수용한다면 두발과 복장 규제를 완화하면서도 교육적 효과를 높일 수 있습니다.

다시 말하면, 학생회 기를 살려야 합니다. 학생회가 학교 측에서 요구하는 내용만 학생들에게 요구해서는 안 되며, 학생회가 요구하는 내용도 학교 측에서 적극 반영해주어야 합니다. 그래야 힘 있는 학생회가 되겠지요. 공동체에서 발생하는 여러 가지 문제에 대해서 학생회가 고민하고 그것을 바꾸기 위해서 실천하는 모습을 만들어야 합니다. 어떤 학교를 가보니 학생회가 거의 유명무실하더군요. 학생회가 학교 행사를 적극적으로 기획할 수 있어야 합니다. 학생회 지도 교사를 학생회에서 지정하는 방안도 좋을 것 같습니다. 학교운영위원회에 학생회 임원의 참관 및 발언권을 보장하는 방안도 필요합니다.

조현초등학교·고양중학교의 경우 학생회가 주관하여 행사를 기획하고 운영합니다. 이러한 작은 행사 하나라도 학생들이 직접 운영해 볼 때 학생들의 학교 생활 만족도는 자연스럽게 높아집니다.

배움과 실천의 원리

교사는 학습하는 존재인가요? 관료주의적 성향이 강한 학교에서는 학습과 일은 철저하게 분리될 수밖에 없습니다. 교사들은 학교를 학습하는 공간으로 인식하기보다는 일하는 공간으로 여기게 됩니다. 대표적인 예가 교사들이 자신의 역량을 기르기 위해서 방학 중에 학교 이외의 다른 공간으로 가서 다른 주체를 통해 연수를 받는 모습일 겁니다. 이처럼 학교 밖 학습을 통해서 얻는 연수는 일종의 기술적 합리성 모델에 속합니다.[*] 이때, 교사는 외부인에게 지식과 기술을 전수받아서 현장에 적용하는 소비자로서의 역할에 머무르게 됩니다. 예컨대, 대학교수라든지 다른 영역의 전문가가 그들의 우월한 지식과 전문성을 가지고 교사들에게 전수하지요. 이러한 모델은 교사의 전문성이 학교 밖에서 이루어지며 교사 이외의 존재로부터 지식을 공급받아 교사의 전문성이 형성된다고 봅니다. 이러한 모델은 이론적 지식이 중시될 때는 나름대로 설득력이 있지만 경험적 지식의 중요성이 강조되는 지식 기반 사회에서는 설득력이 다소 떨어집니다. 정보화 사회에서 강조되는 지식은 이론적 지식보다는 경험적 지식, 암묵적 지식을 중시합니다.[**] 그러한 변화된 지식의 관점에 의하면 교사의 전문성은 교사 외부의 공급으로부터 오는 것이 아니라 교사 내부에서부터 나와야 합니다. 즉, 교사의 전문성은 외부의 전문가로부터 공급받는 것이 아니라 그들 스스로의 논의와 대화를 통해서 형성된다는 겁니다.[***] 그동안 기술적 합리성 모델은 교사 양

---

[*] Schön(1983, 1987)
[**] 강창동(2003), 한숭희(2008)의 책 참조
[***] Schön(1983, 1987)

성 및 연수 과정에서 오랫동안 적용되었습니다. 물론, 교사들이 외부의 전문가나 이론가들로부터 새로운 지식을 공급받고 그것을 응용하는 과정도 중요한 전문성 습득의 통로임에는 틀림이 없습니다. 그러나 이 과정에서 상대적으로 교사들이 현장에서 경험하는 어려움에 대한 해법을 찾는 과정은 등한시된 면이 있죠.

결국 교사들이 학교의 일상에서 경험하고 있는 문제와 어려움들은, 동료 교사들과의 논의와 토론 속에서 해법을 찾아야 합니다. 더욱 바람직한 것은 학생 개개인의 특성과 환경적 특성을 공유하고 있는 단위학교에서 같이 근무하는 교사들이 논의할 때 적실한 해법이 나올 수 있죠.

그러나 안타깝게도 많은 일선 학교에서 교사들은 참다운 배움의 공동체를 경험하지 못했습니다. 공동체가 아닌 조직의 틀에서 이루어지는 구성원들의 상호작용은 업무적, 계약적, 피상적, 형식적 관계 수준에서 머무를 수밖에 없습니다. 근래 들어 학교가 점점 거대해지고 비대해지면서 보통 80명~100명 이상의 규모를 가진 학교가 많아지고 있고, 이 과정에서 1년이 지나도록 교사 간에 대화 한번 해보지 못하는 경우도 발생합니다. 이러한 상황에서 교사들이 수업과 학급운영에 대해서 자신의 고민을 나누고, 대화와 토론의 과정을 통해 특정 정보와 방법을 체득하고, 적용한 과정에 대해서 동료 교사들의 피드백을 받는 것은 거의 불가능에 가깝지 않을까요?

결국, 교사들이 학교의 일상에서 경험하고 있는 자신의 경험과 어려움에 대해서 동료 교사들에게 개방하고, 그 과정에서 정보와 지식을 공유하고, 그 해법을 공동체 차원에서 모색해야 합니다. 이러한 일련의 과정은 결국 교사들의 학습이 교내에서 동료 교사들과 함께 이루어져야 합니다.

얼마 전 외국계 보험사에서 보험 영업실적 1위를 하고, 지금은 독립하여 법인 보험사를 차리신 분과 우연히 대화할 기회가 있었습니다. 이 분은 월 평균 수입이 수천만 원 이상입니다. 제가 그의 영업 비법을 조심스레 물어봤습니다. 그의 영업 비법은 다음과 같았습니다.

그는 보험 이외에 고객들이 고민하고 있는 영역(세금, 마케팅, 재테크) 서비스를 함께 제공해주고 있다고 하더군요. 저는 그가 단순히 보험 하나 파는 수준에서 머무르지 않는다는 사실에 놀랐습니다. 고객들의 고민을 듣고, 무료로 재무 컨설팅까지 해준다고 합니다. 그랬더니 입소문 마케팅 효과가 발생해서 고객이 고객을 소개해주더랍니다. 이를 위해서 끊임없이 공부하러 다닌답니다.

게다가 그런 일들을 혼자 하는 것이 아니라 팀과 함께 전문 영역을 개발해서 잠재 고객을 공략한다고 했습니다. 처음에는 혼자 했는데, 그래서는 경쟁력이 생기지 않는다는 것을 깨닫고는, 협동과 협업으로 보험 판매 전략을 구상했고, 실천하고 있다고 했습니다.

저는 자연스럽게 학교를 생각하지 않을 수 없었습니다. 학생들의 필요에 제대로 답해주고 있습니까? 그 필요에 답하기 위해 교사들은 협동하고 있습니까? 학교 내 협력적인 교사 문화가 형성되고 있습니까?

협동의 가치가 보이는 실적을 중시하는 기업 영역에서도 통용되고 있는데, 정작 학교에서는 협동의 가치보다 경쟁의 가치를 더 중시하고 있는 것은 아닐까요? 개인플레이는 팀플레이를 절대 당할 수 없는데 말입니다. 그런 점에서 혁신학교는 팀플레이를 중시하는 학교라고 말할 수 있을 겁니다.

혁신학교에서 '배움'이라는 용어가 회자되고 있습니다. 그렇다면 배움의 주체는 과연 누구입니까? 기존에는 교사는 가르치고 학생은 배운다고 생각했습니다. 하지만 배움의 주체는 교사, 학생, 학부모 모두가 될 수 있습니다. 학교는 배움이 일어나는 공간이고, 이 공간에 참여하는 주체는 교사와 학생과 학부모입니다.

교사들부터 배우기 위해서 시간을 투자하고 서로 협력하는 모습을 보일 때 수업의 질은 높아질 수 있습니다. 배움은 나와 세계를 의미 있게 만나게 하는 과정이라고 생각합니다. 배움을 통해서 나를 만나고, 너를 만나고, 우리를 만나고, 세계를 만나겠지요. 앎은 곧 실천과 연결되어야 합니다. 그 실천은 가슴으로 느끼고, 발로 움직이는 것이겠지요. 예컨대, 노인 문제를 배웠을 때, 그 문제에 대해서 정말로 가슴 아파하고, 그 영역에서 자신의 진로를 탐색하는 학생들도 있을 겁니다. 노인 문제를 해결하는 정치인이라든지 치매 문제를 해결하는 의학자를 꿈꿀 수 있겠지요. 때로는 사회복지사를 꿈꿀 수 있을 겁니다. 이러한 의미 있는 수업을 기획하기 위해서는 교사 역시 배워야 하고, 동료 교사들과 나누어야 합니다. 학생들은 수업을 통해 실천을 해봐야 합니다. 그런 점에서 학교의 학습은 곧 실천 공동체를 통해 완성된다고 볼 수 있습니다.

우리나라 교사들은 크게 세 부류로 나뉠 수 있습니다. 업로드 교사, 다운로드 교사, 다운로드도 안 하는 교사가 있습니다. 업로드 교사는 자신이 실천하고 개발한 교재를 동료 교사들과 기꺼이 공유합니다. 공유된 교재는 교사들의 창조적 변용 과정을 통해 더욱 좋은 교재로 발전할 가능성이 있습니다. 다운로드 교사는 남의 교재를 받기만 하는 교사들입니다. 최악의 교사는 다운로드도 아예 안 하는 교사입니다. 학습공동체를 구축한다는 것은 '업로드 교사'들이 많아진다는 것을 의미합니다. 서로의 생각을 보태면서 진화해가는 과정을 교사들이 경험할 때, 학습공동체는 지속될 수 있습니다.

일과 중 교사의 학습 시간 확보하기

평생학습의 관점에서 보면, 교사들에게 학습공동체는 필수입니다. 지식의 반감기가 자꾸만 짧아지고 있습니다. 교대나 사대에서 배운 지식만으로 아이들에게 나설 수 없습니다. 그런 점에서 교사들이 함께 배우고 실천을 나눌 수 있는 시간이 필요합니다. 지금까지 학교에서는 이러한 시간은 학교 차원에서 확보해주지 못했습니다. 교사 개인의 몫으로 두었지요. 교사들이 스크럼을 함께 짜서 같이 헤쳐나가야 합니다. 이를 위해서는 매주 특정 요일, 특정 시간을 빼서 교사의 학습(연수) 시간으로 설정할 필요가 있습니다. 이날만큼은 과감하게 방과 후 수업을 하지 않을 수도 있겠지요. 교사의 학습을 통해 정규 수업의 질이 높아질 수만 있다면 무엇을 못하겠습니까?

자기 개방하기

사토 마나부의 배움의 공동체의 핵심은 교사들의 자기 수업 개방입니다. 수업이 자기만의 고립된 작업이 아닐 때, 교사들의 수업은 더욱 발전할 수 있다는 거죠. 교사들의 협력성을 강화하기 위해서는 서로의 수업을 비판하기보다는 서로 격려해주고 조언해주는 모습이 필요합니다. 특히, 관찰의 초점을 교사에게 두기보다 학생에게 두는 부분은 수업을 개방하는 교사의 부담을 덜어줄 수 있을 것 같습니다. 제가 협동학습연구회를 참여·관찰했을 때, 교사가 자신이 실천한 내용을 동료에게 다 이야기하고, 그 과정에서 서로 개입하고 수용하는 모습을 볼 수 있었습니다. 심지어 선배 교사가 후배 교사의 수업에 대해서 이런저런 조언을 하기도 했는데, 후배 교사는 전혀 기분 나빠하지 않았습니다. 그 이유는 무엇일까요? 서로간의 신뢰가 형성되었기 때문입니다. 그러한 신뢰는 세월의 힘이기도 하지만 서로가 서로를 위하는 마음을 알고 있기 때문일 겁니다. 어찌 보면 정(情)에 입각한 관계 맺음이 있고 동시에, 전문성이 작동하고 있는 것 같습니다. 정에만 입각하면 친목회로 끝날 수 있으며 전문성에만 입각하면 자칫 삭막해질 수도 있습니다.

이 두 가지의 조화가 제대로 이루어지기 위해서 자기 개방은 필수인 것 같습니다. 개방의 방법은 여러 가지가 있습니다. 수업 개방, 자료 개방, 대화와 나눔, 고백을 통한 자기 개방이 있겠지요. 그런 마음만 있다면 수업에 대해서 비디오로 찍든, 직접 참관을 하든 개방의 방식은 부차적인 문제라고 생각합니다. 이러한 개방의 과정이 존재할 때 좋은 수업에 대한 공동체적인 관점의 공유가 이루어지게 될 겁니다.

학습 내용 진화하기

처음에는 교사들이 요구하는 강사나 강좌를 중심으로 연수를 진행할 수 있습니다. 가급적 일회성 연수보다는 특정 주제에 대해서 연속으로 배우는 시간이 중요합니다. 그러다가 서서히 교사의 학습 동아리 형태로 전환할 수 있을 겁니다. 이러한 학습공동체 활동이 제대로 진행된다면 교사 간 신뢰가 형성될 것입니다. 그 과정에서 폐쇄적인 교직 문화가 개방적이고 협력적인 교직 문화로 변화할 수 있습니다. 교과별 통합프로젝트도 가능해질 것이며, 평가라든지 교육과정 재구성 단계로도 나갈 수 있습니다. 항상 개방

그 자체가 목적이 아니라 후속 작업을 염두에 두어야 합니다.

교과협의회와 학년협의회의 질적 전환

현재 단위 학교에는 각종 위원회와 공식적, 비공식적 교사들의 모임이 구성되어 있는데, 교과협의회는 교과 단위의 교사들이, 학년협의회는 담임 교사들이 정기적으로 모임을 갖는 단위입니다. 그러나 대부분의 학교에서 교과협의회와 학년협의회는 학습공동체라기보다는 행정업무를 수행하는 기구로 인식되고 있습니다. 교과협의회는 주로 연초에 학년별 교과 배정 및 수업 시수를 정하고, 이후 보충수업이라든지 수행평가 기준안 작성, 중간고사 및 기말고사 시험범위 및 평가와 반성, 연구수업 강평을 주로 합니다. 이곳에서 심도 깊은 논의와 나눔이 이루어지지는 않죠. 학교마다 상황이 다르겠지만 교과협의회의 분위기는 공립의 경우, 2월 말부터 긴장감 속에서 진행됩니다. 수업 시수 배분과 연구 수업을 누가 할 것인가를 놓고 첫 만남부터 갈등을 일으키는 경우도 종종 발생합니다. 그 과정에서 서로에 대한 신뢰를 잃어버리기도 하지요.

학년협의회 역시 근래 들어 학년 중심 체제로 조직을 개편하는 추세이기 때문에 나름대로 중요한 비중을 차지하고 있습니다. 학교의 모든 업무는 학년부를 통할 수밖에 없죠. 따라서 학년협의회는 교장의 철학과 비전(지시 사항)과 교사들의 반응이 상호작용을 하는 대화의 장이면서 정치적인 힘의 작용과 반작용이 이루어지는 공간입니다. 교장과 담임교사 간 결합이 이루어지는 공간이고, 교장의 결합기제(예: 대화와 토론, 지시와 명령 등)와 함께 교사들의 상대적 반응(순응과 저항, 타협 등)이 이루어지는 역동적 공간입니다. 그러나 이러한 학년협의회 역시 업무 이행을 위한 절차적 과정으로 인식될 뿐, 교사 상호간 학습을 촉진하는 공간으로 작용하지는 못하고 있죠. 왜냐하면 학년협의회는 대체적으로 교장의 업무 지시에 대한 대응이 이루어지고, 학년 부장을 매개로 관리자와 담임 간 작용과 반작용이 일어나는 긴장의 공간이기 때문입니다.

현재 교과협의회와 학년협의회는 교사들의 학습을 촉진하고 고민을 나눌 수 있는 학습실천공동체 성격과는 거리가 멉니다. 따라서 형식적으로 운영되는 교과협의회와 과업 처리 중심의 학년협의회의 질적인 성격 전환이 요구됩니다. 그것은 수업과 학급 운영에서 만나는 아이들에 대해서 고민과 상황을 나눌 수 있는 단위이기 때문입니다. 따라서 학기 초 시간표를 배정할 때 가급적 교과협의회와 학년협의회 시간을 공통으로 비우게 하여 정기적으로 만날 수 있는 시간을 확보하는 것이 바람직합니다. 이들의 모임을 지원할 수 있는 예산이 있으면 더욱 좋습니다. 이 모임을 통해 교사들이 1년을 기준으로 나름대로 운영 프로그램(예: 교재연구, 고민되는 학생 사례 연구, 수업사례 및 학급운영 나눔, 강사 초빙, 독서 및 논문 토론 등)을 계획하고 실행하여, 교사들의 학습과 나눔에 대한 갈증을 채울 수 있는 계기로 삼아야 합니다. 이러한 과정을 통해서 교과 및 학년 특색 사업(예: 사회과는 교내토론대회, 국어과는 논술대회, 학급별 댄스 경연대회 등)이 자연스럽게 논의될 수 있고, 그 과정에서 창의적인 아이디어들이 쏟아지게 됩니다. 이른바 학년협의회와 교과협의회를 중심으로 학교 속 작은 학교를 분할해서 만들어야 합니다. 그 정도의 자율성이 부여될 때 다양한 기획이 시도되고, 자연스럽게 책무성도 높일 수 있습니다. 교과협의회와 학년협의회를 어떻게 활성화할 것인가가 혁신학교 성패를 좌우하게 됩니다. 교사문화는 이곳에서 발현되고, 이곳에서 끝을 맺기 때문입니다.

교사 및 학생 동아리 활성화

교사 동아리 모임 활성화는 교사들의 친밀감을 높이게 되고, 나름대로 관심사가 일치한 교사들을 중심으로 모여 다양한 고민을 나누고 공유할 수 있다는 점에서 학교의 발전에 도움을 줄 수 있습니다. 무엇보다 개인의 고민을 나누고 학교의 일에 대해서 공론화할 수 있는 단위라는 점에서 의미가 있습니다. 하지만 대부분의 학교에서 교사 동아리는 거의 활성화되지 못하고 있습니다. 그 이유는 동아리의 유용성에 대해서 경험해본 적이 없기 때문입니다. 무엇보다 학교 일정이 워낙 바쁘게 돌아가기 때문에 매주 정기적으로 교내에서 1~2시간을 확보하여 학습을 하는 것이 쉬운 일은 아니지요. 이러한 점으로 인해 대부분의 교사들은 교사 동아리 활동을 기피하거나 학교 밖 교사 동아리 모임을 찾게 됩니다.

학생들에게도 동아리가 중요하지요. 학생들이 자신이 원하는 관심사를 모임을 통해 발전시켜나가는 것은 상당히 의미가 있습니다. 교사가 지도교사를 굳이 다 할 필요는 없다고 생각합니다. 학부모님이나 지역 인사를 얼마든지 활용할 수도 있지 않겠습니까? 저도 학생 동아리를 많이 만들어서 다양한 활동을 진행한 경험이 있습니다. 그 안에서 학생들이 서로 싸우기도 하고 갈등도 존재하여 피곤하기도 했지만, 그 과정 자체가 학생들에게는 어른으로 성장해나가는 좋은 경험이었다고 생각합니다. 동아리를 통해 자신의 진로를 발전시킬 수도 있습니다. 입학사정관제도의 도입으로 인해, 동아리 활동이 학생들에게 마이너스가 아닌 플러스가 될 가능성을 높입니다.

단위학교에서 일주일에 하루 내지는 격주에 하루를 '동아리의 날'로 정하고, 과감하게 보충수업과 야간자율학습의 부담을 줄인다면 오히려 동료 간 상호작용을 통한 학습을 경험할 수 있도록 도울 수 있습니다. 이러한 모델은 특히 인문계 고등학교에서도 활성화될 수 있는 가능성이 있습니다. 근래 들어 몇몇 인문계 고등학교에서도 일주일 한 번 내지는 한 달에 한두 번 이상을 야간자율학습 없는 날로 정해 시행하고 있는데, 그런 날들을 교사 및 동아리 활동의 날로 삼을 수 있겠지요. 학교에서는 각 동아리에 예산을 지원해주고, 발표회라든지 축제, 학술제 및 워크샵 등을 통해 그 활동 성과를 다른 교사나 학생들에게 공유할 수 있는 장을 마련해줄 수 있을 겁니다. 교사 동아리 회원을 중심으로 각자 수업을 개방하고, 상호 피드백을 받고, 그에 대한 상호 비평을 가능케 하는 풍토가 조성되기 위해서는 교사 동아리 활성화가 필요합니다. 그동안 형식적 수준의 지원에 머물렀던 교사 및 학생 동아리를 전면적으로 활성화할 때 학교의 역동적 에너지가 만들어질 수 있을 겁니다. 조금 더 여유가 있는 학교라면 학부모 동아리까지 결합할 수 있겠지요. 학교의 행복과 즐거움을 이러한 소모임에서 찾을 수 있지 않겠습니까?

네트워크의 원리

평생교육의 관점에서 볼 때 학교는 더 이상 지식을 독점할 수 없지요. 오히려 급증하는 지식을 학생들에게 체계적으로 정리하여 소개해주어야 하며, 지식의 구체적인 내용보다는 그러한 지식을 찾고 활용하는 방법적 지식을 가르쳐 주어야 합니다.[●] 그런 점에서 교사의 전문성은 지식과 정보의 소유가 아닌 학생들이 필요로 하는 지식과 정보를 잘 가지고 있는 사람을 발굴하여 연결시켜주

● 강창동(2003) 인용

는 데에서도 찾을 수 있습니다. 결국, 단편적인 지식을 아는 것보다는 지식을 찾는 법, 생성하는 법, 연구하는 법, 융합하는 법, 응용하는 법이 훨씬 중요해지는 겁니다. 그런 점에서 현대사회에서는 지식과 인적 자원의 네트워크가 중요합니다. 학교의 모습은 어떨까요? 지식과 교육의 네트워크가 제대로 이루어지고 있습니까? 대부분 학교 현장은 외부 강사와 외부 자원에 대해서 배타적이고 소극적인 수준의 활용에 머무르고 있습니다. 학교 프로그램의 경우, 외부 인사와 자원을 일회성 특강의 형태로 활용하고는 있지만 정기적인 접촉점을 만드는 데에 실패합니다.

이렇게 학교가 외부 자원 활용에 소극적인 원인은 무엇일까요? 첫째, 우선 교육은 교사들이 하는 것이라는 기존의 독점적 사고를 여전히 고수하기 때문입니다. 둘째, 외부 자원들이 학생 장악력이 떨어진다고 보기 때문입니다. 셋째, 누가 어떤 정보를 가지고 있고, 어떻게 연결될 수 있는가에 대한 정보력이 부족하기 때문입니다.

기본적으로 창의성은 기존의 것과 새로운 것, 내부적 에너지와 외부적 에너지의 통합을 필요로 합니다. 따라서 창의적인 학교 문화가 만들어지기 위해서는 교수 간, 교육 프로그램 간, 교육 방법의 기존 자원과 외부 자원 간의 적절한 결합과 융합이 필요합니다. 예컨대, 최근 들어 진로교육이 중시되고 있습니다. 하지만 교사들은 진로에 대한 제한적인 경험을 가지고 있을 가능성이 큽니다. 교사의 경험만으로도 학생들을 가르치기 어렵지요. 학생들의 진로 관심사가 얼마나 다양하겠습니까? 이를 제대로 가르치기 위해서는 학부모나 지역사회, 관련 전문가와 접촉을 해야합니다. 이러한 맥락에서 학교 교사들의 힘만으로 교육을 독점하기 힘든 상황이 이미 도래하고 있음을 인정해야합니다. 따라서 학교가 모든 교육 프로그램을 책임져야 하며, 교사들이 그 짐을 짊어져야 한다는 생각에서 탈피하여 학생들의 분화된 학습 욕구에 적절한 도움을 줄 수 있는 학교 밖 교사들을 발굴하고 연결시켜야 합니다. 그런 점에서 학교는 평생학습센터와 지역사회센터로 새롭게 탈바꿈해야 합니다. 지역 사회에 존재하고 있는 풍성한 사회적 자본을 학교가 중심이 되어서 묶어내고, 그것을 학생들에게 적절하게 투입시킬 수 있는 학습 공간을 넓힘으로써 단위학교의 교육력을 한 단계 끌어올려야 합니다. 물론 낙후된 지역은 단위학교의 힘만으로 되지 않습니다. 이 부분은 교육지원청이 네트워크의 허브 역할을 해주어야 합니다.

지역 대학생과 선배들의 멘토-멘티 활용

아래의 내용은 대학생 멘토링 전문단체인 '아름다운 배움' 고원형 대표의 인터뷰입니다.[•]

> 회원 여러분들이 빨리 교장선생님이 되셨으면 좋겠습니다(웃음). 학교의 문을 열기가 너무 어렵습니다. 멘토링이 시작했던 몇 군데서는 교장선생님의 반대로 무산됐습니다. 그리고 잘 진

● 『월간 좋은교사』, 2010.7월호, 「만나고 싶었습니다.」, 인용.

행되는 곳에서도 아이들의 독서 토론을 위한 책 구입 재정을 교장선생님이 반대하신 경우도 많습니다. 선의를 가지고 시작했지만, 정작 학교 문턱을 넘지도 못하고, 일부 학교에서 냉대받거나 쫓겨난 친구들을 보면서 가슴이 아플 때가 많습니다. 저는 학교가 도약하려면 학교 밖 네트워크를 더욱 강화해야 한다고 생각합니다. 저희 같은 단체는 돈 때문에 이 일을 하는 것이 아닙니다. 우리는 우리의 젊음을 더 가치 있는 곳에 쓰고 싶고, 그 과정에서 아름다운 추억을 만들고 싶을 뿐입니다. 그런데, 그런 우리의 소박한 욕구가 학교라는 공간에서 좌절되면서 저는 당황스러움을 느낍니다. '학교에 해를 끼치는 것이 아니라 도움을 주는 것이고, 아이들을 죽이는 것이 아니라 아이들을 살리는 길인데, 그것이 왜 안 되는가?' 최소한의 심리적 · 물리적 · 제도적 공간을 학교는 잘 내주려 하지 않습니다. 지금까지는 저희들의 사비를 털어서 아이들을 돕고 있습니다. 하지만, 장기적으로 그런 방식은 바람직하지 않죠. 학교에서는 도서관을 통해 몇 권의 책을 사 주고, 약간의 간식비만 지원해 주면 됩니다. 혹 여유가 더 있다면, 대학생들 차비 정도 주면 더 좋겠지요. 학교에서 감당하기 힘들고 공부에 어려움을 겪는 학생들을 우리가 얼마든지 돕고 싶습니다. 현재 잘사는 집 아이들은 사교육을 통해서 학습 지원도 받고, 꿈과 비전을 설정하고 동기 부여도 받을 수 있는, 100만 원이 넘는 리더십 프로그램을 받고 있습니다. 경제적으로 어려운 아이들은 학습 지원도 충분히 받지 못하고, 리더십이 무엇인지도 모릅니다. 이러한 상황이 교육 격차가 더 벌어지는 원인이 됩니다. 저희는 청소년 리더십 운동을 위해 질 높은 리더십 프로그램을 자체 개발하였습니다. 학교 학생회나 학습 부진 학생을 대상으로 저희가 기획한 리더십 프로그램을 적용하면 좋겠습니다. 여름 방학 때 학생회 임원 수련회 비용으로 몇 백만 원 이상 쓰는 것으로 알고 있습니다. 그런 것을 대체할 수 있는 프로그램을 저희는 가지고 있습니다. 아이들이 자신의 인생을 설계하는 데 도움과 자극을 줄 수 있는 시간들이 더욱 필요하지 않을까요?

'아름다운 배움'(www.beautifullearning.org)은 무료로 멘토링 프로그램을 진행하고, 저렴하게 청소년 리더십 프로그램을 적용하는 시민단체입니다. 이 단체의 대표는 학교 문을 여는 것이 너무나 힘들다고 말하고 있습니다. 이 인터뷰 내용을 보면 학교가 얼마나 폐쇄적인가를 알 수 있습니다.

어느 학교든지 학습과 생활지도로 인한 문제를 안고 있는 학생들이 있습니다. 이런 학생들의 경우, 학습 결손이 오랫동안 누적되어 학습에 대한 기초가 부족하기 때문에 학교 수업을 따라잡기 힘들어합니다. 학습에 재미를 느끼지 못하는 학생들은 수업 시간에 소외감을 느낍니다. 시간이 지나면 그런 학생들끼리 상호작용을 하면서 여러 가지 일탈 행위를 저지르는 상황에 이르기도 하죠. 이러한 학생들일수록 교사들이 학생의 특성을 충분한 파악을 하고, 세심한 배려와 도움을 주어야 합니다. 그러나 학급당 학생수가 적지 않은 상황에서 세밀한 돌봄을 필요로 하는 학생들에게 담임교사가 일일이 그들의 삶에 도움을 주는 것이 쉽지 않습니다. 무엇보다 기존에는 학습 부진의 책임을 개인 내지는 가정에

돌렸던 경향이 있어왔기 때문입니다.

제가 '사교육걱정없는세상' 홈페이지에서 이런 글을 본 적이 있습니다. 어느 날 한 학생의 담임교사가 학부모를 호출하고는 한마디 하셨답니다. "어머님! 애 공부 좀 시키세요. 집에서 붙잡고 아이 가르치셔야 합니다. 성적이 이게 뭡니까?" 무안한 학부모는 담임선생님께 죄송하다는 말을 하고 돌아섰답니다. 하지만 돌아서면서 문득 '가르친 것은 선생님인데, 왜 내가 죄송하다고 말하는 거지?'라는 생각이 들었다고 합니다.

이외에도 교사가 학부모에게 아이를 학원에 보내라고 말하는 경우도 있고, 심지어는 교사가 수업을 하면서 "이 내용 학원에서 다 배웠지?" 하면서 넘어가는 경우도 있다고 합니다. 뭔가 비정상적이지요.

학교가 학생에 대한 책임감을 더 깊이 느껴야 합니다. 물론, 학업성취도에 관한 연구를 보면 사실 학교보다는 학생의 가정적 배경이 훨씬 큰 영향력을 가지고 있습니다. 그럼에도 불구하고 "아이가 이렇게 된 것이 가정 탓이다."라고 말하는 순간 사실 학교의 존재 이유는 없어지게 됩니다.

그런 점에서 단위학교에서 학습부진아에 대한 대책을 스스로 찾을 필요가 있습니다. 학교는 교사들이 학습부진아를 최소화할 수 있는 수업 방법과 학생들의 수업 결손을 최소화할 수 있는 교육과정 구성에 많은 에너지를 쏟을 수 있도록 노력해야 합니다. 또한 더불어서 학생들의 학습 부진에 도움을 줄 수 있는 외부 자원을 찾고 이들을 적극 활용해야 합니다. 저는 대학생 멘토링 프로그램을 적극적으로 학교가 활용해야 한다고 생각합니다. 만약 그것이 어렵다면 튜터링 제도를 통해 학교의 선배들이 후배들을 돕는 프로그램을 가동할 수 있을 겁니다.

알고 갑시다 ●●●●

튜터링 제도 : 일반적으로 선배가 후배를 돌보아주는 개념으로써 혁신학교인 덕양중학교에서는 또래 튜터링을 통한 win-win 자기주도학습 프로그램을 운영하여 첫째, 기초학력 결손 누적 학생들에게 기초적인 학습 도움을 제공하고 둘째, 가르치는 경험을 통해 심리학습의 기회를 제공하고 셋째, 지식과 시간 기부 경험을 통한 나눔의식이 향상되고 넷째, 친한 또래 관계 형성을 통한 실질적인 인성 및 생활지도 등의 성과를 낼 수 있다.

멘토링은 굳이 학습에만 한정지을 필요는 없다고 생각합니다. 독서, 상담, 진로 등 다양한 영역으로 발전할 수 있지요. 이를 위해서 학습과 생활지도 상의 어려움을 경험하는 학생들과 멘토링을 할 수 있는 사람을 적극 발굴해야 합니다. 가깝게는 출신 학교 선후배, 자원봉사자, 학부형, 인근 지역 대학생을 발굴할 수 있습니다. 특히, 사범대 학생이나 교대생의 경우, 현장 경험을 해보고 싶어 하는 학생들이 있습니다. 최근 많은 대학에서는 대학생들의 사회봉사활동을 강조하는 추세이기 때문에 학교가 의지만 있다면 대학생들을 확보할 수 있습니다. 멘토링을 위한 도서 구입비, 교통비와 간식비 정도는 학교 예산을 미리 책정할 필요가 있습니다. 잘만 활용하면 학교에서 과외를 시켜주는 셈이 됩니다.

도시가 아닌 열악한 지역의 경우는 방학을 활용하여 과거의 농활을 응용한 형태의 학습 및 상담 도움을 줄 수 있는 단체나 동아리를 찾을 수 있을 겁니다. 이러한 멘토와 멘티의 활성화는 적절히 활용된다면 학생들 개개인이 가진 만남에 대한 욕구, 소통에 대한 욕구, 학습에 대한 욕구를 충족시키는 데 도움을 줄 수 있습니다. 심지어 학교 인근의 군부대와 MOU를 맺을 수도 있습니다. 요즘 군인들은 대부분 대학생들이기 때문에 이들 자원을 학교의 교수 자원으로도 활용할 수 있습니다.

자원봉사자 및 시민단체의 방과 후 학교, 계발활동, 창의재량, 동아리 활동 활용

각 학교에는 계발활동, 창의재량, 동아리 활동이 진행되고 있는데, 비교적 형식적으로 운영되는 경우가 많고, 프로그램의 질이 그다지 높지 않은 경우가 많습니다. 이는 교과 영역에 비해 비교과 영역을 덜 중시하는 경향이 있기 때문입니다. 예컨대, 일반계 고등학교 고3의 경우, 계발활동을 자습으로 대치하고 있지요.

　방과후 학교에 대한 수요도 점점 커지고 있습니다. 그러나 학교에서는 보충수업 중심으로 진행하고 있습니다. 그러나 진정한 방과후 수업에 대한 요구가 점점 높아지고 있습니다. 따라서 교사 자원에 의존하여 진행하는 경향을 버려야 합니다. 이러한 요구를 감당하기에는 교사들만의 힘으로는 부족합니다. 외부 수혈이 필요합니다. 예를 들어, 학생들은 락 음악이라든지 밴드, 사물놀이 등 대해서 배우고 싶은데, 이 분야에 정통한 교사가 없을 가능성이 큽니다. 따라서 외부의 자원을 발굴해야만 합니다.

최근에는 각종 재단과 NGO, 복지단체 등이 나름대로 검증된 프로그램을 가지고 학생들을 교육시키기를 원하는 곳이 적지 않습니다. 오히려 이러한 단체들은 학교가 여전히 폐쇄적이어서 학교로 진입하는 것이 쉽지 않다는 아쉬움을 표현합니다. 학교 예산이 어느 정도 확보된다면 학교 구성원들의 의지에 따라서 얼마든지 창의적이고 다양한 프로그램을 학교에 도입할 수 있습니다. 아래의 내용은 '아름다운 배움'에서 주관한 '나키우리 리더십 프로그램'에 참여한 자녀의 성장을 보면서 홈페이지에 올린 감사의 글입니다.

안녕하세요? 저는 이번 '나키우리 리더십 프로그램'에 참여한 ○○초등학교 6학년 **와 ○○ 쌍둥이 아들의 엄마입니다. 지난해 11월 담임선생님으로부터 프로그램 참여 권유를 받고 제가 꿈꾸던 프로그램이라 생각하여 기쁜 마음으로 참가를 신청을 했습니다. 우리 아이는 미국에서 태어나 자라다가 여덟 살 되던 해에 갑작스러운 할아버지의 병환으로 서둘러 한국에 귀국하였습니다. 한국에서 학교 생활을 한 지 여러 해가 지났지만 학교 생활 적응과 사회적 관계 맺기에서 여전히 크고 작은 어려움을 겪고 있었습니다. 그러던 차에 '나키우리 리더십 프로그램'이 저희 가족에게 희망의 꽃씨가 되어 날아왔습니다. 많은 자원봉사자 대학생들과 삼십여 명의 친구들이 일대일 멘토와 멘티가 되어 각종 활동을 함께할 수 있다는 것도 기뻤지만 무엇보다 "꿈을 향해 나를 키울 수 있도록 지원하여 단 한 명도 포기하지 않는 책임교육 구현"이라는 프로그램 목표가 저와 아이들을 설레게 하였습니다. 그러나 한편으로는 아직도 낯선 환경에 적응하기 힘들어하는 두 아들이 처음 접하는 생소한 프로그램을 잘할 수 있을까 은근히 걱정되었습니다. 개강 첫날 아침, 담임선생님과 함께 다소 긴장하며 강당에 들어섰습니다. 저희를 반갑게 맞아주던 대학생 형들과 누나들, 그리고 관계자분들의 환한 미소와 친절 덕분에 긴장된 마음이 풀리고, 어느덧 프로그램에 대한 기대를 갖게 되었습니다. 하지만 그것도 잠시, 수업이 시작되자 다른 학생들은 즐겁게 게임을 하며 멘토-멘티 활동에 즐겁게 참여하고 있는데, **이와 ○○이는 처음 해보는 게임의 룰을 이해하지 못해 당황한 기색이 역력하였습니다. 그 모습을 보는 순간 과연 두 아이들이 이 프로그램을 무사히 마칠 수 있을까 하는 염려가 되기 시작했습니다. 그 후, 프로그램이 한 주 한 주 진행되면서 멘토 형과 누나, 그리고 팀 코디네이터 누나가 친형, 친누나처럼 적극적이고 헌신적으로 아이들을 대해주었고, 아이들은 그런 형, 누나들에게서 따뜻한 인간애를 느끼며 자신들의 꿈을 보다 구체적으로 그리게 되었습니다.

4주차 프로그램인 12월 11일은 희망나르기 봉사활동으로 인천 지역에서 연탄 나르기를 한 날입니다. 저녁 무렵 인파에 섞여 지하철역에서 뛰어나오는 **이와 ○○이의 모습이 보였습니다. 얼굴에 검은 연탄재를 묻힌 채 환한 미소로 뛰어오는 두 아들을 보는 순간 그 동안의 염려가 깨끗이 사라졌습니다. 그 후 경기도 양주에서 강추위 속에 진행된 "세상에 나를 외쳐봐" 캠프도 적극적인 태도로 건강하고 명랑하게 잘 마치고 돌아왔습니다. 며칠 전 **이의 담임선생님으로부터 너무나 반가운 문자를 받았습니다.

'달라진 **이를 보니 중학교 생활이 희망적이네요. 오늘 중입원서 배부했으니 확인하고 등록해주세요~ ^^ '

반가운 마음에 선생님께 전화를 드렸습니다. 선생님께서는 **이가 예전에 비해 수업 태도가 많이 좋아졌고, 선생님 말씀에 집중하려고 노력하며 수업 활동에 보다 적극적인 태도를 보인다고 하셨습니다. 무엇보다 체육 시간에 혼자 놀기 일쑤였던 **이가 친구들 틈에서 굴렁쇠를 같이 굴리고, 축구 경기를 함께 하는 등 친구들과 어울리는 모습이 보기 좋았다고 하셨습니다. ○○이 선생님께서도 ○○이가 친구들과의 사이에서 대화가 늘고 관계가 좋아졌으며, 자신감도 많이 향상되었다고 하셨습니다.

"나 키우리, 너 키우리, 우리 키우리!"

이 표어에 나타난 것처럼 '나키우리 리더십 프로그램'은 경쟁이 아닌 화합과 조화를 통해 상생하는 법을 가르쳐주었습니다. 이렇게 좋은 교육 프로그램을 운영해 주신 장학사님을 비롯한 모든 관계자 분들께 깊은 감사의 마음을 전합니다. 앞으로도 지속적이고 꾸준한 활동을 통해 보다 많은 아이들과 자원봉사 대학생들에게 꿈과 희망과 보람을 안겨주시리라 믿습니다. 유난히도 추웠던 지난 겨울이지만, 나키우리와 함께해서 특별한 추억을 안고 초등학교를 졸업하게 되었습니다. 나키우리에 참여한 **, ○○이와 모든 친구들이 중학교에 진학해서도 새로운 꿈을 가꾸고 꽃피우기 위해 한 걸음 한 걸음 나아갈 수 있기를 기원합니다. 감사합니다.

학교가 조금만 노력하면 학생들에 대한 열정과 전문성을 가지고 교사들이 채워 주지 못한 교육을 시킬 수 있는 자원들이 있습니다. 지역 여건이 좋지 못한 경우는 교육청이 보다 적극적인 역할을 해서 우수한 자원을 최대한 확보해서 학교와 연결시켜 주어야 합니다.

외부 자원을 통한 학교 교육력 업그레이드

최근 영어 교육이 강조되고 있고, 학교에서도 영어 교육이 강화되고 있습니다. 그러나 입시위주의 영어 교육에서 벗어나지 못하고 있는 실정이죠. 이러한 맥락에서 외국의 학교와 결연을 맺고, 구체적인 교류를 활성화하는 것은 어떨까요? 예를 들어 반크 프로그램을 잘 활용하면 일상에서 공부의 의미를 찾을 수 있다고 생각합니다. 사이버외교사절단 반크에서는 펜팔 프로그램을 통해 우리나라의 역사를 알리고, 영어에 대한 두려움을 없애며, 사회 참여 의식을 높이고 있습니다.

- 박기태, 2005

알고 갑시다 ●●●●

반크 : Voluntary Agency Network of Korea의 줄임말. 단순한 해외 펜팔 사이트적 성격을 넘어 '한국 바로 알리기 사업' '해외 한국관 오류 시정 사업' 등을 전개해왔다. 14단계의 프로그램을 거칠 때 '사이버 외교관'이 될 수 있다.

"우리 활동에 참여한 아이들은 4천만의 눈이 아닌, 60억의 눈으로 한국을 바라보게 됩니다. 처음에는 영어로 소통하기 위해 공부하기 시작합니다. 공부를 못하는 아이도 학교에서는 자신을 알아주지 않지만, 자신이 보낸 편지에 대한 반응이 즉각적으로 온다는 사실에 가슴 뿌듯해 합니다. 그렇게 교류하는 과정에서 한국을 모르는 외국인들이 많다는 사실을 알게 됩니다. 독도를 다케시마로, 동해를 일본해로 부르는 외국 친구들이 많습니다. 이걸 알면 나라사랑 의식이 발동됩니다. 펜팔 친구에게 열심히 알리고, 그 나라의 교사와 교육청에게 알리기 시작합니다. 신기하게도 외교부도 못한 것을 학생들의 편지가 해냅니다. 내셔널 지오그래피, CNN 등에서 한국에 대한 잘못된 정보들을 수정했습니다. 중고생들이 편지 하나로 전 세계 아이들의 한국 이미지를 바꾸어 놓았습니다. 그런 과정에서 학생들의 내면에 변화가 일어나기 시작합니다. 아이들은 내 나라를 사랑하게 됩니다. 자신이 사이버 외교관이라는, 외교관 이상의 자부심을 느끼게 됩니다. 홍보를 하려면 학습하지 않을 수 없지요. 전도하기 위해 성경 말씀을 공부하는 것처럼 아이들이 공부하게 됩니다. 매일 외국 친구와 교류하면서 영어 공부만 열심히 하는 게 아닙니다. 더 나아가 국사, 세계사, 사회, 컴퓨터를 공부하기 시작합니다. 음란 사이트나 폭력 게임을 즐겨 하던 아이들이 달라집니다. 더 이상 게임을 안 한다는 것입니다. 우리는 그동안 가지 말라고 하고 하지 말라고만 했지, 대안을 주지는 않았습니다. 사랑하고 싶고 교류하고 싶은 아이들의 욕구를 채워 주지 못했던 것입니다. 학생들이 흑인종과 백인종을 만나 보면서 신기해 합니다. 저 멀리 있는 아프리카의 친구가 사랑한다는 말을 들을 때 아프리카 아이들이 감동합니다. 이렇게 아이는 변화되어 갑니다. 이 정도 되면 중간고사와 기말고사를 초월한 공부를 하기 시작합니다. '나는 학교에서 40

등이어도, 프랑스 친구를 사귀는 데 1등'이라는 자부심을 갖게
됩니다. 자연스럽게 학교 수업에도 집중하기 시작합니다."•

반크 프로그램에 참여한 학생들은 외국인과 일대일 펜팔을 경
험하면서 소통에 대한 욕구도 느끼게 됩니다. 자연스럽게 외국어
에 대한 학습 욕구도 느끼게 됩니다. 이러한 프로그램이 창의 체
험활동에만 활용될까요? 영어와 사회과 등 관련 교과와도 연결이
될 수 있다고 생각합니다. 최근 상황학습(Situated Learning)이 강
조되고 있습니다.•• 학습은 공동체를 통해서 익히며, 상황을 통
해서 터득된다는 겁니다. 외국인과 펜팔을 하는 과정에서 학생들
은 자연스럽게 외국어와 한국사 그리고 세계사를 배우게 됩니다.
이는 학생들의 학습이 일상적인 참여와 타인과의 상호작용 속에
서 핵심적인 지식을 자연스럽게 터득할 수 있음을 보여주는 겁니
다. 학생들은 사회의 다양성을 체험하고 그 속에서 성숙된 시민
의 모습으로 발전하게 됩니다. 반크의 활동과 같은 프로그램에서
학생들은 '박제된 지식'이 아닌 '살아있는 지식'과 '적용 가능한 지
식'을 배우게 되겠지요. 좋은 프로그램을 이미 실천하고 있는 개
인과 단체의 프로그램을 자신의 학교 수준에서 변용하여 적용한
다면 그 과정에서 학교 교육의 질도 올라갈 수 있다고 생각합니
다. 이를 위해서는 교사 및 학교의 네트워크 능력이 강화되어야
합니다.

• 월간 『좋은교사』(2007. 5월호), 「만나고 싶었습니다」.
•• Lave&Wenger(1991) 참조.

반성의 원리

혁신은 결국 반성에서 출발합니다. "우리는 아무 문제가 없고, 그동안 잘 해왔는데 왜 이렇게 호들갑이냐?"는 반응으로는 학교를 도무지 혁신할 수 없습니다. 조금 더 나은 모습에 대해서 늘 고민해야 합니다. 사실 혁신학교로서 성공한 학교들의 특성 중 하나는 기존 학교의 모습에 대한 반성으로부터 해법을 찾고 있는 점입니다.

"공부를 잘하는 학생들만 뽑아서 교육하는 것은 교육이 아니다." "아침 9시부터 저녁 5시까지만 모든 것을 다 하려는 교사들의 노동 철학이 먼저 바뀌어야 한다." "학교 혁신은 거창한 것이 아니다. 잘못된 관행부터 없애는 과정이 혁신이다." 제가 만났던 혁신학교 교장 선생님들이 해주었던 말씀입니다.

이러한 반성의 관점에서 학교를 바라보면 고쳐야 할 지점들이 적지 않습니다. 무엇을 반성할 것인가는 학교의 상황에 따라서 다르겠습니다만, 비판과 반성이 선행되어야 합니다.

실제 어떤 초등학교에서는 중앙 현관(복도) 학생 출입 금지를 붙여놓은 데가 있습니다. 학년 초에 초등학교 1학년들에게 적응 기간이라고 해서 일찍 돌려보내는데, 대체 프로그램도 없습니다. 급식도 주지 않습니다. 맞벌이 부부들은 아이들을 방과후에 다시 유치원에 보냅니다. 방과후 학교 수업의 질을 높일 생각은 하지 않고 무조건 강제하는 학교도 있습니다. 외부 사설업체의 사이트에서 제공하는 수업 프로그램을 그대로 클릭하여 사용하는 교사들도 있습니다. 수업보다는 업무 처리를 더 우선시하는 학교가 있습니다. 학생들과 본질적인 대화를 나누지는 않고 머리와 복장 문제로 씨름하는 학교가 아직도 적지 않습니다. 수업 중 학생들에게 경어를 사용하지 않는 교사들이 있습니다. 교감선생님께서 공문처리를 일절 하지 않고 결재만 하려고 합니다.

해마다 입시 성과를 알리는 현수막을 붙입니다. 예컨대, 중학교는 특목고 합격생 이름을, 고등학교는 특정 대학 합격생 이름을 붙입니다. 그 과정에서 학벌주의는 더욱 공고해지겠지요.

이러한 모습들이 어디 한두 가지겠습니까? 저도 학교에 있을 때에는 "왜 이렇게 학교를 못 잡아 먹어서 안달이야?"는 반응을 보였던 적이 많았습니다. 그런데 학교 밖에서 5년 넘게 시민단체 상근을 하면서 많은 학부모를 만나보니, 학교와 교사에 대한 그들의 아쉬움이 어디에서 왔는가를 알 수 있었습니다. 학교가 조금 더 절박해질 필요가 있지 않을까요?

학부모의 참여를 고려한 학사운영

단적인 예를 들어 보죠. 학부모 모임이라든지 학교 행사, 학교운영위원회 행사를 보면 주로 어머니들께서 모이는 경향이 있습니다. 모임 시간이 주로 낮에 이루어집니다. 이 경우 직장을 가진 학부모는 참여하기가 어렵습니다. 학교운영위원회 시간을 낮에 소집하기보다 퇴근 무렵이나 밤에 소집하는 것도 고려할 만합니다. 학부모님들에게 유용한 정보를 제공할 수 있는 강좌를 배치하는 것도 좋을 것 같습니다. 저는 예전에 잡지를 만들어본 적이 있습니다. 잡지를 만드는 원칙 중 하나가 "사람들은 잡지 읽기를 싫어한다."입니다. 따라서 읽지 않으려는 사람들이 읽게 만드는 헤드라인과 내용을 모색해야 한다는 겁니다. 학교 역시 마찬가지의 전략이 필요하다고 생각합니다. 오지 않으려는 학부모님들을 오게 만들기 위한 노력이 있어야 한다는 거죠. '사교육걱정없는세상'과 같은 단체에 의뢰하면 사교육을 어떻게 바라봐야 하고, 어떻게 줄일 수 있는가에 관한 정보를 담아낸 학부모 강의를 해줍니다. 이러한 단체를 적절히 활용하여 학부모 행사를 기획할 수 있지 않을까요?

서정초등학교라든지 덕양중학교를 보면 학부모를 도우미교사로 활용하여 일정한 역할을 부여합니다. 그리고 학부모를 위한 특강이라든지 프로그램을 구성합니다. 학교는 학부모의 모임을 후원 체제로 활용할 생각을 벗어나야 합니다. 평생학습의 차원에서 함께 성장할 수 있는 동반적 관계로 삼을 필요가 있겠습니다. 많은 대안학교에서는 학부모 모임에 많은 신경을 씁니다. 왜 그럴까요? 학교가 지향하는 학교 철학과 가치에 대해서 학부모들이 걸림돌로 작용하지 않기 위함이죠. 그 단계를 넘어가면 동반자 내지는 동지의 관계로 발전하게 됩니다. 지역 상황에 맞게 학부모 모임이 다양화되어야 합니다. 때로는 학부모 사업을 위한 학교 예산 배정도 필요하다고 생각합니다. 학부모의 성장을 학교가 지원하는 거죠. 그 힘이 결국 학교를 더욱 성장시키게 됩니다. 그 과정에서 발견된 학부모 자원을 학교 교육과정의 적절한 공간에 배치할 필요가 있습니다. 다양한 모임을 통해서 학부모의 목소리를 세심하게 들을 수 있는 소통의 공간은 더욱 열리게 됩니다. 그 과정에서 교육과정 역시 새롭게 만들어갈 수도 있습니다.

소풍, 수학여행, 체육대회, 입학식, 졸업식 등의 개선

전반적으로 소풍, 수학여행, 체육대회, 입학식, 졸업식 등은 과거의 전통적인 모습이 그대로 이어지는 경향이 있습니다. 그 이유는 세 가지입니다. 하나는 학교가 비중을 높게 두지 않기 때문입니다. 두 번째는 기획력, 상상력, 창의력, 논의력이 빈곤하기 때문입니다. 세 번째는 교사들의 이해관계와도 맞물려 있습니다. 예컨대, 수도권에서는 소풍을 과천의 서울대공원으로 가는 경향이 있습니다. 왜 이쪽으로 가는 걸까요? 이유는 간단합니다. 교사가 편하기 때문입니다. 일단 입장해서 들어가면 교사는 딱히 신경쓸 일이 없습니다. 차 대절해서 반별로 조금이라도 먼 곳에 간다고 생각해보십시오. 학교로 돌아오면 최소한 저녁 7시~8시에 들어옵니다. 반면에 서울대공원으로 가면 일찍 퇴근할 수 있습니다.

이러한 행사들에 대해서 우리는 충분히 고민해야 합니다. 고민이 없으니 기획이 없고, 기획이 없으니 감동이 없지요. 예전에 하던 기획안에다가 숫자만 바꾸는 방식의 행사는 이제 그만두어야 합니다.

혁신학교라면 이러한 특별한 행사들이 학생들에게 왜 감동과 교훈을 주지 못하는가를 고민하고, 그에 대한 해법을 찾아야 합니다. 수학여행의 경우, 대규모 학생들을 특정한 관광지에 풀어놓고 한번 들러보고 마는 형태로 진행되는 관습은 바뀌어야 합니다. 가난한 시절에는 여행을 다녀볼 기회가 없었지요. 그럴 때는 사실 수학여행이 의미가 있었습니다. 그러나 지금은 경주 불국사니, 강원도 설악산이니 하는 곳은 가족여행을 통해 다녀왔던 곳입니다. 집단여행의 방식으로 한바퀴 돌아보고 오는 수학여행에 아이들은 흥미를 느끼지 못할 가능성이 큽니다. 방법은 무엇입니까? 수학여행을 과감하게 없애고 봉사활동을 떠나거나 가벼운 국토 순례, 농촌 체험활동 등으로 대체할 수 있을 겁니다. 아니면 2~3개 학급으로 묶어 테마여행을 진행하는 방식도 가능합니다. 한 개 학급으로 가는 것은 당일이 아닌 바에는 담임으로서 부담이 커질 수 있지요. 숙박을 하는 경우, 교사 한 명으로는 부담이 커지기 때문에 가급적 2~3개 학급으로 묶을 필요가 있습니다. 소풍 역시 학년 전체가 움직이는 방식을 탈피하여 학급의 특색을 살리는 소풍을 찾아야 합니다. 덕양중학교라든지 흥덕고등학교는 기존의 수학여행을 과감하게 없애고 통합기행, 테마여행 등 새로운 시도를 진행하고 있습니다.

학년 전체가 움직이는 방식을 고집한 이유는 비용이 적게 들기 때문입니다. 학생 관리 부담을 줄일 수 있습니다. 그러나 학생들의 입장에서 볼 때 큰 교육적 효과를 기대하기 어렵습니다. 체육대회 역시 초등학교의 경우는 보여주기식 행사로 인해 학생들과 교사들이 매우 피곤해하는 행사로 인식됩니다. 중고등학교는 운동을 잘하는 학생을 위한 행사로 인식되고 있습니다. 이러한 행사에 대한 반성적 검토를 바탕으로 대안을 찾아야 합니다.

입학식 날 아이들에게 장미꽃 한송이를 나누어주면서 교사들이 교문 앞에서 한 명씩 안아주면 어떨까요? 입학식 날 교사들이 축가를 불러줄 수도 있겠지요.

부실한 교육 기획

학교는 두 종류가 있습니다. 창의 체험활동을 많이 하는 학교와 그렇지 않은 학교가 있습니다. 하지 않는 학교보다는 많이 하는 학교가 학생들의 입장에서 좋겠지요. 그런데 의미와 결합되지 않은 체험은 무의미할 수 있습니다. 아래는 일반학교에 근무하는 어느 교감선생님과 제가 직접 인터뷰를 한 겁니다.

> 체험 프로그램이 일단 어려워요. 우리 지역 학생의 경우, 인천 공항에 많이 가요. 왜 가냐? 직업 체험하라고 보내죠. 인천공항을 가면 모든 업소가 있습니다. 세탁업, 병원, 식당이 있죠. 그곳에 풀어놓고 아이들에게 물어보라고 합니다. 교통비랑 간식

비는 교육청 예산으로 해결하죠. 이곳에 가는 이유는 일단 접근성이 좋기 때문입니다. 보고서 쓰라고 하면 아이들이 공항에 가서 스튜어디스랑 공항 근로자를 만나고 오죠. 그러나 관제사는 못 만나고 옵니다. 주로 가서 서비스 용역 직업 인터뷰 하고 옵니다. 심지어 택배 기사도 만나고 옵니다. 그곳에 웬만한 직업이 다 있다는 겁니다. 굉장히 많은 학교가 그곳을 갔어요. 교사들도 "다른 데 고민하지 말고 거기가 제일 좋아." 뭐 이런 이야기를 합니다. 200만 원 쓰는 것은 쉬운데, 진로교육이 그렇게 진행되니 안타깝죠.

- 일반 중학교 교감

위의 사례에서 볼 수 있듯이 체험활동에 대한 충분한 기획과 고민이 없으면 형식주의로 흐를 수 있습니다. 그런 점에서 사전에 충분한 기획과 고민이 있어야 합니다. 아이들에게 어떠한 체험이 필요하고, 그 체험을 통해서 무엇을 줄 것인가, 그 효과를 극대화하기 위해서 어떤 전략이 필요한가?

아래의 내용은 체험 프로그램을 나름 체계적으로 기획하고 있는 사례입니다. 비인가형 대안학교에서도 이러한 체계를 갖추어 진행하는데 적어도 혁신학교라면 이러한 모습이 나타나야 하지 않을까요?

중학교 아이들을 가르치고 있는데 이 아이들은 배움에 더 깊이 들어갈 수 있어요. 바닥인 아이가 확 올라가는 경험을 했어요.

비전만 심어주면 안 되고, 학습 관리, 자기 관리를 할 수 있는 능력도 키워줘야 하겠더라구요. 프로그램 안에서요. 7학년은 은사개발 8학년은 배움의 깊이로 들어갈 수 있게끔 하면서 자기 관리, 학습 관리, 8학년은 소명, 9학년 때는 인턴십, 소논문으로 이어지면서 다양한 체험이 어우러져야 하는거죠. 배움의 깊이가 저는 중학교 2, 3학년 때까지 가능하다고 봐요. 그 아이가 뚜껑이 열려서 팍 터질 수 있다고 봐요.

- 비인가형 대안학교 교사 면담

제가 본 혁신학교도 초기에는 체험 자체가 목적인 경우가 많았습니다. 하지만 시간이 지나면서 체험을 통해 학생들이 어떤 교육적 의미를 얻게 만들 것인가에 초점을 맞추며 진행하는 모습을 볼 수 있었습니다. 이를 위해서는 교사들의 논의가 필수적일 수밖에 없습니다. 교사 간에 많은 반성적 대화가 필요하다고 생각합니다. 특정 프로그램을 시행했는데, 왜 아이들에게 배움이 제대로 혹은 충분히 일어나지 않았는가에 대해서 끊임없이 논의해야 합니다. 그 과정에서 체험 프로그램 내지는 교육과정의 진화가 이루어지게 됩니다.

책임의 원리

혁신학교는 학생의 학습, 상담, 돌봄에 대해서 책임을 지겠다는 생각을 가지고 있습니다. 이는 학생이 살고 있는 환경과 연계해서 아이를 파악하고, 그를 도울 수 있는 해법을 찾기 위해서 교사들이 노력함을 의미합니다. 아이가 살고 있는 환경을 파악한다면 자칫 그것은 아이에 대한 편견을 가중시킬 수도 있습니다. 그러나 실질적인 도움을 줄 수도 있습니다. 아이에 대한 정확한 파악을 통해 구체적인 지원이 가능해지기 때문입니다.

적지 않은 혁신학교에서는 학교 사회복지사나 상담전문가를 채용하거나 활용하는 경향이 강합니다. 이러한 모습에 대해 저는 혁신학교의 바람직한 모습이라고 생각합니다. 교사들의 힘만으로 복지와 전문상담을 해결하기 어려운 현실을 인정하지 않을 수 없습니다. 앞서 말씀드렸듯이 교사는 가르치기만 하고, 배움의 결과는 학생과 학부모가 지는 모습은 적어도 혁신학교라면 탈피해야 합니다. 이러한 모습과 과정을 통해서 교사는 학생과 학부모 탓을 하지 않습니다. 그 원인이 어디에 있든 학교는 학생의 필요에 대해서 민감하게 반응하고, 이를 학교의 시스템을 통해 해결하기 위해서 노력합니다. 쉽지 않습니다. 하지만, 어찌 보면 학생에 대해서 진통제나 해열제 처방이 아닌 수술대로 올린다는 점에서 교육의 근본으로 돌아갈 수도 있다고 생각합니다.

제가 본 혁신학교를 보면 가정 방문을 많이 하는 경향이 있었습니다. 학습부진 학생에 대해서 도움을 줄 수 있는 어떤 시스템을 구축하고 있었습니다. 즉, 돌봄과 상담을 강화하는 경향이 있었습니다. 이러한 모습에서 저는 책임의 원리를 추출할 수 있습니다.

가정방문과 결연의 적극적 활용

최근 들어 가정 방문을 다니는 교사들이 은근히 늘어나고 있습니다. 교사 개인이 시도하는 학교도 있고, 학교 차원에서 결의를 하여 다니는 경우도 있습니다. 몇십 년 전만 해도 가정 방문 제도가 있었습니다. 하지만 촌지라든지 학부모의 접대 등의 문제가 제기되어 폐지된 바 있습니다. 지금의 상황에서 정부나 교육청이 가정 방문을 하라고 강제하지는 않습니다. 교장 역시 이 부분을 요구하지도 않고 요구할 수도 없습니다. 그럼에도 불구하고 가정 방문을 하는 교사들이 늘어나고 있습니다. 특히, 혁신학교에서 이러한 경향이 나타나고 있습니다. 그 이유는 무엇일까요?

사실 가정 방문은 쉬운 일이 아닙니다. 주로 퇴근 이후에 가정 방문을 다니게 될 텐데, 한 반 아이들을 30명으로 가정해도 거의 한 달은 이 일에 교사의 에너지가 집중될 수밖에 없습니다. 강제로 할 수는 없기 때문에 가정 방문 동의서를 받고, 가능한 일정을 조절해야 합니다. 학부모가 부담을 느끼지 않도록 일절 음료수나

과일 등을 내놓지 말라는 통신문을 발송하기도 하지요. 이런 일 하나하나가 교사에게는 상당히 번거로울 수밖에 없습니다. 그럼 에도 불구하고 가정 방문을 하는 이유는 무엇일까요?

아이를 제대로 알아보고 싶은 마음 때문입니다. 행정문서라든 지 가정환경조사서만으로는 아이를 파악하는 데 한계가 있습니 다. 특히, 가정 환경이 어려운 아이들일수록 교사에게 알리고 싶 지 않은 가정 이야기가 있기 마련이지요. 아이의 공부방에 들어 가서 책상도 보고, 아이의 앨범을 같이 보고, 잠시 부모님과 대화 를 나누어보는 과정에서 교사는 아이에 대해 더 깊이 이해하게 됩 니다. 가정이 사실상 무너진 학생을 보고 오기도 합니다. 그 과정 에서 학생이 평소 왜 그러한 행동을 했는가에 대해서 조금씩 알기 시작합니다. 담임교사와 학생의 관계를 넘어 인간과 인간의 관계 로 전환될 수 있습니다.

사실 학교에서 막상 아이들을 제대로 만나는 시간이 많지는 않 습니다. 초등학교는 상대적으로 담임 교사와 반 학생과의 만남의 시간이 많지만, 중·고등학교만 해도 그렇지 않습니다. 담임교 사가 반 학생에 대해서 충분히 파악할 수 없습니다. 그러나 가정 방문은 이를 가능케 합니다.

가정 방문은 그것 자체가 의미가 있습니다만, 후속 작업과 연결 될 필요가 있습니다. 학생의 필요가 학습과 복지와 정서적 영역 중 어디에 있는가를 살펴보는 겁니다. 이를 바탕으로 학생을 도 울 수 있는 시스템을 학교 내에 구축하고, 이를 적극적으로 활용해야겠지요. 학교 사회복지사가 채용된다면 그러한 후속 작업이 더욱 원활하게 진행될 수 있을 겁니다. 만약 학교 내에 복지사가 없다면 지역의 사회복지관과 연계하는 프로그램을 개발할 수 있습니다. 혁신학교인 덕양중학교는 지역의 사회복지관과 연계하여 프로그램을 진행합니다.

학습부진 학생을 배려한 교육과정

학습부진학생은 공교육에서 해결해야 할 과제입니다. 우리나라 교육과정은 많은 내용을 얕게 가르치는 경향이 있습니다. 또한 느슨한 면도 있습니다. 대학교만 해도 F를 맞으면 학점 취득이 안 됩니다. 그러나 초·중·고교는 F를 맞아도 학년 진급에 아무런 문제가 없습니다. 제가 일반계 고등학교에서 담임을 오랫동안 해 봤는데요. 학급 아이들의 1/5 정도는 영어나 수학 수업을 따라가지 못했습니다. 학교마다 편차는 나겠지만, 이러한 현실을 우리가 부인하기 어렵습니다. 고등학교 2학년이 되어도 1/2+1/3=2/5라고 답하는 학생들이 있습니다. 1/5과 1/1,000 중 어느 것이 더 크냐고 물어보면 1/1,000이 더 크다고 말합니다. 프랑스대혁명을 설명하면서 루이 16세에 대해서 언급하자 "16살밖에 안 된 녀석이 나쁘다."고 말합니다. 심지어 고등학생이 한글을 제대로 모르거나, 자신의 이름을 한자로 못씁니다. 이러한 현실에 대해서 저를 포함하여 공교육 관계자들이 가슴 아파해야 한다고 생각합니다. 학습부진학생에 대해서는 가르치는 교사들이 이미 충분히 다 파악을 하고 있습니다. 문제는 그들에 대한 실질적이고 근본적인 도움을 줄 수 있는 시스템을 학교가 갖추지 못하고 있다는 겁니다. 그러면 어떻게 해야 할까요?

가장 쉬운 방법은 외부의 도움을 받는 겁니다. 대학생 멘토링을 통해서 학습 결손을 메꿀 수 있습니다. 학습에 대해서 거부감을 느끼는 학생이라면 학습 멘토링이 아니라 독서 멘토링을 활용할 수 있습니다. 홍덕고등학교, 덕양중학교 등 혁신학교에서 멘토링 제도를 도입하고 있습니다.

일반 학교에서는 학습부진학생 반을 방과후에 만들어 운영하기도 합니다. 그런데 이와 같은 학습부진학생 반은 기존의 보충수업 방식으로 진행하기 때문에 학생들이 많이 도망을 갑니다.

개인별 내지는 그룹별로 접근을 해야 합니다. 학습부진 유형을 진단하고, 그에 걸맞는 처방을 내려야겠지요. 학습기초 부족형, 학습동기 부재형, 사교육 의존형, 학습방법 무지형, 의지실천 괴리형 등 그 유형을 파악하여 해법을 정확히 내려주어야 합니다. 학생들의 학습 동기를 유발하기 위해서는 진로에 대한 관점을 부여하는 수밖에 없습니다. 자존감이 무너진 학생들에게는 자존감을 세워주어야 합니다. 이들에게 꿈과 비전을 심어주는 캠프라든지 자존감 향상 프로그램 등을 단계적으로 실시하고, 정기적으로 진행할 수 있는 후속 프로그램도 단위학교에서 고민할 수 있습니다.

'아름다운 배움'이라는 단체는 학습부진학생 등을 위하여 방학 중 리더십 캠프를 진행합니다. 매사에 부정적이고, 소극적인 아이들이 이 캠프를 통해 변화됩니다. 부정의 힘과 긍정의 힘이 싸우는데, 이 캠프를 통해 긍정의 힘으로 아이들을 변화시킵니다.

이러한 기초 작업과 함께 학교에서도 교육과정 차원에서 학생들의 기초 학습을 도와줄 수 있는 시간을 확보할 수 있습니다. 조현초등학교나 보평초등학교 등 일부 혁신학교에서는 기초 학습을 신장시킬 수 있는 시간을 교육과정에서 확보하고 있습니다. 이러한 고민이 대단히 중요하다고 생각합니다. 교육과정에서 학생들의 기초적인 학습을 책임져줄 수 있는 시간을 어디서 어떻게 확보할 것인가의 문제가 있겠지요. 기존의 방과후 수업이 아닌 정규 수업과 정규 교육과정에서 이 학생들을 어떻게 해결할 수 있을 것인가를 고민해야 합니다. 혁신학교 예산의 일부를 확보하여 학습보조교사를 활용하기도 합니다. 고양중학교에서도 인턴교사를 확보하여 학업성취도가 떨어지는 학생들을 별도로 교육시키는 모습을 볼 수 있었습니다. 최근 들어 핀란드를 배우자는 목소리가 높습니다. 이 나라로부터 배워야 할 핵심적인 내용은 학습부진학생에 대해서 공교육이 책임져주는 시스템이라고 생각합니다.

협동학습을 통해 학생이 학생을 서로 돕는 방식을 채택하기도 합니다. 튜터링 제도는 학생이 학생을 가르치는 제도입니다. 우수한 선배들이 후배들의 학습을 지도할 수도 있겠지요.

최근 들어 학습 환경이 상당히 좋아졌습니다. 지금은 마음만 먹으면 얼마든지 영어에 노출될 수 있는 환경이 갖추어져 있지요. 영어 수업 시수를 한 시간 더 늘리는 방식보다는 학생들이 자기 스스로 학습할 수 있도록 돕고 관리해주는 교사의 역할도 상정해볼 필요가 있습니다. 이러닝 시스템을 적절히 활용하면서 지속적인 학습을 할 수 있도록 돕는 시스템을 고민해야 합니다.

궁극적으로는 내용과 수준, 진로 차원에서 다양한 교과목이 펼쳐지고 학생들이 이를 선택하는 방식으로 교육과정이 재구조화되어야 합니다. 이런 방식을 구현하려면 학점제 학교로 갈 수밖에 없습니다. 현실을 고려해볼 때 모든 학생들에게 완전한 선택권을 부여하는 방식은 거의 불가능에 가깝습니다. 하지만 80%의 공통과정과 20%의 선택과정이 제대로 보장되는 방식으로만 가도 거의 교육과정 혁명이 이루어지지 않을까요?

진단과 처방에 입각한 학습지도와 생활지도

저도 개인적으로 수술을 받은 적이 있습니다. 의사는 제 몸 상태를 정확히 진단하고 그에 따른 처방을 내립니다.

알고 갑시다 ●●●●

이러닝 시스템 : 최근 들어 영어 교육에 관한 논의가 많아지고 있다. 영어에 능통해지기 위해서는 절대 시간이 필요한데, 수업 시수 한 시간 늘린다고 학생들의 영어 실력이 늘지는 않는다. 그런데 최근 사이버 환경이나 매체 환경이 좋아지고 있기 때문에 영어에 대한 접촉 빈도를 미디어를 통해서 얼마든지 할 수 있다. 그런 점에서 학생들이 영어에 관한 미디어 컨텐츠에 접촉을 자주 할 수 있도록 도와줄 필요가 있다. 학교는 학생들이 EBS라든지 에듀넷, 꿀맛닷컴, 다높이 등 무료 학습 사이트를 제대로 활용할 수 있도록 도와주어야 한다. 그런 점에서 학습 매니지먼트에 관한 관점을 교사들이 가질 필요가 있다.

학점제 학교 : 대학교처럼 학생들이 원하는 과목을 선택할 수 있도록 하는 제도이다. 학생들은 졸업하기 위해서 일정 학점을 취득해야 한다. 우리나라에서는 한가람고등학교, 이우학교 등이 시도하고 있다. 교과교실제는 학점제와 연계될 때 효과적이다.

그런데 의사는 언제까지 아플 것이고, 언제쯤 통증이 그친다고 미리 알려줍니다. 그럴 때 안심이 됩니다. 의자는 환자의 처음과 끝을 다 파악하고 있기 때문입니다.

교사와 의사를 동등하게 비교할 수는 없겠지만 학생의 정신과 마음 상태를 다루고 있다는 점에서 유사성이 있다고 생각합니다. 그렇다면 교사는 학생에 대해서 처음부터 끝까지 통찰할 수 있는 능력을 가지고 있는가에 대해서 질문이 필요합니다. 그렇다고 답하기 위해서는 교사의 전문성은 물론이고 풍부한 경험이 필요합니다. 아울러, 학생의 상태를 정확히 측정할 수 있는 어떤 도구가 필요하고, 그 도구에서 보여주는 여러 가지 신호에 대해서 정확히 해석하기 위해서 학생과 많은 상담을 해야 합니다. 그런 점에서 교과에 많은 비중을 두고 있던 교사들에게 학급경영이라든지 학습지도, 생활지도에 관한 전문성 축적이 필요해 보입니다.

스포츠 스타들의 인터뷰를 잘 들어보면 그의 재능과 성장 가능성을 미리 파악해낸 지도자가 있는 경우가 대부분임을 알 수 있습니다. 교사들 역시 학생들의 특성과 잠재력, 발전 가능성을 볼 수 있는 어떤 심미안이 필요하다고 생각합니다.

우선은 학생의 학습 습관과 태도에 대해서 파악할 수 있는 능력이 필요해 보입니다. 학습 측면에서 나타나는 강점과 약점, 보완해야 할 점 등을 파악하여 길을 보여줄 필요가 있습니다. 이를 위해서 학습에 관한 학습이 필요하다고 생각합니다. 최근 들어 자기주도학습이 강조되고 있습니다만, 학원의 마케팅 전략과는 다른 접근이 필요하다고 생각합니다. 학생의 학습 동기를 어떻게 불러 일으키고, 배움의 의미를 어디서 불러일으킬 것인가, 학생의 배움이 가장 잘 일어나게 만드는 방법은 무엇인가 등 다양한 주제에 대한 교사들의 학습이 필요하다고 생각합니다. 사실, 교사들이 만나는 학생들은 다양한 사례를 가지고 있습니다. 그럼에도 불구하고 그 사례에 대한 공유라든지 데이터 축적이 거의 안되고 있습니다. 사교육으로부터 배울 점 중 하나는 수강생에 관한 자료를 모으고 있고, 관리해주고 있다는 점입니다. 학교는 어떻습니까? 생활기록부 외에는 연계되지 않습니다. 심지어는 1학년 담임과 2학년 담임들끼리도 연계성이 적습니다. 기껏 연계되는 정보는 '누구는 문제를 많이 일으키는 학생이니깐 주의해라!' 정도입니다. 저차원적이면서고 반교육적인 정보 공유라고 볼 수 있습니다.

예컨대, 항상 성적 상위권을 유지하는 학생도 있고, 갑자기 성적이 떨어진 학생도 있습니다. 더 올라가지 않는 학생도 있습니다. 성적이 갑자기 올라간 학생들도 있습니다. 문제는 그런 이유에 대해서 학교는 거의 분석하지 않습니다. 그런 사례에 대해서 교사들의 상담과 관찰이 이루어지고 그 내용에 대해서 공유한다면 학교는 학생의 학습과 배움을 주도할 수 있지 않을까요?

학습 외에도 다양한 심리 검사를 적절히 활용할 필요가 있다고 생각합니다. MBTI, 다중지능, 애니어그램 등은 교사가 학생을 이해하는 데 유용한 도구입니다. 문제는 그 해석에 대해서 제대로 배워보지 못했다는 점입니다.

제가 '사교육걱정없는세상' 부소장으로 활동하면서 어느 사설 진로컨설팅 회사를 분석해본 적이 있습니다. 그 회사는 맞춤형 컨설팅을 하고 있었습니다. 진단, 강의, 상담, 캠프 등 진로 교육에 관한 다양한 수요에 대응하고 있었습니다. 제가 인상 깊게 봤던 부분은 나름 검증된 학생 진단 도구를 그들이 개발하고 활용하고 있었다는 점입니다. 이런 부분은 사실 단위학교에서 개발하기는 어렵겠지만, 교육청 차원이나 직속 연구기관에서 투자하면 얼마든지 개발할 수 있습니다. 이러한 지원을 바탕으로 다양한 척도가 개발되고, 이 자료에 대한 의미 해석을 제대로 한다면 학생 상담은 더욱 풍부해질 수 있을 겁니다. 학생이 파악되면 학급운영과 생활지도, 수업은 맞춤형으로 진행될 가능성을 높이게 됩니다. 물론 많은 학교에서도 다양한 심리 검사를 적용하고 있습니다. 문제는 그러한 심리 검사에 대한 충분한 공유와 해석, 처방이 부족하다는 점입니다. 학생 개개인의 포트폴리오를 만들고, 그 추이를 관찰함으로써 학생의 진로를 제대로 개발해줄 필요가 있습니다.

성장을 촉진하는 평가

우리나라의 평가 철학은 사실 간단합니다. 객관성과 공정성 두가지 가치에 기반하고 있습니다. 300점 맞은 학생은 합격하고, 299점 맞은 학생은 떨어지는 것을 당연히 여깁니다. 그 1점 때문에 웃고 우는 겁니다. 이러한 평가 철학이 도입된 이유는 무엇 때문일까요? 그 누구의 시비에도 걸리지 않는 공정한 입시를 위해서 '객관적 점수'가 필요했기 때문입니다. 이를 위해서 '객관적 기준이 뚜렷한 시험제도'를 선호하는 경향이 심화되었습니다. 수능이 대표적인 예입니다.

수능이 약간만 쉬워지면 일부 언론에서는 '물수능'이라는 표현을 쓰면서 변별력을 문제 삼습니다. 정확히 말하면 상위권 변별력이겠지요. 하지만 그 과정에서 중하위권 학생들은 공부를 해도 안 된다는 열패감을 안게 됩니다. 수학 같은 과목이 대표적이지요. 거의 공포를 느끼는 학생들이 많습니다.

이러한 객관성과 공정성의 가치는 사교육 부담을 가중시킬 수 있습니다. 객관식, 일제식 시험은 학원에서 대비하기에 매우 용이한 구조를 지녔기 때문입니다. 무엇보다 대학 경쟁력 제고에 역행합니다. 우수한 학생을 선발하기 위한 노력에 비해서 잘 가르치기 위한 노력은 소홀히 합니다. 서울 상위권 대학은 서열화 질서를 유지하기 위해서 더욱 입시 비중을 높인 선발 방식을 고수하는 경향이 있습니다. 무엇보다 학생들의 고통이 가중됩니다. 해마다 200명 가까운 학생들이 자살을 합니다. 심지어는 수능 시험을 보고 나서 자살을 하는 경우도 발생합니다. 저는 '객관식, 선다형, 일제고사' 시험 제도의 가장 큰 문제로 교사들의 수업 기획력 상실을 들고 싶습니다. 객관식 시험은 교사 입장에서는 가장 편한 시험입니다만, 자칫 교사의 수업이 망가질 수 있습니다. 평가에 교육과정과 수업이 종속되기 때문입니다. 그 과정에서 교사의 전문성은 상실될 수 있습니다. 근본적으로는 학원 강사와 교사의 차별성을 찾기 힘들어 집니다. 아무튼, 공정성 시비는 교사로 하여금 보수적, 방어적 평가를 지향하게 만듭니다. 교과의 본질과 특성을 반영한 평가가 아닌 객관식 지필고사 중심의 평가가 만들어지게 됩니다. 그 과정에서 학생들의 학업 흥미도는 떨어지게 되죠. 교사 역시 수업과 평가의 전문성을 신장할 수 있는 공간을 만들어내지 못합니다.

혁신학교라면 평가관 역시 달라져야 한다고 생각합니다. 현재의 생활기록부는 학생들의 점수와 상대적 위치를 표기하고 있습니다만, 학생의 수업 과정이라든지 특성은 거의 드러내지 못합니다. 우리나라 평가는 한마디로 서열화를 목적으로 진행되며, 양적으로 표기되고, 결과만 나타냅니다.

'좋은교사운동'의 김태현 교사는 우리나라의 현행 평가 체제의 문제점을 〈표1〉과 같이 정리하고, 이러한 왜곡된 평가를 김태현 교사는 〈표2〉와 같이 바꾸어야 한다고 주장합니다.

결국 평가 목적을 피드백을 위한 평가로 바꾸어야 합니다. 아울러, 질적인 방식의 평가가 활용되어야 하며, 과정이 드러나야 합니다. 일부 대안학교라든지 특성화 학교에서는 결과 중심, 양적 평가가 아닌 과정 중심의 평가와 질적 중심의 평가를 시도하고 있

주요 질문	평가의 모습	평가의 형태
평가의 주체 (누구를 위한 평가인가?)	교수자 중심의 평가	- 평가의 중심에 학생이 있지 않다. - 성적을 매기기 위한 요식(要式) 행위로의 평가가 주를 이루고 있다. - 교사 편의의 평가가 주를 이루고 있다. - 평가의 과정 속에서 철저하게 학생들은 배제된다.

평가의 목적
(무엇을 위한
평가인가?)
	암기 중심의
	평가
		- 배움을 평가하지 않고, 입시에 필요한 단절된 지식
		  을 묻는다.
		- 고등 사고력을 평가하기보다는 단순 암기에 의지
		  하는 지식을 평가한다.

평가의 성격
(평가는 어떤
성향을 가지는가?)
	결과 중심의
	평가
		- 과정보다는 결과가 중요하다. 과정 속에서 의미 있
		  는 작업이 이루어져 있는지는 중요하지 않다. 결과
		  물민 보고 평가한다.
		- 학습 과정 속에서 이루어지는 의사소통 능력이나,
		  협력하는 기술들을 고려하지 않는다.

평가의 방법 (평가는 어떤 식으로 이루어져야 하는가?)	개인 중심의 평가	- 평가 과정 속에서 공동체는 없고, 오로지 개인의 능력만을 묻는다.

평가의 활용(평가는
어떻게 사용되어야
하는가?)
	서열화를
	위한 평가
		- 평가는 등수를 남기는 것을 주된 목표로 한다.
		- 평가를 통해 의미 있는 환류작용(feed-back)은
		  하지 않는다.
		- 등수를 일방적으로 통보한다. 학생들은 등수만 알
		  면 그만이다. 자신이 무엇이 부족했는지, 무엇을 보
		  완했는지는 알 수 없다.

습니다. 공교육에서도 이러한 경향이 일부 나타납니다. 경기도교
육청에서도 창의 서술형 평가를 강조하고 있습니다. '행복한 성적
표 보내기 운동'도 이런 맥락에서 이해할 수 있습니다. 행복한 성
적표 보내기란 교과 교사가 수업 중 드러난 학생의 특성과 활동

	주요 질문	수업의 변화
평가의 주체 (학생 중심의 평가)	평가 시스템이 교사의 효율적 행정을 위해서가 아니라, 학생이 기준이 되어 설계되어 있는가?	학생들을 위한 평가 목표를 분명히 설정.
	평가 내용이 학생들의 흥미와 수준을 충분히 고려하고 있는가?	수업 속에서 학생들의 문화적 호기심을 충분히 고려할 수 있는 콘텐츠 제공(미디어 콘텐츠 등)
	평가를 통해 학생들이 학업 성취도를 배양하고, 학업에 대한 자신감을 고취할 수 있는가?	향상점수평가제도, 즉각적인 보상 시스템, 교사의 관심 어린 격려, 다중지능이론을 활용한 수업 실시
평가의 목적 (반응 중심의 평가)	평가를 통해 삶에서 긍정적인 반응을 일으키는 것을 주된 목적으로 하고 있는가?	교과 수업의 분명한 목표 설정하기
	평가가 개념적 지식을 외우고 있는가만 묻고 있지 않은가?	사고력을 배양하는 활동 중심의 수업
	평가를 통해 삶 속에서 이 시대를 이끌어갈 수 있는 지도자의 자질을 배양할 수 있는가?	수업 내용을 삶과 연결 짓고, 그것을 총체적으로 묻는 평가, 삶에서 실천하는 여부를 평가
평가의 성격 (공동체를 세우는 평가)	평가를 통해 학습 공동체 안에서 협력할 수 있는 능력이 개발되는가?	협동학습을 활용한 수업, 동료 평가 정착
	평가를 통해 공동체 안에서 다양한 교제와 사귐이 일어나고, 공동체를 세우고 있는가?	다양한 의사소통기술 개발, 협력하는 시스템 구축, 수용하고 개방적인 수업 분위기 구축.
평가의 방법 (과정 중심의 평가)	평가가 과정 속에서 일어나는 고등적 사고 능력, 의사소통 기술 능력, 참여도까지도 평가하고 발전시키고 있는가?	자기 평가 보고서, 교사와 동료 협력 평가, 총체적이고 지속적인 평가를 할 수 있도록 수업 시간에 많은 나눔의 시간을 갖음.
평가의 결과 (feed-back 을 위한 평가)	평가가 점수를 매기고 단순히 등수만 부여하고 있지 않은가?	점수, 석차만 제공하는 성적표 지양
	평가를 통해 의미 있는 정보를 주고, 그 정보를 통해 학생 스스로가 학업성취도를 점검하게 하는가?	성적표에 평가에 대한 학업성취도를 자세하게 기술, 부족한 점을 알 수 있고 개발할 수 있게 적어줌.
	학부모, 관리자들에게도 의미 있는 정보를 제공하여, 학생들의 변화를 촉진시킬 수 있는가?	성적표에 각 교육의 주체가 도울 수 있는 실제적인 방안들을 적어줌.

결과를 평소 기록해두었다가 학기말에 학부모와 학생에게 편지 형식으로 보내는 겁니다.

1. 도덕과 행복한 성적표

중랑중학교 2학년 11반 20번   학생 이름 : 이 준 하(가명)

2009학년도 1학기   과목 담당교사 : 김 태 훈

안녕하세요? 저는 중랑중학교 2학년 도덕교과를 담당하고 있는 교사 김태훈입니다. 이번 학기에 학생이 수업 시간에 보여준 학습 상황에 대해 교사가 관찰하고 느낀 점을 보내 드립니다. 부모님들께서 자녀들을 심층적으로 이해하시는 데 도움을 드리고자, 수업중의 태도와 학습활동 내역을 기록하여 요약, 정리하였습니다. 이 행복한 성적표는 학교 내신에는 반영되지 않는 자료로서 학생 이해의 자료로만 활용해 주시기 바랍니다. 자녀의 학습과 관련한 의견이나 문의 사항은 0000000@hanmail.net이나 전화 000-0000-0000로 문의해 주시면 성의껏 답변해 드리겠습니다.

중랑중학교 도덕과 교사 김태훈 드림

1.1.1. 도덕교과의 목표

인지적 측면 : 도덕적인 사람이 되는 데 필요한 지식을 알고 이해한다. 도덕적으로 깊이 생각하여 논리적으로 표현할 수 있다.
정의적 측면 : 존중, 배려, 책임, 집중, 협력 등의 도덕적인 품성들을 함양한다.
행동적 측면 : 다양한 도덕적인 행동들을 적극적으로 실천하고 습관화한다.

1.2.2. 학생의 인성 및 학습태도

항목	태도 수준
집중해서 듣는가	언제나 집중함(0) 일반적으로 집중함( ) 가끔 산만함( ) 자주 산만함( )
수업준비를 잘 하는가	언제나 준비함(0) 일반적으로 준비함( ) 가끔 준비안함( ) 자주 준비 안함( )
적극적으로 발표하는가	매우 적극적(0) 적극적( ) 발표에 소극적( )
협력을 잘 하는가	적극적 협력(0) 어느 정도 협력( ) 다소 비협력( ) 협력에 어려움( )

1.3. 3. 학생의 학업 성취

(1) 덕목카드 만들기

활동내용 및 특기사항	두 사람씩 짝을 지어, 전통도덕의 11가지 덕목 중에서 짝에게 가장 필요한 덕목을 선정하여 선정 이유와 함께 카드에 적어 선물하는 시간을 가졌습니다. 전통 도덕의 덕목을 이해함과 동시에 친구에 대한 관심을 표현하며 배려를 배우는 기회로 마련한 학습활동입니다. 준하는 친구를 위한 덕목카드를 보기 좋고 깔끔하게 잘 꾸몄으나, 덕목을 선정한 이유에 대한 구체적인 내용이 부족했습니다.
성취도	매우 뛰어남( ) 원하는 수준에 도달(0) 발전하는 상태( ) 노력 요구됨( )

(2) 전통도덕 논술 평가

활동내용 및 특기사항	전통 도덕 단원을 마치고 단원에 대한 전체적 이해를 점검하기 위해, 전통도덕의 주요 내용 및 실천 방안에 대한 논술 평가를 실시하였습니다. 논리적인 글쓰기 능력 배양의 의도도 함께 있습니다. 준하는 전통도덕의 내용에 대해서 잘 알고 있었고 자신의 생각을 표현하고자 하는 표현력도 높았으나, 글의 논리성을 조금 부족했습니다.
성취도	매우 뛰어남( ) 원하는 수준에 도달(0) 발전하는 상태( ) 노력 요구됨( )

(3) 시민윤리 애니메이션

활동내용 및 특기사항	시민 윤리 단원을 공부하면서 현대 사회의 주요 도덕 문제들을 4장의 그림으로 나타내고 비디오카메라로 촬영하는 모둠 작업을 진행하였습니다. 민주 시민의 생활 자세를 익히고 모둠 작업에서 협동심을 기르는 수업입니다. 준하는 모둠 작업 시 다른 모둠원들과 협력하여 해당 과제를 잘 수행하였습니다. 특히 그림 작업에 적극적으로 임했습니다.
성취도	매우 뛰어남( ) 원하는 수준에 도달(O) 발전하는 상태( ) 노력 요구됨( )

(4) 시민단체 조사보고서

활동내용 및 특기사항	민주적 생활 태도 단원에서, 여러 시민 단체들 중 모둠 별로 한 곳을 선정하여 그 단체의 활동에 대해 조사하고, 단체의 홈페이지 방문이나 단체의 활동에 약간의 참여를 해보는 수업을 진행하였습니다. 준하는 보고서 작성 시 자료 준비를 열심히 했고 작성된 보고서에 대한 발표에도 적극적이었습니다. 내실 있는 보고서가 완성되었습니다.
성취도	매우 뛰어남( ) 원하는 수준에 도달(O) 발전하는 상태( ) 노력 요구됨( )

4. 학생의 자기평가

다른 과목보다 쉬웠던 것 같고 도덕을 배워서 내게 도움이 된 것 같다. 1학기 동안 내가 잘 했다고 생각하는 점은 대답을 잘 한 점이고, 많이 떠들었던 것은 고쳐야 할 것 같다.

5. 총괄적 의견

준하는 매우 적극적이고 참여적인 태도로 수업에 임했습니다. 수업을 위한 자료 준비에도 열심이 있었고 모둠원들과의 협력도 적극적이었습니다. 보완할 점은 독서를 통해 논리적인 생각의 표현 능력을 지닐 수 있으면 좋겠습니다.

6. 가정에서 학교로

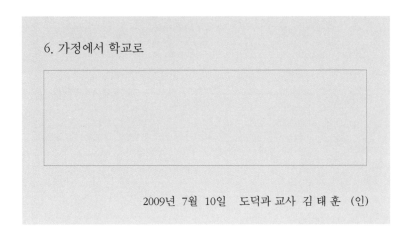

2009년 7월 10일   도덕과 교사 김 태 훈 (인)

예전의 통신표보다 진화된 개념으로 생각하시면 됩니다. 이를 위해서는 교사의 수업 자체가 바뀌어야 합니다. 매일 강의식 수업을 진행하는 교사가 학생의 특성을 어떻게 발견할 수 있겠습니까? 교과 목적에 맞는 다양한 활동이 있어야 하고 그 결과물에 근거하여 교사는 전문가적 관점에서 학생의 특성을 기록하고 조언해 줍니다. 이러한 과정을 위해서는 교사의 노력이 수반될 수 밖에 없습니다. 그럼에도 불구하고, 이 일에 참여하는 교사는 교과를 통해서 아이들을 만날 수 있어서 좋았다고 말합니다. 요즈음 각 대학교에서도 과제물에 대한 교수의 피드백을 학생들이 요구하는 경향이 있습니다. 많은 교수들이 학생이 제출한 과제물에 대해서 웹상으로 이런저런 논평을 해줍니다. 많은 학교에서 수행평가라든지 서술형 평가를 진행하고 있습니다. 그런데 문제는 학생에 대한 피드백을 거의 못해준다는 점입니다. 그 이유는 간단합니다. 학생 수가 너무 많기 때문입니다. 하지만, 학교가 수업과 평가에 집중한다면 불가능한 일은 아닙니다. 학교의 우선순위를 어디에 두느냐의 문제일 겁니다.

이러한 평가에 대해서 많은 분들은 지나치게 이상적이라고 말씀하십니다. 또한, 입시라는 장벽이 있기 때문에 이러한 평가는 어렵다고 말씀하십니다. 그렇다면 저는 반문하고 싶습니다. 고등학교는 수능 때문에 못한다고 치고, 초등학교나 중학교에서 의미 있는 평가가 일어나지 못하는 이유는 무엇인가요? 사실 초등학교나 중학교는 입시로부터 자유로운 편입니다. 그럼에도 불구하고 고등학교에 비해서 초등학교나 중학교 평가의 질이 높다는 이야기를 별로 들어본 적이 없습니다.

학급당 인원수와 교사의 잡무, 입시 등의 상황을 우리가 무시할 수는 없습니다만, 더 중요한 것은 기존의 평가관에 많은 교사들이 안주했던 것은 아닌지 고민해봐야 합니다. 교과의 목표를 무엇으로 설정하고 있는가? 그 목표를 도달하는 데 현재의 평가 방식이 적합한가? 수업을 통해 교사는 학생의 특성을 제대로 파악하고 있는가? 파악된 내용을 가지고 학생과 학부모와 소통하고 있는가?

혁신학교라면 새로운 평가 패러다임을 제시해 볼 필요가 있다고 생각합니다. 수능의 아류작에 머문 내신 체제가 아닌 수능 패러다임을 뛰어넘는 평가 철학을 혁신학교가 한번 제대로 보여주었으면 좋겠습니다.

체계적인 진로 상담 및 교육 프로그램 도입

"학교는 진학교육만 있고, 진로교육이 없다."는 목소리가 높습니다. 이러한 상황이 발생한 이유는 진로보다는 사람들이 알아주는 명문대학을 가고 봐야한다는 생각 때문에 그렇습니다. 이러한 생각은 명문대학을 나와야 사람들이 알아주는 직장에 들어갈 가능성이 높다고 판단하기 때문입니다. 우리나라 직업 사전의 직업은 거의 15,000개를 넘습니다. 그런데 아이들이 알고 있는 직업은 어느 정도일까요? 50개도 안될 겁니다. 그런데 의사, 변호사, 판·검사, 아나운서, 기자, 연예인, 공무원, 공사 및 대기업 직원을 많은 학생이 꿈꿉니다. 그 꿈은 본인의 꿈이라기보다는 부모의 꿈이거나 사람들이 선망하는 직업이 본인에게 투영되었을 뿐입니다. 대학교에 들어가서도 많은 학생들은 끊임없는 비교 경쟁으로 인해 위축되어 있습니다. 각종 스펙을 만들기 위한 경쟁에 뛰어들지요.

"대학생들이 되어도 우리는 자신의 단점만을 바라봅니다. 다른 친구의 토익 점수는 얼마인데 나는 이것밖에 안돼. 누구는 자격증이 몇 개인데 나는 아직 이것밖에 안돼. 그렇게 해서 꿈꾸는 곳이 공사, 삼성, 엘지, 공무원입니다. 아이들의 가슴이 뛰지 않습니다. 먹고 살기 위해서 어쩔 수 없이 도서관에 앉아 있지요. 저는 국회나 대기업의 요청을 받았지만, 제 꿈을 그곳에서 이룰 수 없다고 생각했습니다. 가슴 뛰는 삶을 위해 저는 새로운 길을 가렵니다."

- '아름다운 배움' 고원형 대표 인터뷰

고3이 되었는데도 자신이 하고 싶은 꿈과 비전이 명확하지 않은 학생들이 대부분입니다. 그들의 꿈은 점수에 맞추어서 한급간 높은 대학교에 들어가는 겁니다. 대학교에 가서도 많은 학생들은 재수와 삼수를 하고, 편입 시장을 두드립니다. 심지어 직장을 잡으려고 할 때도 본인이 무엇을 잘하고, 무엇을 하고 싶은지, 무엇을 해야 하는지를 모릅니다. 행복의 관점에서 보면 그렇게 해서 직장에 들어갔다고 해도 일의 의미를 본인이 느끼지 못할 가능성이 있습니다. 성과도 크게 나타나지 않겠지요. 단순히 먹고 살기 위해서 남의 시선을 의식하여 일을 한다면 그것은 본인에게 불행이라고 말하지 않을 수 없습니다. 자신의 꿈이 아닌 부모의 꿈을 대신해서 꾸었다는 이야기입니다.

이러한 현실을 감안할 때 진로교육의 중요성은 아무리 강조해도 지나치지 않습니다. 하지만 진로교육의 중요성을 인식하고 있는 학교는 드뭅니다. 중요하다고 누구나 말을 하지만 구체적으로 학교 교육과정에서 어떻게 구현할 것인가를 가지고 깊이 고민하는 학교는 드뭅니다. 기껏해야 외부 강사 모셔서 한두 번 강의를 받거나, 심리검사를 받고 맙니다.

최근 진로교육에 관한 수업 시수가 확보되고, 입학사정관제가 도입되면서 진로교육의 중요성을 단위학교에서 인식하고 있습니다. 진로진학 상담교사도 각 학교에 배치되고 있는 상황입니다.

　진로교육은 한 개인의 일생에 대해서 같이 고민해보는 시간이 아닐까요? 진로교육은 학부모의 참여를 유도할 수 있습니다. 아울러 학생의 관심과 참여를 매우 높일 수 있습니다.

　다만, 진로교육을 내실화하기 위해서는 진로교육의 관점에서 학교 프로그램과 교육과정을 재구조화할 필요가 있습니다. 산발적, 부분적, 일시적으로 진행되는 진로교육을 탈피하여 체계성을 갖추어야 합니다. 무엇보다 우리나라 진로교육은 교과교육과 상당히 분리되어 있습니다. 기껏해야 창의적 체험활동의 일부로 진로교육이 존재합니다. 하지만 교과를 통해서도 학생들은 진로교육을 만날 수 있습니다. 교과를 통해 진로교육을 할 수 있는 세 가지 방법이 있습니다. 첫 번째는 교사가 의도적으로 해당 단원과 진로 진학의 내용을 연계시키는 겁니다. 두 번째로는 적어도 중간고사와 기말고사 등을 마치고 교과와 연결된 진로교육을 집중적으로 진행할 수 있습니다. 세 번째로는 진로교육에 관한 지식과 정보 제공을 넘어 현대사회의 직업 분야에서 요구하는 일반적인 능력과 역량을 길러내는 겁니다. 토론능력과 창의력, 문제해결력, 협동능력은 분명 어느 직업이든지 요구할 텐데, 이러한 능력을 길러내기 위한 수업을 기획하고 실행하는 겁니다. 가장 적극적인 방법의 진로교육이 되겠지요.

　자기 탐색, 진로 및 직업 정보 탐색과 습득, 직업세계에 관한 경험 제공, 실천 전략 세우기 등 체계적인 과정이 학교의 교육과정에서 드러나야 합니다. 다중지능검사지는 학생들에게 자신감과 효능감을 불러 일으키는 데 매우 유용한 도구라고 생각합니다. 다중지능이론에 관한 관점을 학생들이 가져도 많은 변화가 나타날 수 있겠지요. 혹자는 교사들은 진로교육을 하기에 적합한 사람들이 아니라고 말하기도 합니다. 교사라는 직업 자체가 안정되어 있고, 본인 스스로의 절박성이 떨어지기 때문에 학생들에게 진로에 관한 관점과 정보를 제대로 제공하지 못한다는 비판일 겁니다. 그러나 진로교육은 구체적인 스킬과 정보 이전에 삶을 바라보는 관점과 태도로부터 출발합니다. 가치 판단과 결합됩니다. 돈과 명예 그리고 봉사 등의 가치를 놓고 본인이 판단해야 할 때가 오지 않겠습니까? 그러한 판단을 돕는 데 교사들은 충분히 도움을 줄 수 있다고 봅니다. 아울러, 부모님과 같이 정보를 공유하고 소통해야 하기 때문에 교사들도 진로교육을 할 수 있는 좋은 여건을 가졌다고 생각합니다.

비전 제시의 원리

앞서 말씀 드린 부분이기 때문에 간단하게 설명하겠습니다. 기존의 1년 단위 중심의 학교 운영은 많은 문제점을 가지고 있습니다. 공립학교의 경우 교장, 교감 그리고 교사가 계속 바뀌기 때문에 중장기 비전을 갖지 못하는 경우가 많습니다. 혁신학교 3, 4년 차 교장선생님들을 면담해 봤습니다. 그분들은 자신이 학교를 떠나도 좋은 문화와 전통, 교육과정이 지속되기를 희망하고, 이를 위한 시스템과 문화 구축에 노력을 기울이고 있는 모습을 공통적으로 보였습니다. 구성원들이 치열한 논의와 토론 끝에 합의한 학교의 문화와 시스템이 좋은 성과를 내고 있다면 다른 교장이 오더라도 쉽게 바꿀 수는 없을 겁니다. 이분들은 자신이 없어도 여전히 좋은 학교라는 평가를 받는 것까지 고민하고 있었습니다. 단기적인 관점에서 학교를 보지 않고, 최소 4년 아니 그 이상 학교의 비전에 대해서 고민했다는 증거입니다.

학교운영계획서: 1년에서 4년으로

학교의 비전은 최소 4년 이상 구상되어야 합니다. 교장공모제 운영계획서를 한번 보세요. 엄청나게 많은 계획을 제시합니다. 그 많은 계획을 보면서 사람들은 질리기도 합니다. 제가 보기에 단계를 밟을 필요가 있습니다. 1년차에는 기반 조성이 필요하겠지요. 교사들을 도울 수 있는 시스템 구축을 모색해야 합니다. 보조 인력 채용, 교사 잡무 경감, 학교 네트워크 구축 등이 필요합니다. 여기에 교직 문화 개선을 시도해야합니다. 즉, 교사들의 전문성 성장에 승부를 걸어야 합니다. 참여와 소통이 살아있는 학교 문화를 구축해야 합니다. 그 과정에서 교육과정, 수업과 평가에 관한 논의를 시작하고, 일부 실험을 진행해야 합니다. 2년차에는 교육과정과 수업, 평가에 관한 시도를 진행해야 합니다. 3년차에는 완성도를 높여 나가야겠지요. 4년차부터는 성과 측정 및 홍보 등이 필요합니다. 해마다 연차별 계획과 목표를 분명히 세워 나가야 합니다. 이 과정에는 평가와 반성이 필요하겠지요. 매 학기 학생과 학부모, 교사의 설문조사와 인터뷰 등을 통해 한 학기 활동을 반성하면서, 발생된 문제를 어떻게 극복할 것인가에 관한 논의를 시작하고 다음 학기를 준비해야 합니다.

TF팀을 통한 비전과 철학, 전략 만들기

혁신학교는 성과를 과장하고, 약점을 축소할 가능성이 있습니다. 워낙 학교에 대한 절망과 실망감이 큰 상황에서는 기존의 나쁜 관행을 하지 않는 것만으로도 학교에 대한 평가는 좋아질 수 있습니다. 특히, 교과부나 교육청 등 시행 주체들은 특정 사업에 대해서 좋게 평가하고 홍보하는 경향이 있습니다. 독자 여러분들께서 혁신학교 담당 장학사라고 가정을 해봅시다. 기자들이 혁신학교에 대해서 물어볼 때, 아무래도 좋은 이야기를 말하지 잘 안되고 있는 면을 부각시키지는 않을 겁니다. 학교도 그런 경향이 있습니다. 언론에서 몇 번 다루어진 학교일수록 좋은 학교라는 자아 도취에 빠져들 가능성이 있습니다. 혁신학교를 방문하여 하루 정도 학교에 상주하면서 수업을 관찰하고 교사들을 만나보면 학교의 분위기가 어떻고 장·단점이 어떤 것인지를 대략 파악할 수 있습니다. 몇 년을 고생하면서 학교를 고민한 혁신학교 교사들의 결과물을 하루 이틀만 봐서는 당연히 평가할 수 없습니다. 그러나 대략적인 분위기는 보입니다. 혁신학교의 성과는 아이들의 표정과 수업 장면에서 드러나기 때문입니다.

운동 선수들에게 코치와 감독이 존재하는 이유는 무엇입니까? 코치와 감독이 선수들보다 운동을 잘하기 때문입니까? 운동장 밖에 있기 때문에 더 잘 보기 때문입니다. 경험과 전문성이 있다면 경기 장면의 문제점이 보이기 마련입니다. 혁신학교도 코치와 감독이 필요합니다. 사실 무수히 많은 연구시범학교 보고서가 있습니다. 그러나 그 보고서의 가치에 대해서 높게 평가하는 이는 별로 없습니다. 왜 그럴까요? 학교 내부의 교사들이 작성하다 보니 객관성을 상실했기 때문이라고 생각합니다. 결론을 거의 내려놓고, 과정을 맞추어 쓰는 경향도 있습니다. 저는 그동안 연구시범학교 보고서에서 실험 결과가 나쁘게 나온 것을 본 적이 없습니다. 그 많은 프로그램들이 그렇게 좋은 성과를 냈으면 당연히 일반화가 되어야 하고, 학교에 변화가 일어나야 하는데 현실은 왜 그렇지 못합니까? 혁신학교는 기존의 연구시범학교와는 다른 관점과 철학을 가지고 접근하고 있습니다. 그렇다면 외부인의 시각과 관점에서 학교 상황을 바라보고, 같이 논의할 수 있는 그룹이 필요하다고 생각합니다. 외부인의 시각은 유의미한 참고 자료가 될 수 있습니다.

가능하면 학교의 문을 열어서 외부 연구자와 함께 학교 모습을 만들어가는 것도 필요해 보입니다. 학교가 시도한 모습을 가능하면 학문적, 이론적, 경험적 체계를 바탕으로 정리해본다면 현장 없는 이론, 이론 없는 실천이라는 고질적인 한국 교육의 병폐를 극복할 수 있지 않을까요?

본질 집중의 원리

제가 얼마 전에 식구들과 함께 집 근처 삼겹살집에서 저녁을 먹었습니다. 제가 간 삼겹살집은 참 인상적이었습니다. 확실한 주차 서비스, 어린이 놀이방, 화려한 인테리어, 화로구이, 풍성한 동치미 국물과 맛깔난 된장, 양 많고 다양한 쌈, 고구마 서비스 제공, 옛날식 김치찌개 등 서비스 하나하나가 정말 마음에 들었습니다. 그런데 결정적으로 이 집은 고기가 맛이 없었습니다. 제 입맛에는 영 별로였습니다. 삼겹살집이 다 좋은데, 고기만 시원찮은 이 상황을 어떻게 받아들여야 합니까?

혁신학교도 마찬가지입니다. 혁신학교의 본질은 무엇입니까? 교육과정·수업·평가의 혁신입니다. 이 세 영역에서 혁신학교는 일반학교와 차별화되어야 하며, 동시에 일반학교를 견인해야 합니다.

예산지원 받은 것으로 방과후 수업, 체험활동, 자체행사 등 보여주기식 행사를 많이 해봐야 피곤하기만 할 뿐 본질적인 변화를 만들어내는데 한계가 있을 수밖에 없지요. 교육과정과 수업, 평가 혁신이 이루어질 때, 추후에 예산이 지원되지 않는다고 해도 지속가능한 학교 혁신 모델이 만들어집니다.

최근 들어 배움의 공동체 운동이 많이 도입되고 있습니다만, 저는 그것 자체가 목적은 아니라고 생각합니다. 배움의 공동체, 네트워크, 참여와 소통 등의 솔루션도 결국 교육과정과 수업, 평가 혁신을 위한 도구입니다. 이를 위한 기초 작업이겠지요.

교육과정과 수업, 평가 혁신

교육과정 특성화와 다양화는 혁신학교의 생명입니다. 교사들의 수업 재구성, 독서연계, 체험연계교육, 주제통합교육, 교과통합교육, 지역화교육, 진로연계교육, 역량교육 등 학교에서 추구하는 핵심 가치와 철학은 결국 교육과정으로 구현되어야 합니다. 이를 위한 교사들의 논의와 고민이 필요하겠지요. 학교의 철학과 비전, 교육 목표가 세워진다면 그것을 구현할 수 있는 최적의 교육과정을 모색해야 합니다. 기존의 다양한 교육 프로그램이 있다면 그것을 관통하는 핵심 가치를 추출하고, 유사한 내용으로 묶어 교육과정으로 특화시켜야 합니다. 많은 학교에서는 교육과정과 학교 프로그램이 별도로 구성되는 경향이 있습니다. 지역화교육과정도 고민을 해봐야 합니다. 우리나라 교육과정은 사실 모든 학교가 비슷합니다. 교과서도 유사합니다. 지역 자체를 교육과정으로 연결시켜보면 어떨까요? 지역의 역사, 사람, 조직, 제도, 문화, 경제 등은 사실 훌륭한 교육 자원입니다. 갈수록 애향심을 잃어가는 요즈음 학생들에게 얼마나 유의미한 교육이 되겠습니까? 지역을 지키고 발전시켜보겠다는 마음을 가진 학생들을 배출한다면 그것 만큼 가치로운 일이 어디있겠습니까? 서울과 부산 등 대도시로 모두가 떠나가는 상황에서 자급 공동체를 지역에서 일구어나가는 모습은 얼마나 아름답습니까?

이를 위해서는 교사들의 학습이 필요하겠지요. 처음에는 수업을 바꾸는 데 교사들이 노력을 기울이겠지만 그다음 단계로는 결국 교육과정을 건드려야만 합니다.

잡무 경감

핸드폰 문자 메시지도 무한정 받을 수는 없습니다. 불필요한 메시지를 삭제해야 새로운 메시지를 받을 수 있습니다. 지금 학교는 기존 메시지를 삭제하지 않은 채 새로운 메시지를 계속 받고 있는 형국입니다. 예전에 하던 사업은 사라지지 않은 채 관행으로 계속 내려옵니다. 그 일은 여전히 살아있는데, 새로운 일을 하라고 하니 혁신이 제대로 되겠습니까?

혹자는 잡무 경감을 말하면 두 가지 불만을 제기합니다. 칼퇴근

하는 교사들이 많다. 방학때 노는 교사들이 얼마나 많은데 일이 많다고 불만을 표하느냐고 오히려 비판을 합니다. 그러한 주장에 대해서 딱히 방어하기 쉽지 않습니다. 한 가지 분명한 사실은 많은 학교에서 수업보다는 행정업무에 더 많은 신경을 쓰고 있다는 점입니다. 학교의 관료주의적 폐해가 여기에서 드러나지요. 하루에 엄청나게 쏟아지는 학교 내부에 존재하는 메신저는 그것 자체가 교사들에게는 일입니다.

성공적인 혁신학교를 보면, 교사들이 행정업무보다는 수업과 학급운영에 더 많은 노력을 기울일 수 있는 문화와 시스템, 지원 체제를 갖추고 있습니다. 보평초등학교처럼 교무실과 행정실을 통합한 학교도 있습니다. 장곡중학교처럼 행정지원 인력을 확보해서 이들이 공문처리와 업무처리를 하기도 합니다. 교감이 직접 공문을 생성하고 처리하는 혁신학교도 있습니다. 결재만 하는 기존의 교감상과는 확연히 다르지요. 행정업무 전담팀을 구성해서 일부 비담임과 부장 교사, 행정지원 인력이 결합하여 공문의 상당 부분을 처리합니다. 아울러, 불필요한 학교 내부의 지침과 관행은 과감하게 폐기합니다. 학교 업무의 상당 부분은 교과부나 교육청에서 내려오기보다는 학교에 남아 있는 관행으로 처리하는 면이 적지 않습니다. 항상 감사를 대비해서 일을 하기 때문입니다. 교과부나 교육청의 의지와 노력만 있으면 사실 불필요한 잡무 경감이 가능합니다. 다만, 잡무 경감의 목표는 교사를 편하게 만들어 쉬게 하자는 측면보다는 질 높은 수업과 교육과정과 평가에 집중하기 위함임을 잊지 말아야 합니다.

사람에게 투자하는 예산

많은 학교에서 범하는 오류 중 하나가 시설에 지나치게 많은 비용을 투자하는 것입니다. 교장 리더십이 교체될 때 가장 먼저 하는 사업 중 하나가 시설 개선입니다. 학교 시설 개선은 당연히 필요합니다. 학생들의 자긍심을 높일 수 있고, 학습 효율성을 높일 수 있기 때문입니다. 그러나 더욱 중요한 원칙은 사람과 프로그램이어야 합니다. 예산을 통해서 사람의 역량을 길러낼 수 있는 방안에 대해서 고민해야 합니다. 아울러, 예결산의 효율적인 집행을 위해서 예산 설정의 방향에 대한 내부 구성원들의 치열한 논의가 필요합니다. 그런 점에서 예산 역시 전시행정으로 흐르지 않도록 조심해야 합니다. 하드웨어보다는 소프트웨어에 방점을 찍을 필요가 있습니다. 기획이 부실할수록 예산은 편하게 씁니다. 학생들 간식비, 방과후 활동 지원비, 시설비, 교원복지비 등의 예산 비중이 지나치게 높은 것은 아닌지 세밀하게 따져봐야 합니다.

제 5 장

성공적인
혁신학교를 위한 제언

혁신학교에 관한 담론이 비교적 활발한 것 같습니다. 학부모님들이 모인 인터넷카페에서 어느 학교가 괜찮고, 어느 학교가 별로라는 이야기가 종종 벌어집니다. 혁신학교에 대해서 일반학교와 별반 다르지 않다는 소리도 많았습니다. 일종의 연구시범학교에 불과하다거나 열린학교가 실패했듯 혁신학교도 실패할 거라며 부정적으로 바라보는 분들도 적지 않았습니다. 저도 혁신학교를 만들기 위해서 많은 분들을 만나봤는데 초창기에 비해서 지금은 많이 좋아졌습니다. 경쟁률도 해마다 높아지고 있습니다. 초기에는 혁신학교가 뭔지도 몰랐는데 지금은 혁신학교에 대하여 단위학교에서 고민을 하기 시작하는 것 같습니다. 물론 지정된 혁신학교가 다 잘한다고 보기는 어렵습니다. 혹평을 받는 학교도 일부 존재합니다. 설령 혹평을 받는 학교라고 해도 혁신학교로서 잘해야 한다는 부담감을 가지고 있는 것은 분명해 보입니다. 어떤 혁신학교를 보면 안타까운 마음이 들기도 합니다. 혁신학교에 관한 절대적 가치를 놓고 보면 미흡한 면이 있지만, 그 학교가 초창기부터 시행착오를 거쳐 조금씩 변화되는 모습을 보면 희망이 보이기도 합니다. 그런 점에서 혁신학교가 일종의 유행이 아닌 한국 교육을 바꾸는 교두보로서의 역할을 어떻게 할 수 있게 만들며, 그 시행착오를 어떻게 줄여나갈 것인가는 매우 중요한 과제입니다.

다음과 같이 제언하고자 합니다.

교육청

혁신학교의 수를 무리하게 늘려서는 안 됩니다

혁신학교 수를 얼마 이상 늘리겠다는 내용이 진보교육감들의 공약입니다. 그런데 우려스러운 점이 있습니다. 혁신학교는 일종의 실험학교 성격이 있습니다. 따라서 양적 확대보다는 질적 깊이를 더하는 것이 바람직합니다. 혁신학교 자체가 목적이 아니라 일반 학교를 견인하는데 목적을 두고 있다면, 200개의 혁신학교를 양산하기보다는 제대로 된 혁신학교 20개를 만드는 것이 더 중요하다고 생각합니다. 이를 위해서는 철저히 준비된 그룹들이 혁신학교를 운영할 수 있도록 교육청이 최대한 도와야 합니다. 숫자가 많아지면 질 관리와 지원이 그만큼 어려워지게 됩니다.

성과에 대한 집착보다는 과정에 대한 분석이 중요

혁신학교를 보면 실제 좋은 평가를 받고 있는 학교는 생각보다 적습니다. 실패하는 학교든 성공하는 학교든 종단 연구가 필요하다고 생각합니다. 누가 무엇을 어떻게 시도했으며, 그 과정에서 어떤 어려움이 발생했고, 그 어려움을 어떻게 극복했는가를 발견해야 합니다. 동시에 해결하지 못한 문제가 무엇이며 그 원인이 무엇인지 살펴봐야 합니다. 어려움을 극복한 학교와 그렇지 못한 학교가 존재한다면 그 원인은 어디에 있는가를 연구해야 합니다. 양적 연구와 질적 연구를 결합하여 과정에 대한 철저한 분석이 있어야 합니다.

교육청은 항상 성과를 드러내려는 경향이 있습니다. 약점은 숨기고 성과는 최대한 드러냅니다. 그 과정에서 정책과 현장의 괴리 현상이 발생할 수 있습니다. 교육청은 잘하고 있다고 말하는데 막상 현장의 반응은 시원찮은 경우가 발생합니다. 그런 점에서 혁신학교의 성과를 정확히 파악하고, 그에 따른 원인과 결과, 의미를 심층적으로 분석할 수 있는 과정을 만들어야 합니다. 교육청 이외의 조직에서 혁신학교에 관한 연구를 제대로 시작할 필요가 있습니다.

외적 인센티브보다는 내적 인센티브에 주목

혁신학교는 승진 가산점과는 무관해야 합니다. 혁신학교는 교육의 본질로 승부해야 합니다. 승진 점수는 오히려 혁신을 방해할수 있습니다. 어떤 학교를 보면 승진 점수 때문에 모인 교사들이 많았는데, 그 결과 경력 교사들이 많았습니다. 이 경우 학교가 안정적이기는 하지만 인적 자원의 균형이 상실되어 업무 추진에 어려움을 겪기도 했습니다. 젊은 교사들이 일을 더 많이 분담하는구조가 형성되었기 때문입니다. 외적 인센티브가 없으면 혁신학교에 대한 지원률이 떨어질 수도 있고, 경쟁의 열기가 낮아질 수도 있겠지요. 하지만 외적 인센티브가 아니어도 제대로 교육해보고 싶은 분들을 중심으로 혁신학교를 꾸리겠다는 교육청의 철학이 분명히 세워질 필요가 있습니다. 교사는 승진 가산점으로 사는 것이 아니라 가르치는 기쁨으로 살아야 하기 때문입니다. 혁신학교에 근무하는 것 자체가 교사에게는 큰 보상이라는 관점을가져야 합니다.

교육청 혁신이 중요

학교의 혁신을 말하기 전에 교육청 혁신이 먼저 필요합니다. 교육청을 보면 일반직과 전문직의 분리된 모습, 상명하복, 칸막이문화가 여전히 많이 남아 있습니다. 진보교육감이 들어오면서 변화를 시도하고 있지만 오랫동안 내려온 뿌리 깊은 조직 문화를 쉽게 바꾸기는 어려울 겁니다. 하지만 교육청부터 토론 문화가 없고 소통 문화가 없다면 그 과정에 익숙해진 전문직들이 다시 학교로 왔을 때 어떤 일이 벌어지겠습니까? 전문직 출신 교장·교감들이 유능하다는 평가가 있기도 합니다만 전시 행정을 더 많이 벌인다든지 권위적인 모습이 더욱 강하다는 교사들의 평가도 분명히 존재합니다. 그 이유가 무엇일까요? 교육청에서 일하던 방식을 학교에도 적용하기 때문이라고 생각합니다. 학교 혁신을 말하기 전에 교육청 혁신이 선행되어야 합니다. 예컨대, 잡무 경감을 단위학교에서 아무리 하려고 해도 교육청의 지원과 지지 없이는 상당한 한계에 봉착할 수밖에 없습니다.

학부모

학교운영위원회 참여

혁신학교는 학교운영위원회로부터 시작됩니다. 많은 학부모님들께서 혁신학교에 관한 좋은 소문을 듣고 시작하려고 했음에도 불구하고 학교운영위원회의 반대로 시작되지 못한 경우가 많습니다. 학교운영위원회에 대해서 학부모님들의 관심은 적은 편입니다. 인원을 대부분 채우지도 못합니다. 학교 측에서 부탁을 해서 간신히 몇 분을 모시는 경우가 많지요. 많은 학교에서는 교장선생님이 부탁을 해서 학부모위원들은 무투표 당선이 됩니다. 학교운영위원회가 많은 비판을 받는 이유 중 하나가 학교운영위원회가 자체적으로 안건을 발의하지 못하고 학교 측이 제시한 안건을 대부분 통과시켜 준다는 점입니다.

혁신학교는 기본적으로 학부모님과 교사들의 절대적인 찬성과 지지가 필요합니다. 이를 위해서는 내부적인 논의가 충분해야 합니다. 여기에 승진형, 초빙형, 내부형 교장 중 어떤 교장 제도를 채택할 것인가가 논의되기도 합니다. 학부모님과 교사들의 의견 수렴 절차가 필요하고, 이를 바탕으로 학교운영위원회가 심의를 해서 교육청에 혁신학교 지정과 교장 임용제 선택권을 요청하게 됩니다. 그런데 학부모와 교사들이 혁신학교 도입을 압도적으로 찬성했는데, 교장선생님이 원하지 않는 경우 그 뜻을 학교운영위원회가 받드는 경향이 있습니다. 결국 좌절된 경우를 많이 봤습니다. 민의가 왜곡되는 겁니다. 이러한 민의 왜곡 현상을 막으려면 어떻게 해야 할까요? 혁신학교에 뜻이 있는 학부모님들이 학교운영위원회에 적극 참여하셔야 합니다. 혁신학교는 좋은 교장선생님을 필요로 합니다. 좋은 교장을 초빙하기 위해서는 일차적으로 학교운영위원회가 제대로 서 있어야 합니다. 학교운영위원회의 중요성을 간과해서는 안 됩니다. 학교를 제대로 바꾸어보고 싶은 마음을 가진 학부모, 시민이라면 학교운영위원회부터 참여

해야 합니다.

학부모님의 학습 필요

제가 '사교육걱정없는세상'에서 활동을 하면서 많은 학부모님들을 만나봤습니다. 많은 학부모님들이 경쟁 교육을 시키고, 사교육에 아이들을 보냅니다. 그러면서도 내심 '이건 교육이 아닌데…' 하는 생각을 가지고 있습니다. 그렇지만 '남들도 다 하는데 우리 집 아이만 안 할 수는 없잖아'라는 생각을 동시에 가지고 계십니다. 이러한 학부모님들에게 교육의 본질에 대해서 함께 이야기하고, 경쟁교육보다 협력교육을 지향하는 것이 아이들에게 결코 손해가 되지 않는다는 메시지를 과학적 근거를 가지고 말씀을 드리면 편안해 하십니다. 마음의 부담을 덜 수 있게 되었다는 겁니다. 이후 학부모님들이 지역을 중심으로 정기적으로 모여서 책을 읽고 강사를 초빙하여 강의를 듣고 자녀교육에 관한 고민을 함께 나누는 모습을 볼 수 있었습니다. 옆집 아주머니의 말 한마디에 무너지는 교육은 안됩니다. 아이를 위한 교육이 진정으로 무엇인가에 대해서 고민할 때가 되었습니다. 이를 위해서는 학부모님들의 학습 커뮤니티가 필요합니다. 그 커뮤니티는 어디서 만듭니까? 가능하면 학교에서 학부모님들과 함께 만들어야겠지요. 최근 교과부나 교육청이 지원하는 학부모 지원 사업이 많이 있습니다. 그러한 지원 사업에 공모하여 지정된다면 간단한 운영비, 강사비, 간식비 정도는 충분히 지원받으면서 학부모 사업을 진행할 수 있습니다. 그것이 아니어도 뜻 맞는 학부모님들끼리 격주마다 한 번씩 모여서 좋은 책을 읽고, 삶을 나누는 것 자체가 혁신 아니겠습니까?

학부모 동아리와 커뮤니티 활성화

학부모의 월례 강좌라든지 학부모 커뮤니티가 계속 만들어져야 합니다. 이러한 과정을 통해 학부모의 공감대와 유대감이 만들어진다면 학부모들이 학교의 교육력으로 작용할 수 있습니다. 학부모님들이 일시적으로 학교 업무를 보조해주는 수준이 아니라 재능 기부 방식을 통해 제2의 교사로 존재했으면 좋겠습니다.

저도 매주 네다섯 가정이 함께 모여 교제를 합니다. 서로의 삶과 아이들의 삶에 대해서 함께 대화를 나누고, 식사도 같이 하고, 같이 놉니다. 부모들이 대화하는 사이 아이들은 아이들끼리 어울리고 놉니다. 같이 어울리면 재미있습니다. 무엇보다 대화를 통해 서로 성장합니다. 그런 점에서 학부모 동아리와 커뮤니티 활성화가 필요합니다. 가끔씩 아버지들끼리 축구를 해보는 것은 어떨까요? 보평초등학교만 해도 학부모 동아리 활동이 매우 활발합니다. 서정초등학교 역시 인터넷 카페를 통하여 어머니모임·아버지모임을 만들었고 자연스럽게 오프라인 모임으로 이어져 활동하고 있습니다. 현실의 관계성이 좋아지면 자연스럽게 온오프라인 활동으로 이어집니다. 온오프라인 학부모 커뮤니티가 활성화됩니다. 예전에는 동네에서 아이들이 어른들에게 함부로 하지 못했습니다. 서로가 다 아는 처지에 함부로 행동할 수 없었지요. 동네에서 아이들이 담배를 함부로 피웠다가는 그 소식이 바로 부모의 귀에 들어가게 되고, 이후 많이 혼나기도 했습니다. 지금은 익명성의 공간이 커지면서 자신의 자녀만 바라보고 남의 자녀를 바라보지 못하는 경우가 발생합니다. '다 같이 자식을 키우는 마음'이 사라지는 겁니다. 예전에 동네에서 어른들이 아이들의 문제에 관심을 가지고 함께 키웠던 그 정신으로 돌아가야 합니다. 그것이 진정한 학교 공동체 아닐까요?

혁신교육에 대한 확신 필요

혁신학교에 다니면서 학부모님들을 종종 뵈었습니다. 혁신학교에 아이를 다니게 하는 분 정도면 나름 혁신교육에 대한 확신을 가지고 계시는 거죠. 그 확신은 아이의 반응을 통해 확인하는 것 같습니다. 아이가 행복해하고, 공부를 즐거워하고, 선생님을 존경한다는 겁니다. 학교를 자랑하기도 하지요. 그것 자체가 혁신학교의 열매라는 생각을 합니다. 물론, 문제풀이식 교육을 별로 하지 않는 부분에 대해서 약간의 불안감을 가진 분들도 계십니다. 혁신학교는 아이들을 무조건 놀리는 학교가 결코 아닙니다. 오히려 기초가 떨어지는 학생들을 어떻게 배려하고 도울 것인가

246

에 대해서 치열하게 고민하는 모습을 볼 수 있었습니다. 다만, 조급하게 교육시키지는 않는 겁니다. 교과의 본질로 들어가는 거죠. 가르침과 배움이 살아있는 교육을 만들기 위해서 애를 씁니다. 그런 과정에서 아이들이 공부에 대해서 흥미를 느낀다면 자연스럽게 배움이 일어난다고 생각합니다. 초·중·고 시절에 교과서와 문제집만 반복해서 푼 학생과 적어도 몇십 권의 책을 읽고 토론하면서 글을 써본 학생 중 어느 학생의 경쟁력이 있을까요? 저는 아무리 생각해도 후자라고 생각합니다. 저도 학부와 대학원에서 강의를 합니다. 그런데 강남 등에서 사교육에 찌든 학생들은 대학교에 들어와서 고전하는 모습을 많이 봤습니다. 글에 생명력이 떨어집니다. 시대에 대한 문제의식이 떨어집니다. 자기주도적인 학습 능력이 떨어집니다. 배움을 제대로 경험해보지 못한 결과가 아닐까요? 당장 문제풀이 교육을 하는 아이들보다 혁신학교에 다니는 아이들의 성적이 떨어질 수 있습니다. 하지만 길게 보세요. 제대로 된 혁신학교에서 참된 배움을 경험한 그 학생은 공동체에 기여하는 의미있는 삶을 살게 될 겁니다.

교 사

학습실천공동체 필요

혁신학교를 준비하는 단계에서 혹은 혁신학교를 시작하는 단계
에서 가장 필수적인 일이 학습실천공동체라고 생각합니다. 그 명
명이 학습동아리든, 학습공동체든, 배움의 공동체든, 교사전문공
동체든 상관은 없다고 생각합니다. 학습을 토대로 실천이 있기
때문에 저는 '학습실천공동체'로 명명해봤습니다.

　학교를 혁신하기 위해서 몸부림쳤던 많은 이들의 이야기를 먼
저 들어봐야겠지요. 학교 혁신과 관련한 다양한 책을 읽어봐야
합니다. 또한, 혁신학교의 교육과정과 학교운영계획서를 읽어보
면서 각 학교의 장단점을 분석해봐야 합니다. 이후 학교가 처한
상황과 특성을 분석하고, 해법을 찾아야 합니다. 이를 바탕으로
구성원들이 원하는 학교 상을 서로 이야기하고 그 내용에 근거하
여 학교운영계획서 내지는 공모계획서를 만들어 봐야 합니다. 만
들어진 내용에 대해서 많은 사람들의 자문을 구할 필요가 있을
겁니다. 이때 조심해야 할 것이 모방입니다. 다른 학교에서 좋다
는 것을 기계적으로 도입해서는 안됩니다. 저는 많은 혁신학교가
배움의 공동체를 표방하는 것에 나름 의미가 있다고 생각하면서
도 아쉬움을 느낍니다. 변용과 창조적 적용, 비판적 수용이 필요

합니다. 배움의 공동체는 교직문화를 바꾸는 도구 내지는 참고자료로만 활용하고, 또 다른 관점과 접근으로 수업을 바꾸는 방식을 고민해봐야 합니다. 학교 밖 교사 자율연구모임을 보면 모여서 책을 읽고, 삶을 나누고, 수업과 교육과정을 개발하고, 강의를 듣는 과정이 있는데, 그러한 모습에서 얼마든지 교사의 발전 모델을 만들어낼 수 있다고 생각합니다.

넓은 의미의 학력 개념 필요

혁신학교는 학력에 대한 기존의 관점을 넓힐 필요가 있다고 생각합니다. 기존의 전달 모형을 탈피하여 학생과 교사의 성장이 함께 일어나는 수업을 모색해야 합니다. 이를 위해서는 교사들의 학습실천공동체가 필요하고, 이를 바탕으로 좋은 수업에 대한 연구가 끊임없이 진행되어야 합니다.

혁신학교를 탐방해보면 대체적으로 'ㄷ' 대형으로 학생 자리배치를 하는데, 교과의 의미를 살리는 수업이 대체적으로 부족한 경향이 있습니다. 교과서를 벗어난 시도가 필요하다고 생각합니다. 교과서와 연관된 독서 자료를 충분히 활용할 필요가 있겠지요. 이를 위해서는 교과 내용에 관한 충분한 고민을 통해서 교과 내용에 어떤 메시지가 있는지를 찾아가야 합니다. 그런데 대부분 전달 모형이 그치는 경향이 있었습니다. 배움이 일어나는 수업이란 무엇일까요? 저는 이렇게 정의내려보고 싶습니다.

"미래사회에 필요한 핵심 역량을 기르는 데 도움을 주기 위하여 학습자의 흥미와 요구를 바탕으로 내재된 혹은 촉발된 학습 욕구를 자극하여 학습 참여자 간 상호작용을 촉진하는 수업"

"암기식·주입식·문제풀이식 교육에서 탈피하여 교사와 학생, 학생과 학생 간 상호작용을 바탕으로 지식의 의미와 맥락을 깊이 있게 이해할 수 있도록 돕고, 배운 내용을 삶에 적용할 수 있는 수업"

"학생의 입장에서 수업의 목표와 내용, 방법을 재구성하는 수업으로서 수업모형이나 교수법이 아닌 기존 수업에 대한 반성과 변화를 추구하는 수업"

"배우는 내용에 대한 개인적 의미와 사회적 의미를 학생과 교사 간, 학생과 학생 간 상호작용(집단과정)을 통해 터득하고, 깨달은 의미를 자신의 삶에서 적용하고 실천할 수 있는 수업"

"현대사회와 미래사회를 살아가는 데 필요한 학문적, 사회적, 인간적 역량을 길러내기 위하여 학습자의 요구와 목적을 고려하여 교육과정과 수업을 재구성하고, 주체 간 상호협력을 촉진하는 수업"

여러 가지 정의가 있겠지요. 좋은 수업에 대해서 끊임없이 고민하고 그 길을 찾는 노력이 필요해 보입니다. 혁신학교란 그런 길을 찾아 떠나는 여정이 아닐까 싶습니다. 결국 학력에 대한 협소한 이해를 탈피할 때 교실 현장에서 참된 학력으로 변환되지 않을까요? 이는 결국 수업과 학력에 대한 우리의 기존 생각에 대한 반성을 1차적으로 요구합니다.

다양한 발전 모델

혁신학교에도 다양한 모델이 필요합니다. 그런데 현재 혁신학교의 다양한 모델이 별로 나타나지 않는 점이 안타깝습니다. 그 모델은 누군가가 연역적으로 만들어주기보다는 내부의 논의를 통해 귀납적으로 만들어가야 합니다. 복지형, 학점제형, 네트워크형, 참학력신장형, 배움의 공동체형, 교육과정 특화형, 지역밀착형 등 다양한 혁신학교의 상이 만들어져야 합니다.

이를 위해서는 외부의 성공 모델을 보는 것도 중요하지만 내부에서 어떻게 특성화 및 유형화를 할 것인가를 고민해야 합니다. 그리고 다양한 사업을 벌이기보다는 중점 사업에 집중할 필요가 있습니다.

다양한 프로그램을 많이 돌린다고 해서 학생들의 만족도가 높지는 않습니다. 핵심은 학생과 교사의 관계성입니다. 중점 사업 몇 가지를 집중적으로 진행하되 그 과정에서 학생과 교사의 관계 맺음이 제대로 이루어진다면 학생과 학부모의 평가는 상당히 좋아지게 되어 있습니다.

그런 점에서 혁신학교는 뭐든지 잘하는 학교라는 생각에서 탈피해야 합니다. 그렇지 않으면 교사와 학생들이 힘들어질 수 있습니다. 특화된 사업을 제대로 수행하는 것이 바람직합니다.

사람이 자산입니다

혁신학교의 최대 자산은 무엇일까요? 저는 그것을 준비한 사람과 실천한 사람, 그리고 교육을 받은 아이들이라고 생각합니다. 저 개인적으로 혁신학교를 팀과 함께 준비한 경험이 여섯 차례 이상입니다. 그런데 두 군데만 성공을 했습니다. 매주 모여서 학습하고, 때로는 밤을 세워서 토론하고 문서를 같이 만들었는데도 역부족이었습니다. 어떨 때는 실력보다는 석연찮은 다른 이유로 떨어진 경우도 있었습니다. 그럴 때 좌절하는 후배 선생님께 제가 해준 말은 다음과 같습니다.

"괜찮아. 비록 혁신학교를 만들지는 못했지만 그 과정을 준비
하면서 성장을 한 당신을 얻었잖아."

평교사들이 좋은 학교를 만들어보겠다는 열망 하나로 모여서 학습하고 토론하고 학교에 대한 꿈을 꾸었다는 그 사실만으로 희망의 씨앗은 벌써 뿌려진 것이 아닐까요?

공교육에 대해서 많은 이들이 절망하고 있습니다. 누군가는 절망하고 쓰러지겠지만 또 다른 누군가는 그 절망을 뚫고 사람을

모으고 학교를 만들어갑니다. 그 꿈이 어찌 혁신학교에 근무하는 선생님만의 몫이겠습니까? 공교육에 존재하는 모든 교사들의 희망이며, 학부모의 바람이며 학생들의 소원아니겠습니까?

그렇기 때문에 실패는 실패가 아니고, 좌절은 좌절이 아닙니다. 누군가가 길을 개척하면 수많은 사람들이 그 길을 따라오기 때문입니다. 보평초등학교 서길원 교장 선생님의 인터뷰를 인용하며 글을 맺겠습니다.

> "우리의 싸움은 거시적 싸움과 미시적 싸움을 동시에 해야 희망이 있다는 생각이 들었습니다. 미시적 싸움이란 실천적·대안적 운동이며, 거점 운동이자 지역을 지키는 운동을 뜻합니다. 그동안 우리의 싸움은 주로 중앙 운동이었고 제도적 싸움이었습니다. 단결만이 전부라고 보는 거죠. 그런 것도 필요하지만 나중에는 소진되어요. 지금은 각 개개인이 동원되는 개체가 아니라 자신이 기획하고 실천하는 운동의 주체여야 해요. 이 시대에는 제도가 바뀐다고 해서 시스템이 갑자기 바뀌지는 않아요. 기득권들의 공고한 문화적 틀이 하루아침에 무너지지 않는다는 것입니다. 그런 점에서 현장과 대안을 제시하는 운동이 필요한 것이죠."
>
> - 보평초등학교 교장 서길원 -

참고문헌 ●●●●

강창동(2003). 『지식기반사회와 학교지식』, 서울: 문음사.

권낙원(2000). 『학습자중심 교육의 성격』, 학습자중심교과교육연구 1(1), 12-29.

권영길 국회의원(2009.4). 『외고·자사고 학생 부모 직업분석 보고서』, www.ghil.net

　　　　　　　(2010.3) 『연고대 입시 외고 잔치』, www.ghil.net

길형석(2001). 『학습자중심교육에서의 교수원리 연구』, 학습자중심교과교육연구, 1(2), 1-30.

김경근(2005). 『한국사회 교육격차의 실태 및 결정 요인』, 교육사회학연구, 15(3), 1-27쪽.

김대현(2007). 『배움과 돌봄 학교공동체의 이념 탐색과 교육과정 운영 방안』, 교육사상연구 21(2), 101-122.

김성천(2007). 『교사자율연구모임을 통한 교사 전문성 성장 과정』, 성균관대학교 박사학위논문.

김성천(2009). 『학교 혁신의 핵심 원리: 교장공모제를 실시한 D 중학교를 중심으로, 교육사회학연구』, 19(2). 59-89.

김성천 외(2008). 『창의적 인재 정책의 방향과 과제』, 한국교육개발원.

김성천·이성대 외(2009). 『혁신학교 관련 내부토론회 자료집』, 경기도교육청.

김진호(2008). 『학습자 중심 수업에 대한 오해와 진실』, 초등수학교육, 11(2), 81-94.

김현섭(2011). 『혁신학교 운동을 위한 수업 혁신 모델 비교 연구』, 미발표원고.

김윤태 외(1984). 『교사와 교직사회』, 서울: 배영사.

김태현·김태훈·김성천·송인수 외(2009). 『사교육격정없는선진내신체제를 설계한다』, 사교육걱정없는세상.

경기도교육청(2010). 『공교육의 희망 혁신학교』, 경기도교육청.

고양중학교(2011). 『학교운영계획서』, 고양중학교.

박기태(2005). 『사이버외교사절단 반크』, 서울: 한언.

박삼철(2005). 『학교조직 변화과정 모델 탐색: 학교조직문화와 기술구조적 접근의 수용적 통합』, 교육행정학연구 23(1), 49-69.

덕양중학교(2011). 『학교운영계획서』, 덕양중학교.

Lave.J & Wenger. E (1991). Situated Learning. Legitimate peripheral participation, Cambridge: University of Cambridge Press

Reimer. E(2005). 『학교는 죽었다』, 김석원 역, 한마당.

이광호 외(2010). 『학교를 바꾸다』, 서울: 우리교육.

이영만·박동섭(2010). 『배움의 공동체의 인식론적 배경탐구』, 초등교육연구 23(1), 183-209.

이우학교(2011). 『학교운영계획서』, 이우학교.

이수광 외(2011). 『강원도 미래학교 모형에 관한 연구 전문가 토론회』, 강원도교육연구원.

이종태(2007). 대안교육 이해하기. 서울: 민들레출판사.

이한(1999). 『학교를 넘어서』, 서울: 민들레출판사.

Illich. I(2009). 『학교없는사회』, 박홍규 역, 생각의 나무

Stoll, L.(2002). *School culture: black hole or fertile garden for school improvement?*. in j. Prosser(Ed). School culture, (pp. 30-47), London: Paul Chapman.

Schön, D. A.(1983). *The reflective practitioner: How professionals think in action*. New York: Basic Books.

Schön, D. A.(1987). *The theory of Inquiry: Toward a new design for teaching and learning in the professionals*. San Francisco: Jossey-Bass.

서울대 대학생활문화원(2010년 5월 보도자료). 『2010학년도 신입생 특성조사 주요 결과』, http://snucounsel.snu.ac.kr/

서정초등학교(2011). 『학교운영계획서』, 서정초등학교.

佐藤学(2003). 『授業を変える学校が変わる』, 손우정 역(2007), 수업이 바뀌면 학교가 바뀐다, 서울: 에듀케어.

소경희·이화진(2001). 『지식기반사회에서의 학교 교육과정 구성을 위한 기초연구(II)』, 서울:교육과정평가원.

손우정(2004). 『배움의 공동체를 기반으로 한 수업 개혁에 관한 연구』, 교육학연구 42(3), 375-39

손우정(2009). 『배움의 공공체를 기반으로 한 학교 개혁』, 협동학습 저널, 겨울호 6.

오욱환(2005). 『교사전문성』, 서울: 교육과학사.

양종철(2009). 『대기업은 어떤 사람을 뽑을까』, 서울: 길벗.

유상덕(2006). 『일본의 '배움의 공동체 운동' 사례 연구』, 한국교육연구 11(1), 85-110.

윤창국(2002). 『학습공동체 논의의 유형과 특성에 관한 연구』, 서울대학교 석사학위논문.

존 테일러 개토(2005). 『바보 만들기』, 김기협 역, 민들레.

최미정(2004). 『학습자 중심 수업 설계에 대한 의미 탐색. 학습자중심교과교육연구 4(1), 93-124.

Watkin, C.(2005). *Classroom as Learning Community*. New York: Routledge.

Harvey, J. B(2006). 『왜 아무도 NO라고 말하지 않는가?』, 이수옥 역. 크레듀

Hoy, W. K and Miskel, C. G(1996). *Educational Administration: Theory, Research, and Pratice*. New York: Random House.

한숭희(2008). 『학습사회를 위한 평생교육론』, 서울: 학지사.

홍덕고등학교(2011). 『학교운영계획서』, 홍덕고등학교.

CBS 기사(2011.6.13). 『지방대 우수인재, "대기업 문을 두드려라. 열릴 것이다』

세계일보(2009.7.16). 『1인당 기부액 10만원… 美의 10% 수준. http://www.segye.com

월간 좋은교사 2010.7월호. 『만나고 싶었습니다』

학교교육과정에 대한 고민의 시작이 혁신학교 성공의 관건이라
생각됩니다. 조현초등학교, 덕양중학교, 홍덕고등학교의 교육과정을
요약 발췌하여 사용할 수 있도록 허락해주신 학교에 감사드립니다.

학교교육과정

1. 자율학교 조현교육의 상(像)

지 향 교원의 자발성으로 농촌 학교의 새로운 모델 만들기

성 격

▶ 교원, 학부모, 학생, 지역사회의 참여와 자치로 운영되는 공동체학교
▶ 학생의 창의성과 자기 주도적 학습을 중시하는 학습자 중심의 학교
▶ 지역사회에 긍지와 희망을 주는 학교
▶ 교육격차 해소와 복지를 위해 노력하는 학교

운영방식 민주적 운영으로 소통, 협력, 자발성을 존중하는 학교

교육방향
① 개인의 능력을 최대한 살리는 맞춤 교육

② 자기 발견과 나눔을 배우는 활동 중심 교육

③ 생태 체험과 문화예술 체험을 통한 감성 교육

④ 생활 속에서 자기를 바로 세우는 실천 교육

교육과정 교육과정 지역화, 집중이수, 통합학습 등 학생 중심의 다양한 교육과정 운영

학습방법 프로젝트 학습, 협동학습, 토론 학습 등 배움과 나눔이 이루어지는 질 높은 교수-학습 적용

학습활동 학생회, 특활, 학교행사를 학생 스스로 만들고 꾸려가는 학생이 주인 되는 학교

학습관

▸ 아이들은 누구나 자주성이 있고 자신만의 장점을 지니고 있다.

▸ 아이들 삶의 진정한 변화는 배움과 생활의 감동에서 온다.

▸ 감동을 주는 교육은 아이들에 대한 신뢰와 열정으로 이뤄진다.

2. 조현교육의 방향

> 모든 어린이가 자신의 잠재 능력을 최대한 발휘하고, 아름다운
> 감성, 더불어 사는 삶을 익히는 전인교육을 지향하는 학교

개인의 능력을 최대한 살리는 맞춤교육 모든 어린이가 자신의 잠재 능력을 최대한 발휘할 수 있도록 언어, 수리의 기초 학습 능력과 예술 표현 기능과 탐구 기능을 능숙하게 익히고, 종합적인 문제해결력과 통합적 사고력을 기를 수 있도록 교육과정을 재구성하여 맞춤교육을 실시한다.

교과 영역	교육과정 형태	학 습 내 용
교과	디딤돌 학습	언어, 수리 영역의 기초 기능 숙련을 위한 디딤돌 학습을 실시한다.
	발전학습	학생이 만들어 가는 교육과정으로 자기 주도적 학습을 실시한다.
	통합학습	종합적 문제 해결력 향상을 위한 주제 탐구 활동, 체험 학습과 연계한 교과통합 학습을 실시한다.
교과	다지기 학습	음악과 악기연주 기능과 체육과 체력단련을 위한 활동을 학생 자율적으로 지속적으로 실시한다.
	문화예술 학습	국어, 체육, 음악, 미술 교과 재구성한 문화예술교육 프로그램으로 운영하여 문화예술을 통한 창의성, 감수성, 사회성을 기른다.
	생태학습	학년별로 학교와 마을 주변의 생태환경을 활용한 생태체험 학습을 실시한다.
재량활동	창조학습	예술적 표현기능, 탐구기능, 창의적 능력을 기르기 위한 주기 집중학습을 실시한다.
특별활동	어울마당	전교생이 함께하는 자치, 적응, 행사 활동을 실시한다.
	동아리	4~6학년의 계발활동으로 학생 스스로가 만들어가는 동아리 활동을 실시한다.

자기 발견과 나눔을 배우는 활동 중심 교육 다양하고 자유로운 자기 표현 활동으로 친구들과 함께 나누며, 세상과 소통하는 능력을 익히기 위해 활동 중심 교육을 실시한다.

종류	활 동 내 용
표현 학습	이야기 나누기, 글쓰기와 보고서 쓰기, 신체표현과 음악표현, 수작업과 정보통신기기 사용 등 자기표현 능력을 학습하게 한다.
협동 학습	모둠활동을 통한 공동작업과 협동적 탐구, 토론학습과 민주적 의사 결정 방법 익히기를 통해 고등정신을 촉진하고 협력을 배우게 한다.
체험 학습	산책과 자연체험, 고장답사와 박물관 학습, 테마가 있는 여행, 과학 실험과 노작, 재배와 사육, 구체적 조작과 체험 활동을 통해 세상을 배우게 한다.

생활 속에서 자기를 바로 세우는 실천 교육 작은 것부터 정성으로 대하는 법을 배우고 익힘으로써 자기 절제력을 기르고 공동체 일원으로 살아가는 실천 교육을 실시한다.

종류	활 동 내 용
기초생활 교육	자신의 주변을 청결하게 할 수 있고, 실내에서 정숙하고, 다른 사람의 의견을 경청하는 교육을 실시한다.
학습 습관 교육	학습 준비 잘하기, 바른 글씨와 공책 정리 잘하기, 자기주도적 학습 등 학습의 기초를 바로 세우는 교육을 실시한다.
마무리 교육	천천히 정확하게 하기, 바르게 정리 잘하기, 책상과 의자 바르게 정리하기 등 일의 마무리를 분명히 하는 교육을 실시한다.
성찰 교육	수업 전 아침 활동으로 명상, 음악 감상, 시 낭송, 친구 이야기 듣기 등 고요한 마음으로 아침을 여는 성찰 교육을 실시한다.

생태 체험과 문화예술 체험을 통한 감성교육 학생들의 정서 함양과 창의력 신장을 위해 학생들에게 자연, 책, 예술과 벗할 수 있는 환경을 조성해 주고, 문화예술 체험 활동을 통한 감성교육을 실시한다.

종류	활동 내용
문화예술 교육	교과를 재구성한 '문화예술교육'과 창의적 재량활동을 재구성한 생태문화예술학습인 '창조학습'을 통해 친구와 어우러지고 몸으로 느끼면서 감수성과 창의력을 기른다.
생태 교육	학교 생태학습장과 학교 주변 생태환경을 활용하여 농사, 원예, 캠프, 탐사 등 체험활동과 자원 절약의 실천을 통해 생태적 감성과 생명의 소중함을 일깨운다.
독서 교육	독서를 생활화 하고 다양한 분야의 학습도서를 교재로 활용하여 폭넓은 교양과 창의력을 기른다.

3. 조현 교육 5대 혁신 추진 사항

수업혁신

① 교과재구성을 통한 『조현 꿈자람 교육과정 9형태』 운영
② 다양한 상시평가와 논술평가 『자기생각만들기』 등 평가방법 혁신
③ 동료성에 기반한 배움과 협력의 『조현 수업 만들기』

교실혁신

① 『조현학생생활인권규정』에 의한 배려와 존중의 즐거운교실 만들기
② 소통과 나눔으로 꿈을 키우는 『조현오름길 프로그램』 운영
③ 학부모와 함께하는 진로지도 및 직업체험교육

학교혁신

① 365일 배움과 돌봄의 『꿈나무 안심학교』와 『아토피 천식 안심학교』
② 국제이해와 다문화교육을 통한 미래을 위한 『국제교류활동』
③ 마을과 학부모와 함께하는 교육 문화공동체 가꾸기

행정혁신

① 교육활동중심의 교원 업무경감 지원체제운영
② 교육협력을 위한 『혁신거점학교』 운영

제도혁신

① 교사 전문성 향상을 위한 학년담임 전담제 실시
② 학교교육 힘을 키우는 『조현교육과정소위원회』 운영
③ 조현 교육 5대 혁신 추진 사항

4. 조현교육 SWOT 분석

학교조건 돌아오는 농촌학교 방과후 학교 활성화 교사의 업무과중 지역조건 리 단위 작은학교 인구감소/학생감축 교육문화 시설부재 친환경 농업/관광지	강 점 Strength • 소인수 학급 • 경기도교육청 지정 혁신 학교 • 교과부 지정 전원학교 • 높은 교육열	약 점 Weakness • 학력격차 극복 과제 • 순환전보의 문제 • 체육관, 식당, 특별교실 부족 • 교사 업무과중
기회 Opportunity • 공모형 자율학교 지정 • 용문산 관광단지 학구 • 친환경 생태 지역 • 문화예술인 거주 • 서울에서 1시간 거리	S-O전략(적극적 전략) 작은학교 특성 브랜드화 • 맞춤형 개별학습으로 학력향상 • 작은학교 교육과정 특성화 • 문화예술 체험교육 • 공동체적 인성교육 • 농촌형 자율학교 모델 창출	W-O 전략(방향 전환 전략) 아래로부터 학교혁신 • 공문서 전담 활용으로 교사 업무경감 • 화합과 인화를 중시하는 민주적 경영 • 교사 자율과 책무 강화 • 학습지원체제형 교무 행정 • 농촌형 교육과정 자체 개발
위협 Threat • 전입아동 증가로 인한 학급당 학생 수 증가 • 문화예술교육 기반 취약 • 취학예정학생 수 감소	S-T전략(다양화 전략) 학습조직 강화 전략 • 학습자 중심 수업으로 학력신장 • 독서 교육, 영어교육 강화 • 문화 예술교육 강화 • 개별 학습력 관리 (기초학습능력 관리) (자기주도적학습력 향상)	W-T전략(보완 전략) 찾아오는 좋은 학교 • 찾아오는 농촌학교 • 공공재원 확보 • 생태체험학습장 조성 • 교수인력의 다양화 (후원 및 지원 단체 확보) • 지역 예술인 참여 유도

5. 조현 교육 개선 방향

맞춤 교육으로 학력 신장	작은 학교 특성을 살린 교육
· 학생중심 '조현 꿈자람 교육과정' · 수업방법 개선을 통한 학습력 제고 · 평가방법 개선을 통한 질 관리 · 영어교육과 독서교육 강화	· 문화예술인과 함께하는 예술교육 · 체험활동 중심 프로젝트 학습 · 학생이 주인되는 학생자치 · 큰 꿈을 기르는 국제교류

찾아오는
좋은 학교

작은 학교의 새로운 모델

· 교사의 전문성 확보 · 교수-학습 중심 예산 편성 · 친환경적 학습자 중심 학교환경 · 교수활동중심 교무조직과 업무경감	· 학부모 학교참여 확대 · 마을과 함께하는 생태체험학습장 · 자율학교로 학교 특성화 및 홍보 · 공공재원 유치 및 각종 공모사업
학습 지원 중심 학교 운영	지역 사회와 함께하는 열린 학교

6. 경기교육 5대 혁신과제 추진 계획

혁신과제 1　**수업혁신**

1) 학생의 잠재력을 최대한 살리는 '조현 꿈자람 교육과정' 운영

▶ 교과 교육과정 형태

① 디딤돌학습 : 언어, 수리 기초 능력의 신장

② 다지기학습 : 전 학년 음악과(리코더)와 체육과(민속놀이-제기차기 등) 학년 단계에 맞는 수준의 기능익히기

③ 발전학습 : 학생이 만들어 가는 교육과정으로 자기주도적 학습

④ 통합학습 : 종합적 문제 해결력 향상을 위한 주제 탐구 활동, 체험 학습과 연계한 교과통합 학습

⑤ 문화예술학습 : 체육, 국어과 재구성으로 문화예술교육 프로그램으로 운영하여 문화예술을 통한 창의성, 감수성, 사회성 신장
⑥ 생태학습 : 학교와 마을 주변의 생태환경을 활용한 생태체험 및 생태 탐구 학습

▶ 재량활동 교육과정 형태
⑦ 창조학습 : 예술적 표현기능, 탐구기능, 창의적 능력을 기르기 위한 주기 집중학습을 실시한다.

▶ 특별활동 교육과정 형태
⑧ 어울마당 : 전교생이 함께하는 자치, 적응, 행사 활동
⑨ 동아리 : 4~6학년의 계발활동으로 학생 스스로가 만들어가는 동아리 활동

구분		내용	목표량 (학년별)	시기	비고
조현 교육과정 9형태	교 과	디딤돌 학습	34차시	3월~2월	학교 역점사업
		다지기 학습	자율	3월~2월	
		통합학습	4회	학기별 2회	
		문화예술학습	36차시	4월~12월	
		발전학습	17~34차시	3월~2월	
		생태학습	12차시	5월~11월	
	창의적 체험활동	창조학습	16차시	주기집중	
		어울마당	34차시	3월~2월	
		동아리활동	34차시	4월~11월	

2) 교육과정 중심의 다양한 상시평가로의 전환으로 평가방법 혁신

- 서술형, 논술형 평가 도입
- 수행평가와 연계한 학급대회를 통해 학생의 재능을 발견하고 격려하기
- 학생 자기 평가 기록하는 조현 자체통지표 제작

구 분	내 용	목표량 (학년별)	시 기	비 고
다양한 상시평가	다양한 학급대회	8~10회	3월~2월	평가관리위원회 심의 후 학급별 자율 평가
	수행평가	과목별 수시	3월 ~2월	
	논술평가	2회	5월, 10월	
	종합평가	2회	학기말	
	성장참조형 통지표	3회	7월,12월, 2월	

3) 동료성에 기반 한 배움과 협력의 수업열기 『삶을 가꾸는 조현 수업 만들기』

- 모든 교사가 함께 연구하고 함께 평가하는 학습 공동체 실현
- 경쟁을 넘어 상생의 학습 모델 개발
- 학생의 변화를 유도하는 감동과 활동중심 학습 방법 적용
- 조현수업 만들기를 통한 전문적 학습 공동체 문화 만들기

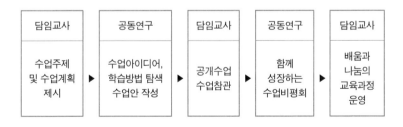

구분	내 용	대상	목표	시 기	비 고
조현수업 만들기	수업혁신연수	전교사	4회	학기별 2회	조현역점사업
	공개수업		12회	4월 ~12월	
	수업비평회		12회	5월, 10월	

혁신과제 2 교실혁신

1) 학생인권이 존중되는 안전하고 즐거운 교실 만들기

- 조현 학생생활인권규정 개정(체벌금지)
- 학부모 폴리스 캅 운영(안전 및 폭력예방지도)
- 학생회 중심의 기획 행사

구분	내용	대상	목표	시기	비고
안전하고 즐거운 교실	학생생활인권규정제정	전교생		3월	
	학부모 폴리스 캅	학부모	20명	3월~2월	
	학생회 기획 행사	학생회	8회	학기별 4회	

2) 소통과 나눔을 통해 꿈을 가꾸는 교실만들기

- 개인의 장점과 능력을 최대한 살려서 자주적 학습 능력신장을 돕는 조현오름길 프로그램 운영
- 기본 : 신뢰 형성 및 장점 찾아주기
- 발전 : 자기표현 및 성취감, 목표의식 갖기
- 심화 : 능력별 학습 및 자기 학습 관리

구분	내용	대상	목표	시기	비고
소통과 나눔의 교실	조현오름길	전학년	전교생	3~2월	

3) 학생의 소질과 적성을 고려한 진로지도 및 직업체험 교육

– 학년마다 진로적성검사 실시 및 상담
– 학부모와 함께하는 진로지도 및 직업체험교육

구분	내용	대상	목표	시기	비고
진로교육	진로적성검사	전교생	1회	4월	
	직업체험교육	4~6학년	8회	학기별 4회	

혁신과제 3 **학교혁신**

1) 365일 배움과 돌봄의 학교 운영

– 종일 돌봄학교 '꿈나무 안심학교' 운영(13시 ~ 21시)
– Wee class 프로그램 운영
– 체계적인 학생 지도 계획 수립과 운영을 위한 가정방문 실시
– 미술을 통한 심리치료 마음교실 운영
– 방과후 엄마 품 멘토링 운영
– 양평군 보건소와 연계한 아토피 · 천식 안심학교 시범운영

구분	내용	대상	목표	시기	비고
365일 배움과 돌봄의 학교	꿈나무 안심학교	희망	25명	3월~2월	조현특색사업
	Wee class 운영	전교생	160차시	3월~2월	
	마음교실 운영	희망	15	4월~12월	
	아토피 · 천식안심학교	희망	25명	4월~11월	
	가정방문	전교생	180명	4월	

2) 국제이해 및 다문화이해교육을 위한 국제교류활동

– 여름방학(8월) 중 중국자매학교(양광100소학교) 방문교류
– 6학년 통합학습과 연계하여 사전 사후 교육활동

구분	내용	대상	목표량	시기	비고
국제교류활동	사전 교육	6학년	4차시	7월	조현 특색사업
	중국자매학교 방문	6학년	3박4일	8월	
	공동 수업	본교, 자매학교 학생	4차시		

3) 학부모 및 지역주민과 함께하는 교육문화 공동체 가꾸기

– 자발적인 학부모회의 활성화(학부모 동아리 4개부서 조직 운영)
– 학부모가 기획, 운영하는 여름 배움 캠프 운영
– 학부모 학습지원단 및 독서 도우미 활동
– 학부모 단합 체육대회 실시
– 학부모 평생교육

구분	내용	대상	목표량	시기	비고
교육문화 공동체 가꾸기	학부모 아카데미	학부모, 주민	6회	4~6월	
	학부모 평생교육	학부모, 주민	2부 각25회	4~12월	
	학부모 동아리	학부모, 주민	5개부	연중	
	학부모체육대회	학부모	150명	5월	
	학습지원단 활동	학부모	20명	연중	

혁신과제 4 행정혁신

1) 교육과정 중심의 지원 행정 시스템 운영

– 교감, 교무보조의 교사 업무 지원 전담
– 교단 지원을 위한 보조인력 배치

– 위임전결 확대로 업무 경감 및 자율성 보장
– 교사 행정업무 경감을 위한 학교 조직의 탄력적 운영

2) 혁신거점학교 운영

– 학교간 네트워크를 통한 교육과정 공동 연구 및 연수, 실천
– 우수사례 발굴 및 공유

혁신과제 5 **제도혁신**

1) 전문성 향상을 위한 학년담임 전담제 실시

– 학년교과운영의 질적향상과 학습자료의 축적
– 학년 교육과정 운영의 질 향상 및 전문화

2) 교육 공동체의 참여가 보장되는 학교 만들기

– 조현교육소위원회 조직 운영(교원 위원 1명, 학부모 위원 1명, 교사 1
  명, 학부모 대표 3명)
– 학교 구성원의 의견을 모으고 논의하는 학교운영위 산하의 기로
– 조현 학교의 교육의 질을 높이고 교육내용이 지속가능하도록 조현교
  육 소위원회 조직 운영

8. 교과 교육과정

1) 방향

가) 학생의 기본 학습 습관을 형성하고, 기본 학력을 정착시킨다.
나) 교과별 학년 목표와 지도 중점을 설정하여 모든 학생이 성취하도록
   지도하며 교육과정 9형태 적용으로 다양한 학습의 기회와 방법을 제

공한다.

다) '배움과 나눔의 교과교육과정'의 취지에 맞게 내용을 재구성, 편성한다.

라) 이야기 나누기, 글쓰기와 보고서 쓰기, 신체표현과 음악표현, 수작업과 정보통신기기 사용 등 자기표현의 능력을 학습하게 한다. (표현 학습)

마) 모둠활동을 통한 공동작업과 협동적 탐구, 토론학습과 민주적 의사결정 방법 익히기를 통해 고등정신을 촉진하고 협력을 배우게 한다. (협동 학습)

바) 산책과 자연체험, 고장답사와 박물관 학습, 테마가 있는 여행, 과학실험과 노작. 재배와 사육, 구체적 조작과 체험 활동을 통해 세상을 배우게 한다. (체험 학습)

2) 방침

가) 학력 증진 프로그램 '조현 오름길'과 계획적인 학습지도로 학습 결손이 누적되거나 학습 의욕이 저하되지 않도록 한다.

나) '조현 꿈자람교육과정'과 연계하여 다양한 학습 방법의 기회를 제공한다.

다) 학습 방법을 익혀 자기 주도적 학습 능력을 기를 수 있게 한다.

라) 학습의 효과를 높이기 위하여 교과서외에 각종 학습 자료를 적극적으로 활용한다.

바) 학년별로 창의적인 『배움과 나눔의 교과교육과정』으로 재구성하여 운영한다.

[교과 재구성 방향]

- 『배움과 나눔의 교과교육과정』이란?
  - → 배움과 나눔이란?
    - 배움 : 관계에 대한 성찰, 학습 활동에서 학생-학생, 학생-교사
      가 상호 협력을 통해 배우는 학습 공동체
    - 나눔 : 신뢰와 존중으로 서로 격려하며 배려하는 활동
  - → 재구성 핵심 내용은?
    - 학생들의 삶의 변화는 배움과 생활의 감동에서 오고, 학습 과정
      을 통해 감동을 느끼도록 교육과정과 학습내용을 재구성한다.

- 조현 『배움과 나눔의 교과교육과정』 재구성 방안
  - → 지역, 학부모, 학생의 요구와 교사의 교육관을 적극 반영한다.
  - → 토론, 협동, 프로젝트 학습 등 학생들의 참여, 체험, 표현활동을
    통해 배움과 나눔의 학습활동이 이루어지도 학습내용을 재구성
    한다.
  - → 학생 수준이나 지역 여건을 고려하여 교과별 학습내용의 비중
    이나 순서를 조정한다.
  - → 학습내용의 질을 높이기 위한 다양한 학습자료(조현학습도서,
    각종 매체 활용)를 적용한다.

9. 조현 꿈자람 교육과정 9형태

가. 운영 방향

1) 현행의 국가 수준의 교육과정을 바탕으로 학교 교육과정을 재구성함
   으로서 학교 교육력을 높일 수 있도록 한다.
2) 모든 학생이 학교 교육을 통해 높은 수준의 학력과 예술적 감성 그리
   고 도덕적 품성을 함양 할 수 있도록 구성한다.
3) 학년 단계에서 필수적으로 갖추어야 할 언어력과 수리력 등 기초 기

능을 위한 시간을 충분히 확보한다.
4) 문제 해결력과 창의적 사고력 향상을 위해 다양한 기회를 제공하고
   통합적 교과활동과 체험교육 활동을 강화한다.

나. 목적

교육과정을 재구성하여 모든 어린이가 잠재력 능력을 최대한 발휘할 수
있도록 언어, 수리의 기초 학습 능력과 예술 표현 기능과 탐구 기능을
능숙하게 익히고, 종합적인 문제 해결력과 통합적 사고력을 기를 수 있
게 한다.

다. 운영 내용 (교과부분)

학습 형태	관련 교과	구 분	내 용	시간배치	연간시수 (40분단위)
디딤돌 학습	국어, 수학		연산, 읽기, 쓰기 보충	월, 화, 수, 목 20분	68
다지기 학습	음악, 체육		리코더 연주, 민속놀이	연중	
발전학습	국어, 수학, 사회, 즐생, 슬생, 재량		학생 선택에 의한 심화학습	격주 토 2시간	17~34
통합학습	국어, 사회, 과학, 음악, 미술, 체육, 도덕, 실과 등		현장체험형	-체험형 격월(금) 6시간(4회)	24
문화예술 학습	국어, 체육		문화예술교육과정 구안, 적용(연극, 무용)	교과별	
생태학습	과학, 실과(5, 6학년) 과학, 도덕(3, 4학년) 슬생, 바생(1, 2학년)		생태체험학습	연 2회	12

1) 기초 튼튼 디딤돌 학습
- 전학년 대상의 국어, 수학 교과의 기초, 기본 학습으로 운영한다.
- 해당 블록의 교과와 연계하여 수업 시작 후 20분 간 운영한다.
- 수학교과는 학습단원 순서 조정으로 연산 단원을 우선 학습할 수 있다.
- 국어교과는 디딤돌 학습 내용 단원과 차시를 분석, 디딤돌 학습으로 대체하여 수업할 수 있다.
- 국어 읽기영역은 학년별 목표에 따른 읽기능력, 개요 및 주제 파악, 문단나누기, 어휘, 자기생각 만들기 등을 학년별 위계를 만들어 운영한다.
- 쓰기영역은 받아쓰기, 낱말 활용 짧은 글짓기, 느낌 표현, 논술 등으로 학년별 위계 만들어 운영한다.
- 수학과는 수와 연산을 중심으로 학년별 위계를 세워 운영한다.

국어 디딤돌학습 학년별 연간 계획

학년	영역	학습 내용	비고
1학년	소리 내어 읽기	·그림 동화책 및 읽기 교과서 읽기	
2학년	소리 내어 읽기(1학기) 사전 만들기(2학기)	·자신이 선택한 낱말이 있는 쪽에 작은 포스트잇을 붙여 바로 확인할 수 있도록 한다.	
3학년	사전 만들기	·5개의 낱말의 뜻과 함께 짧은 문장 만들기	
4학년	사전 만들기	·5개 낱말 사전으로 찾아 뜻 쓴 후 네 낱말 이상의 문장 만들기	
5학년	사전 만들기	·5개 낱말 사전으로 찾고 뜻 쓴 후 두 문장 만들어 이어주기	
6학년	사전 만들기	·5개 낱말 사전으로 찾고 뜻 쓴 후 세 문장 이상으로 글쓰기	

수학 디딤돌 학습 학년별 연간 계획

학년	영역	학습 내용	비고
1학년	덧셈과 뺄셈	10 만들기	
		일의 자리에서 받아 올림이 있는 덧셈하기	
		십의 자리에서 받아 내림이 있는 뺄셈하기	
2학년	덧셈과 뺄셈	띄어 세기	
		받아 올림과 내림이 없는 덧뺄셈	
		받아 올림과 내림이 있는 두 자릿 수 덧뺄셈	
	곱셈 구구	구구단 외우기	
3학년	덧셈과 뺄셈	두 자릿수 덧셈과 뺄셈	
	곱셈	두 자릿수와 한자릿 수의 곱셈	
	나눗셈	나머지가 없는 나눗셈	
4학년	나눗셈	두 자릿 나눗셈	
	소수	소수의 덧셈과 뺄셈	
	분수	동분모 분수의 덧셈과 뺄셈	
5학년	소수와 분수	소수의 덧셈과 뺄셈	
		분수의 덧셈과 뺄셈	
6학년	소수와 분수	소수의 곱셈과 나눗셈	
		분수의 곱셈과 뺄셈	

2) 자신감을 키우는 다지기 학습

- 전 학년을 대상으로 음악과 리코더, 체육과 민속놀이(제기차기 등)를 실시한다.
- 개인별 기능 숙련을 바탕으로 학급 또는 학교 단위 종합 활동(발표대회 등)을 운영한다.

– 학년별 수준을 고려하여 학생 자율적으로 연습할 수 있도록 하고 관련교과와 연계하여 지도한다.

학년별 리코더 연주 기능 요소

학년	학습 내용
1학년	· 리코더 구조와 자세 및 리코더 잡는 방법 배우기 · 리코더 소리내기 · 왼손(시라솔)으로 리코더 연습하기 · 왼손(시라솔)으로 리코더곡 연주하기
2학년	· 왼손(도레) 연습하기 · 왼손(도레) 리코더 곡 연주하기 · 오른손(파미레도) 연습하기 · 오른손(파미레도) 리코더 곡 연주하기
3학년	· 양손 사용하여 리코더 곡 연주하기 · 높은음(미파솔라) 연습하기 · 높은음(미파솔라) 리코더 곡 · 소프라노 2중주 합주하기
4학년	· 높은음(미파솔라) 연주하기 · 소프라노 2중주 합주하기 · 반음 연습하기 · 알토 리코더 왼손(도레미파솔) 연습하기 · 알토 리코더 왼손(도레미파솔) 리코더 곡 연주하기
5학년	· 알토 리코더 오른손(라시도레) 연습하기 · 알토 리코더 오른손(라시도레) 리코더 곡 연습하기 · 알토 리코더 반음 연습하기
6학년	· 알토 리코더 양손 연습하기 · 알토 리코더로 2중주 합주하기 · 소프라노, 알토 4중주 합주하기

튼튼한 기초체력을 위한 제기차기 기능 요소

방법			1	2	3	4	5	6
제기 만들기			○	○	○	○	○	○
몸 풀기	판자로 제기 들어올리기		○	○	○			
	매달린 제기 차기		○	○	○	○	○	○
	제기 발등에 놓고 원 안에 던져 넣기		○	○	○			○
	탱탱볼 제기 차기				○	○	○	○
맨 제기	발 안쪽으로 차기		○	○	○	○	○	○
	발 바깥쪽으로 차기				○	○	○	○
	발등으로 차기						○	○
발 들고 차기			○	○	○	○	○	○
양발차기	발 안쪽으로 차기			○	○	○	○	○
	안쪽발과 바깥발로 차기					○	○	○
입에 물기			○	○	○	○	○	○
귀 위까지 차기				○	○	○	○	○
얹지기	가슴에 얹기			○	○	○	○	○
	머리에 얹기					○	○	○
동네제기	짝을 이루어 차기			○	○	○	○	○
	게임하기				○	○	○	○
종 드리기					○	○	○	○
가면서 차기						○	○	○
가볍게 많이 차기			○	○	○	○	○	○
재주부리기					○	○	○	○

3) 지혜가 자라는 발전학습
- 학생이 만들어 가는 교육과정 운영의 성격을 갖는다.
- 전 학년 대상으로 하되 1~2학년은 학생, 교사 각 50% 주도로 운영하고 3~6학년은 학생주도로 운영한다. (학생의 사전 학습계획서에 의한 교사의 철저한 지도)
- 학생이 선택한 발전학습일 경우 자기주도적 학습이 이루어지도록 하고 학습방법 훈련도 겸하도록 한다.
- 3~6학년은 학생의 사전학습 예상 계획도 포함하여 작성한다. (자기주도적으로 사전 계획을 세우지 못한 학생에게 선택하도록 제시)
- 창의적 재량활동 및 교과 담임재량시간, 특별활동 영역에서 17~34범위에서 시간을 확보하여 학년(학급)별로 계획을 세워 운영한다.

연간 발전학습의 보기(6학년)

이름	주제	관련교과	활동내용	비고
홍○○	나도 동화 작가	국어 · 미술	동화책 만들기	
조○○	학교 숲속의 곤충	국어 · 과학	곤충 생태관찰	
이○○	역사 여행	국어 · 사회	역사 인물탐구	
구○○	수학과 놀기	수학	수학 퍼즐	
김○○	노래 세상	국어 · 음악	노래 짓기	

4) 폭넓은 사고력의 통합학습
- 사회, 과학 중심으로 통합적으로 구성하되 음악, 미술 등 타 교과는 필요에 따라 통합한다.
- 1~2학년은 재구성, 3~6학년은 교과 통합을 한다.
- 연간 4회의 체험형으로 운영하고 사전 사후 연계교육을 실시한다.

- 통합학습 시간은 6교시를 원칙으로 하고, 경우에 따라 4교시 통합학습도 가능하다.
- 통합학습 학습 결과물은 보고서나 작품으로 정리하여 보관하며 학습 능력의 발전 정도를 확인한다.
- 학년별로 중복되지 않는 주제로 학년 및 전 학년 주제학습 계획안 수립하고 사전 준비물과 자료를 철저히 파악한 후 운영한다.
- 이동 시간, 활동 시간을 고려, 학습 내용 운영상 필요한 경우가 아니면 양평지역 공간을 활용한다.
- 학년별 '체험형 통합학습' 실시 일정

학년별 연간 통합학습

학년	월	주제	내용	학습 장소
1	4	봄이 왔어요	봄의 산과 들의 모습 알아보기	세미원
	6	가족은 소중해요	가족의 소중함 알기	서울 대학로 극단
	9	함께하는 한가위	민속놀이 하기	남산골한옥마을+국립극장
	11	가을의 산과 들	가을의 산과 들의 모습 살펴보기	용문산
2	4	그림자 연극	인형극 관람 및 공연하기	춘천인형극장
	5	마을 탐험놀이	마을 조사	용문 도서관
	9	내가 살고 싶은 집	집의 변화	암사동 선사유적지
	11	시장조사	장날 견학 및 시장놀이	용문장터 및 학교
3	4	우리 문화	조상들의 의식주 생활	한국 민속촌
	6	동물의 한살이	동물 만나기	서울 동물원
	9	시장조사	장날 견학	양평시장
	11	표정 그리고 몸짓	공연, 뮤지컬 관람	경기문화의 전당

학년	월	주제	내용	학습 장소
4	4	흙의 모험	나만의 도자기 작품 만들기	이천도자기 축제
	6	고정관념 탈출	고정관념을 깬 별난 물건 체험	별난물건 박물관
	10	옛날 옛적에	전통 문화 체험 및 관람	국립민속박물관
	11	음악으로의 초대	공연 관람	뮤지컬이나 음악회 관람
5	4	계절운동	인라인스케이트 타기	양평 인라인스케이트장
	6	환경기초시설	환경문제의 합리적 해결	양평 한강생태학습장
	10	미술관에서	그림과 글	서울시립미술관
	11	세종대왕	한글과 물시계	여주 영릉
6	4	궁궐과 조선시대 문화	조선시대의 사상과 문화찾기	창덕궁
	5	큰 꿈을 가꾸는 국제교류	국제 방문교류활동	중국 산둥성 자매학교
	10	지방자치단체와 나의 삶	인터뷰, 면담, 조사활동	양평군청
	11	전통과 현대문화와 관계	공연 관람	마당극 공연장

5) 자연과 하나 되는 생태 학습

– 과학, 실과(5, 6학년) 과학, 도덕(3, 4학년) 슬생, 바생(1, 2학년) 및 재
 량활동을 재구성하여 전 학년을 대상으로 운영한다.
– 학교주변 논 농사 체험 중심으로 생태 탐사활동과 연계하여 실시한다.
– 학기별 1회 (총 12~16시간)운영한다.
– 별도 세부계획을 세워 관찰, 탐구, 체험활동 및 생태감수성 교육활동
 이 이루어지도록 한다.

주제	대상	장소	시기	활동내용
봄	전교생	학교 주변 논	5월 3주	모내기 체험
여름	학급별	학교 주변 논	6월~9월	논생태 학습
가을	전교생	학교 주변 논	10월 3주	벼베기 체험

6) 삶을 맛보는 문화예술교육

- 지식, 기능 중심에서 자신을 표현하고 이웃과 세계를 이해하는 삶의 교육 과정으로 전환
- 지식, 기능 중심에서 창의력을 신장하는 교육과정운영
- 지역, 사회, 삶과 연계된 교육과정 편성
- 학교나 지역 사회 공간을 활용, 다양한 활동 중심 편성 운영
- 내실 있는 문화예술교육과정 마련을 위해 교과를 재구성하여 운영한다.
- 국어(문학, 연극), 체육(무용), 음악(뮤지컬)교과의 12차시 분량으로 일부 내용을 재구성한다.
- 점차적으로 모든 교과 문화예술 교육을 중심으로 타 교과 내용을 통합해 나간다.

연도	적용 교과(영역)	적용 학년	비고
2011	국어(연극)	1~6학년	- 음악, 미술 교육과정 적용(문학 포함) - 통합교과 개발
	체육(무용)	2~3학년	- 음악, 미술 교육과정 적용(문학 포함) - 통합교과 개발
	음악(뮤지컬)	4~6학년	- 음악, 미술 교육과정 적용(문학 포함) - 통합교과 개발
	미술(디자인)	1~6학년	- 음악, 미술 교육과정 적용(문학 포함) - 통합교과 개발
2011이후	통합교과	1~6학년	- 국어, 음악, 미술, 체육 문화예술교육 과정에 타 교과 내용 통합

10. 학력 향상을 위한 조현교육 체계

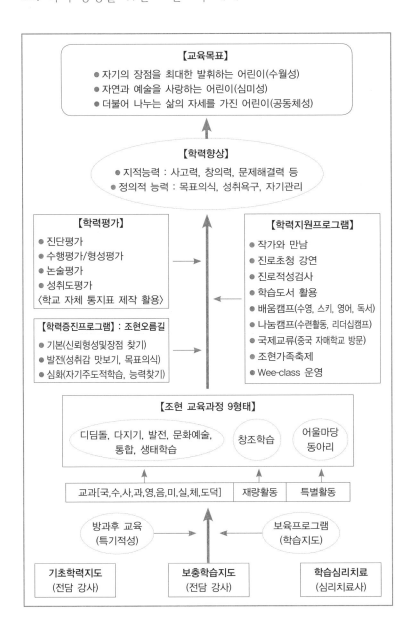

【교육목표】
- 자기의 장점을 최대한 발휘하는 어린이(수월성)
- 자연과 예술을 사랑하는 어린이(심미성)
- 더불어 나누는 삶의 자세를 가진 어린이(공동체성)

【학력향상】
- 지적능력 : 사고력, 창의력, 문제해결력 등
- 정의적 능력 : 목표의식, 성취욕구, 자기관리

【학력평가】
- 진단평가
- 수행평가/형성평가
- 논술평가
- 성취도평가
〈학교 자체 통지표 제작 활용〉

【학력증진프로그램】 : 조현오름길
- 기본(신뢰형성및장점 찾기)
- 발전(성취감 맛보기, 목표의식)
- 심화(자기주도적학습, 능력찾기)

【학력지원프로그램】
- 작가와 만남
- 진로초청 강연
- 진로적성검사
- 학습도서 활용
- 배움캠프(수영, 스키, 영어, 독서)
- 나눔캠프(수련활동, 리더십캠프)
- 국제교류(중국 자매학교 방문)
- 조현가족축제
- Wee-class 운영

【조현 교육과정 9형태】

디딤돌, 다지기, 발전, 문화예술, 통합, 생태학습

창조학습

어울마당 동아리

교과[국,수,사,과,영,음,미,실,체,도덕] | 재량활동 | 특별활동

방과후 교육 (특기적성)

보육프로그램 (학습지도)

기초학력지도 (전담 강사)

보충학습지도 (전담 강사)

학습심리치료 (심리치료사)

덕양중학교 학교운영계획서 일부

1. SWOT 분석

학교조건 / 지역조건		강 점	약 점
도시 속의 작은 학교 학력향상 중점학교 교사의 업무과중 **지역조건** 개발제한구역 인구감소/학생감소 교육문화 시설부재		**Strength** • 소인수 학급 • 혁신학교 지원 • 교육과정 자율학교 • 방과후학교 지원 • 교사들의 높은 열정	**Weakness** • 학업성취의욕 부진 • 기본생활습관 형성 미흡 • 학교의 인지도 낮음 • 교사 업무과중 • 학생 자존감 결여
기회	**Opportunity** • 공모형 자율학교, 혁신학교지정 • 지역단체의 관심과 교육 네트워크 협력 • 쾌적한 실내외환경구 축 (인조잔디, 도서실, 영어전용교실, Wee Class 리모델링)	**S-O전략(적극적 전략)** 소규모학교 특성 브랜드화 • 우리학교만의 체험 중심, 교과통합 교육과정 특성화 • 체계화된 교육활동 안내 및 지도 시스템 운영 • 맞춤형개별학습, 방과후 학습으로 학습부진 해소 • 교육과정 중심의 학교 시설 환경 구축	**W-O 전략(방향 전환 전략)** 생산적 학교 문화 형성 • 교수학습 중심의 지원 행정, 보조인력 배치 • 학교가 추구하는 가치 존중 및 공유 확산, 민주적 의사소통과 참여 • 학생회, 학생동아리, 사제 동행 활동 활성화
위협	**Threat** • 학부모의 학교기대 수준은 높으나 학교활동 참여도 저조 • 자율학교 지원중단 • 문화예술교육 기반 취약 • 열악한 학교주변 주거환경	**S-T전략(다양화 전략)** 맞춤형교육과정 운영 • 교과통합 프로젝트 교육 • 체험중심의 테마 교육 • 개별학습이력 관리 • 문화예술 교육 강화 • 학습자 중심의 수업방법 개선	**W-T전략(보완 전략)** 큰 꿈을 키우는 새로운 학교 • 덕양행복스케치 활성화 • 학부모 아카데미 운영 • 학습지원금확보 (혁신학교예산) • 네트워크를 통한 지역자원 활용

2. 학교 교육목표와 비전

교육이념

더불어 사는 삶을 가꾸는 행복한 배움의 공동체

추구하는 교육목표

인간상
자주인
창의인
문화인
세계인

- 자신과 세계에 대한 반성적 사고와 삶을 주체적으로 꾸려 나가는 사람(자주인)
- 창조적 지성과 문제해결능력, 독창적이고 새로운 가치를 창출하는 사람(창의인)
- 다양한 문화적 소양과 다원적 가치에 대한 이해와 삶을 추구하는 사람(문화인)
- 의사소통 능력을 가지고 세계 시민의식과 인류 공영의 문제해결을 위해 노력하는 사람 (세계인)

학교 경영 비전

전문적 학습 공동체
재미있는 수업 즐거운 학교
책임지는 학교/교사
덕양중
5대 비전
A B C
참여와 소통 E D 네트워크

교육공동체
모두가 만족하는 학교

중점과제

- 학생자치활동 활성화와 공동체 교육
- 가치를 찾는 교과통합형 프로젝트 교육과정 운영
- 맞춤형 방과후 프로그램을 통한 기초기본학력과 자기주도적 학습능력 신장
- 학습자 중심의 새로운 수업방법을 적용한 재미있는 수업 즐거운 학교 만들기
- 다양한 네트워크를 활용한 교육과정 운영 지원과 교육력의 극대화

3. 중점사업 및 특성화사업

중점사업

사 업 명	추 진 내 용
학습자 중심의 재미있는 수업방법을 적용한 즐거운 수업, 행복한 학교 만들기	• 배움의 공동체, 프로젝트학습, 협동학습 등 수업모형 활성화 • 교과통합형 프로젝트활동으로 교과-DAY 운영 • 전일제 교과-DAY 프로그램 운영을 통한 창의적 교육활동 실시 • "덕양 행복스케치"를 통한 행복한 교육공동체 배움터 만들기 • 교과별 활동중심의 교육과정 운영과 학습이력 산출
가치를 찾는 교과통합형 프로젝트 교육과정 운영	• 교과통합교육 및 시수 증감을 통한 탄력적인 교육과정 운영 • 학년별 주제탐구 활동을 통한 자기주도적 학습활동 운영 • 주제별 교과통합형 독서교육과정 운영을 통한 독서지도 • 작가와의 만남을 통한 도서작품 이해와 생각 공유 • 매일 학급 독서시간과 학급문고 운영 • 독서능력 신장을 위한 독서주간, 독서의 날, 독서인증제 운영
함께 성장하는 배움과 실천의 전문적 학습 공동체 구축	• 전문화 연수의 날 운영과 NTTP 배움과 실천 공동체 운영 • 수업 공개 및 동료교사와 함께 토론하는 배움과 실천 • 교과학습연구회 동아리 운영을 통한 학습모델 연구 활성화 • 교수-학습 중심의 학교 교육과정 운영시스템 구축 • 한국항공대학교와의 협력을 통한 멘토링 프로그램 활성화 • 대한민국교육봉사단과의 협력을 통한 씨앗학교의 지속적 운영 • 흰돌종합사회복지관과의 협력을 통한 상담 및 복지체제 구축 • 국립암센터와의 협력을 통한 금연교육 • 월드비전 협력을 통한 이웃사랑 봉사활동

특성화사업

사 업 명	추 진 내 용
자율과 책임을 바탕으로 하는 학생 자치 공동체 교육	• 민주시민교육으로서의 학생 자치활동 지원 및 자율활동 연계 운영 • 학기 초 공동체 주간 운영을 통한 교육활동과 공동체 생활원리 익히기 • 자존감, 생활습관개선, 셀프리더십과 사회적 리더십 함양교육 • 창의적 체험활동(재량활동) 시간을 활용한 민주시민교육 실시 • 자아정체성 발견과 재능계발을 위한 효과적 프로그램 제공 • 교육공동체 협의에 의한 생활규정 만들기 • 자치적인 학생회 개최 및 운영
체험과 배움이 있는 모둠별 테마학습 운영	• 통합교과 및 교과관련 프로젝트학습 등 테마학습 운영 • 체험학습주간과 시험 후 체험학습으로 효과적인 학습활동 전개 • 특별활동과 재량활동을 통합한 창의적 체험활동 운영 • 체험중심의 학년별, 학급별 테마교육, 학기말 특별프로그램 실시 • "나의 꿈 찾기" 프로젝트 성공을 위한 동아리활동 지원 • 사제동행 사랑 나눔 체험활동 전개
돌봄과 성장의 방과후 프로그램을 통한 비전과 학습코칭	• 대학생 멘토링 프로그램을 통한 개별화 학습지원 • 학생 튜터링을 통한 학습효과 증대와 자기주도학습 정착 • 씨앗학교와 연계한 비전코칭 등 학습코칭 활동 • 사이버가정학습 활성화를 통한 자기주도적 학습능력 신장 • 학습부진학생을 위한 학습방섭 개선과 학습 클리닉 운영 • 맞춤형 방과후 학력향상 프로그램 운영

4. 2011 교육목표 구현을 위한 노력

추진목표

- 다양한 교수-학습 모델을 적용한 재미있는 수업 만들기 활성화
- 교과-DAY 활동중심의 프로젝트 운영으로 학습동기 유발 및 교과통합교육
- 교육공동체가 모두가 함께하는 "덕양 행복스케치" 행사를 통해 행복한 배움터 만들기

---

1) 목적

가) 교수-학습 방법의 다양화를 통해 재미있고 활동적인 교육활동 전개

나) 전일제 교과-DAY 프로젝트 활동을 통해 폭넓은 통합교과활동과 수업관심 제고

다) "덕양 행복스케치" 행사를 통해 행복한 학교 문화 조성과 구성원의 교육만족도 향상

2) 방침

가) 전문화연수, 수업공개와 협의를 통해 다양한 학습모델을 구안 적용한다.

나) 교과-DAY를 통해 평소 활동하기 어려운 학습요소를 집중적, 다양하게 학습함으로서 교육의 효과를 높인다.

다) 방과 후 교육공동체 모두가 함께하는 "덕양 행복스케치" 행사를 통해 학생, 학부모, 교사가 서로 소통할 수 있는 계기를 마련한다.

3) 추진내용

가) 다양한 교수-학습 모델 구안 적용

　　- 자발적인 수업 공개와 협의를 통해 학생들의 학습과정을 이해하고 교과학습지도에 적용

– 소규모학교 학교 특성상 인문 및 자연교과 연구회를 활성화

구 분	관 련 교 과
인문교과 연구회	국어, 도덕, 사회, 영어, 제2외국어, 한문
자연교과 연구회	수학, 과학, 기술 · 가정, 컴퓨터
예체능교과 연구회	체육, 음악, 미술

– 매주 목요일 전문화 연수의 날을 통해 교수-학습 방법에 대한 협의와 연수 운영

나) 교과-DAY 운영

– 연 6일의 교과-DAY 프로그램 운영

시 기	교 과	시 기	교 과	시 기	교 과
3월	수학	5월	사회, 도덕	9월	영어, 미술
4월	과학	6월	체육	10월	국어, 기술 · 가정

– 각 교과-DAY 별 대회 및 퀴즈, 전시, 공연, 관람, 활동 가능한 프로그램을 준비하여 교과 특성에 맞는 활동 전개
– 각 코너별 활동으로 진행하고 순차적으로 학생 활동 진행
– 교과-DAY 활동 우수학생을 5% 범위내에서 시상하고 학습에 대한 흥미를 촉진시킴
– 교과통합 프로젝트를 통해 타 교과와 연계된 학습지도 실시

다) "덕양가족 행복스케치" 행사 운영

– 목적
① 학부모와의 소통을 통한 학교 교육과정 운영의 내실화
② 학부모와 담임 교사간의 소통을 통한 학생 이해 증진
③ 가정에서의 자녀교육에 대한 학부모 교육을 통한 학생의 성장 돕기

④ 예방적 생활지도 차원에서 가정 요인의 학생 비행 예방 노력
- 방침
　① 학부모의 많은 참여를 위해 저녁 시간대에 개최한다.
　② 적극적 홍보를 통해 학부모의 참여를 유도한다.
　③ 혁신학교 예산을 활용하여 학부모와의 만찬을 추진한다.
　④ 담임과의 대화의 시간을 확보한다.
　⑤ 학부모아카데미와 함께 개최해서 자녀교육에 대한 학부모의
　　이해를 높인다.
- 세부추진계획
　① 일시 : 2011년 5월
　② 장소 : 1층 도서실 및 다목적 강당
　③ 추진 내용 : 강사섭외, 가정통신문 발송, 식사 및 간식 준비
　④ 당일 일정

시 간	일 정	비 고
17:00~17:30	등록	
17:30~18:00	개회식	
18:00~19:00	만찬 및 담임과의 대화	
19:00~20:30	학부모아카데미	강사 : 이미도(영화평론가, 번역가) 주제 : 창조적 상상력을 디자인하다

- 기대효과
　① 교육공동체 모두가 함께 참여하는 소통관계 구축
　② 학생이 가정에서 겪는 부모와의 갈등요인 감소를 통한 예방
　　적 생활지도
　③ 담임과 학부모간의 신뢰 구축
　④ 방과 후 학생, 학부모, 교사가 함께 서로의 의견을 경청하고
　　이해

추진목표

- 교육과정 시수 증감을 통한 탄력적인 교과통합교육 운영
- 모둠별 주제탐구 활동을 통한 자기주도적 학습능력 신장
- 반크 프로그램을 적용한 문화, 역사의식 함양
- 주제별 교과통합형 독서교육과정 운영과 살아 숨 쉬는 도서관 만들기

1) 필요성 및 목적

가) 집중이수, 블록타임제, 교과시수 증감을 통해 통합 교과교육과 프로젝트 학습 운영

나) 학년별 테마가 있는 탐구학습으로 창의적 문제해결 능력을 배양하고 자기주도적 학습능력 신장

다) 반크 프로그램을 통하여 학생들이 역사와 글로벌 시민 의식을 가지고 역사 공부의 중요성과 필요성을 함양

라) 학력이 낮은 학생들에게 바른 학습태도 형성과 창의적 문제해결 능력을 배양시킬 수 있는 독서 프로그램의 지속적 운영

마) 독서를 통한 정서순화와 독서하는 분위기, 바른 독서습관을 통해 올바른 가치관 확립

바) 교과와 교과를 연결짓고 현실의 문제와 통합함으로써 배움의 내면화를 실현

2) 방침

가) 학생들의 학습부담을 줄이고 통합 교과교육과 프로젝트학습 운영하여 심도 있는 학습이 되도록 한다.

나) 함께 공유할 수 있는 주제학습을 통해 교과 간의 연계성을 기르고 종합적 사고력을 향상시킨다.

다) 반크 프로그램이 추구하는 가치와 목표, 방법에 대해서 학생과 전교직원이 공유하고 역사의식을 고취시킨다.

다) 독서 전, 후 활동을 점검하여 독서와 교과학습의 상호작용을 통해
학습의 진보가 이루어지도록 한다.
라) 교과내용과 현실의 문제를 연결할 수 있는 주제를 찾고 창조활동을
통해 나를 표현하도록 한다.

3) 추진 내용

가) 교과통합 프로젝트 운영
- 2009 개정교육과정과 집중이수제를 통한 교과학습 부담 해소
  · 1학년 : 학기당 8개 교과 학습
  · 2, 3학년 : 학기당 10개 교과 학습
- 교과-DAY, 자율활동(재량활동, 특별활동), 진로활동을 통한 통
  합교과 프로젝트 학습 실시
- 테마별 탐구학습으로 자기주도적 학습과 학습 포트폴리오 생산
  및 우수학습이력 시상

나) 반크(사이버외교사절단) 프로그램 운영

추진중점	추진사업명	추진 내용	회수	시기	비고
동아리 활동	- 반크와 함께 하는 덕양중학교	- 동아리활동에 반크팀 참여	8회	3-12월	
		- 반크(사이버외교사절단)단장 초청 학생 특강	1회	5월	
교사 연수	- 세계를 바라보는 교사	- 교사 연수 프로그램 실시	1회	5월	
반크 프로그램의 학교교육과정 접목	- 반크 활동을 통한 글로벌 시민운동 전개	- 반크 프로그램 14단계 적용	수시	연중	
		- 사이버외교사절단 육성	수시	11월	
		- 외국 반과 펜팔 교류 실시	1회	11월	영어과 협조
		- 전교생이 역사 바로잡기 운동 전개	1회	11월	사회과 협조

다) 학급 독서분위기 정착
- 아침 등교 후 08:30~08:50분까지 선생님과 함께 교실에서 독서
- 교사와 학생 모두 하루 20분, 한 학기 10권 이상 읽기
- 도서실과 같은 학급문고 구축
- 독서발표대회 개최

라) 가치를 찾는 교과 통합형 독서교육
- 각 교과의 교육과정 분석을 통해 교과내용과 학생 수준에 적합한 도서 선정
- 독서 수업지도안을 활용한 체계적인 독서교육
- 주제별 교과통합형 독서교육과정 운영을 통한 독서지도
- 작가와의 만남을 통한 도서작품 이해와 생각 공유
- 독서능력 신장을 위한 독서주간, 독서의 날, 독서인증제 운영
- 독서 전 활동을 통해 관련 교과 내용과 해당 도서의 가치 학습을 통해 독서동기유발
- 독서 후 활동을 통해 독서를 통해 이루어진 학습을 창의적으로 표현하는 활동 진행

마) 독서능력 신장을 위한 독서인증제 운영시스템 구축
- 사서교사를 활용한 학생들의 도서 대출 이력 관리
- 학생의 관심에 따른 도서 추천
- 독서주간, 독서의 날 행사 운영 및 우수학생 시상

추진 사업	실천 내용	추진 방법	시기
다함께 2010	- 가치를 찾는 교과통합형 독서교육(나를 발견하고 인생의 모델 찾기)	- 사제동행 2010 운동(하루 20분, 한 학기 10권 이상 읽기) - 교육과정 분석을 통한 교과통합과 학생 수준에 적합한 독서활동 및 창의적 표현활동 진행 - '작가와의 만남'을 통한 주제가 있는 독서토론회 개최	매일 7월

추진 사업	실천 내용	추진 방법	시기
세상을 품어봐	- 교과간 주제통합 프로젝트 학습 (나와 너 그리고 세상 연결하기)	- 교과통합 프로젝트 주제 선정 1학년 : 집, 개, 바다, 나무 2학년 : 심장, 별, 밥, 시장 3학년 : 성, 돈, 길, 커피	4,7,10, 2011.2월
나를 보여줘	- 몸짓 교과통합 프로젝트(우리 속에 나를 표현하기)	- 모든 학생들이 표현하고 공유하기 (배움의 내면화) 1학년 : 수화(헨드벨), 댄스 2학년 : 연극, 영화 3학년 : 난타, 합창	12월

다. 함께 성장하는 배움과 실천의 전문적 학습공동체 구축

● 추진목표 ●

- 전문화 연수와 NTTP 배움과 실천을 통한 교사 1인 1 교수 - 학습 방법 및 생활지도 적용
- 교수 - 학습 중심의 교육과정 운영 시스템 구축
- 교수학습 연구회를 통한 학습모델 연구 및 수업개선 활성화
- 지역사회 네트워크를 활용한 교육활동 전개

1) 목적

가) 교원의 수업 및 학교운영에 대한 전문성 진단 및 능력개발 지원 필요

나) 학부모가 함께 배울 수 있는 공간 제공

다) 교사연구회 동아리 운영을 통한 학습현장 연구 및 수업개선 활성화

2) 추진 내용

가) 교사 전문화 연수의 날 운영

　　- 매주 목요일 수업을 5교시까지만 운영하고, 이후 시간을 전문화
　　　연수의 날로 운영

　　- 전문화 연수의 날은 외부 강사 초청 연수, 공개 수업연구회, 자체

협동학습연구회 활동, 교사 동아리 활동 시간으로 운영
  - 교사의 고민을 들어주고 상담하며 학생에 대한 지도방법을 모색하는 상담교실과 수업을 중심으로 함께 학습하고 성장해 가는 공동체 지향
나) 수업 공개 및 동료교사와 함께 토론하는 배움의 공동체
  - 교사들의 상호 발전을 촉진하기 위한 개방적인 풍토 조성, 학생의 배움에 초점을 맞춘 수업 연구 실시
  - 형식적인 연구수업 지양, 모든 교사가 평소 수업을 공개하고 동료교사와 함께 토론하며 배우는 배움의 공동체
다) 학부모아카데미를 통한 학부모 배움터 만들기
  - 자녀교육에 대한 올바른 관점과 방법을 제시하는 강의 구성
  - 자녀교육에 대해 학부모도 함께 배우는 자리 마련
  - 교사와 학부모가 함께 학생진로와 생활습관, 학습에 대한 제시안 고민
라) 교수-학습 중심의 교육과정 운영 시스템 구축
  - 업무 분장 조직을 교무행정부서와 학년생활부 등 교수-학습의 전문성을 지향하는 단순한 조직 형태로 재구조화
    · 소규모 학교에서 행정업무로 인해 학생 지도에 집중하지 못하는 현실을 해결하기 위해 행정업무로부터 담임 제외
    · 비담임 교사들로 구성된 교무행정 전담부서에서 모든 행정처리 담당
    · 행정실과의 협의를 통해 행정실로 이관 가능한 업무 이관
    · 구성원간에 업무분장을 둘러싼 불만과 갈등이 없도록 전체 교직원회의를 통해 충분한 협의를 거친 업무분장 추진
  - 행정업무 전담 직원채용을 통한 교사의 행정업무 최소화
    · 접수 문서를 별도의 파일철 없이 전자문서 시스템 상에서 관리
    · 생산 문서만 별도의 파일철을 통해 보관
    · 업무 담당자에게 공문 누락되지 않도록 철저한 전달 체계 구축

- 전시성, 실적 위주의 행사 최소화
  - 외부기관의 각종 대회 참가는 의무가 아닌 자율참가로 전환
  - 교사 출장 및 기관 행사 참여 최소화 (수업 결손 최소화)
- 교수 지원 인력 체제 구축
  - 학교 부적응 학생 지도를 위한 전문가와의 협조 체제 구축
  - 저소득층 학생을 위한 사회 복지 지원망 구축
  - 특별활동, 멘토 강사 인력풀 구축
  - 각종 인턴교사, 학부모 등의 학습 보조 인력풀 구축
- 교수-학습 활동을 우선 지원하는 학교재정 운영
  - 학교 예산은 교수-학습 지원을 위해 최우선 지출
  - 학생 복지 및 교직원 복지 예산 확충
  - 현대적 시설과 설비를 확충하는 장기적인 예산 확보 계획 수립

마) 2011학년도 함께 나누고 성장하는 NTTP 배움과 실천 공동체 운영 계획

- 목적
  - 교사의 고민을 서로 나눌 수 있고, 교사 서로 간에 마음을 읽어 주고 협력해가는 학습공 동체 구축
  - 교사 업무의 본질이라 할 수 있는 수업을 중심으로 배우고 나누 며 함께 성장하는 배움의 공동체 구축
  - 교사간 구축된 배움의 공동체를 통해 학생간 배움의 공동체를 형성하여 한명의 학생도 소외되지 않는 수업교실 만들기
- 방침
  - 교사역할훈련, MBTI, 미술 치료, 놀이 치료 등의 연수를 통해 교사 동료 간에 이해의 폭을 넓히고, 서로의 고민을 털어놓을 수 있는 상담 관계를 만들며, 이를 토대로 학생 생활 지도에 적 용할 수 있는 연수를 30시간 실시한다.
  - 배움의 공동체 연수, 매월 1회 공개수업연구회, 수업 컨설팅을

통해 수업을 중심으로 함께 성장하는 배움의 공동체를 구축
한다.
· 선진학교 탐방, 타학교 공개수업연구회 참관, 자체 워크샵과 함
께 연수를 진행하고 직무연수 30시간을 실시한다.

마. 체험과 배움이 있는 모둠별 테마학습 운영

추진목표

- 통합교과 및 교과관련 프로젝트학습 및 테마학습 운영
- 교과와 연계된 창의적이고 통합적인 체험학습 운영
- 특별활동과 재량활동을 통합한 창의적 체험활동 운영

1) 목적

가) 다양한 체험을 통한 폭넓은 사고력 함양

다) 문화 · 예술 · 생태 체험을 통한 문화 · 예술 · 생태 감성 교육

나) 지역 사회 실정을 고려한 학생의 환경 제약을 극복할 수 있는 다양
한 경험의 축적을 통한 정서 함양

2) 방침

가) 특별활동과 창의적 재량활동을 적절하게 통합하여 창의적 체험활동
으로 운영한다.

나) 교과 학습과 연계하여 통합적인 체험학습을 실시하고 사전활동과
사후활동으로 교육의 효과를 높인다.

다) 테마학습 주간을 설정하여 효과적인 테마학습이 진행되도록 하는
동시에 수업 결손을 최소화한다.

3) 추진 내용

가) 설렘과 배움이 있는 교과통합형 체험 학습 프로그램을 운영하여 형식적인 체험학습의 틀을 깨고 살아있는 배움의 시공간을 통해 교실 안팎을 넘나드는 배움의 즐거움과 보람을 경험하게 한다.

나) 각각의 체험학습을 교과 학습과 유기적으로 연결시켜서 사전 예비학습, 준비된 현장학습, 철저한 사후평가까지 시스템화한다.

다) 학교 프로그램을 통하지 않고서는 접하기 힘든 박물관, 미술관, 공연장 체험과 다양한 탐구활동, 저자와의 만남, 수목원 탐방 등을 통해 견문을 넓히고 온 세상이 배움으로 가득한 공간임을 체득하여 평생 호기심과 배움에 대한 열정이 그들의 삶을 변화시켜갈 수 있도록 지원한다.

라) 체험학습주간과 시험 후 집중적인 운영으로 효과적인 학습활동을 전개한다.

마) "나의 꿈 찾기" 프로젝트 성공을 위한 사제동행하여 동아리활동에 힘쓴다.

바) 학기말 고사 후 학급, 학년별 예능분야, 단체합동프로그램을 운영하여 사회성과 성취감을 높인다.

사) 운영프로그램

● 탐구 및 체험활동 운영

프로그램명	활동 내용	대 상	비 고
탐구가 있는 학년 활동을 통한 배움	자아 탐구 활동	1학년	
	사회 탐구 활동	2학년	
	비전 탐구 활동	3학년	
마음을 여는 활동을 통한 배움	도자기 체험	1학년	
	미술관 체험	2학년	
	공연체험 1	3학년	
	공연체험 2	전교생	

프로그램명	활동 내용	대 상	비 고
사랑 나눔 활동을 통한 배움	이웃 사랑 활동	1학년	
	나라 사랑 활동	2학년	
	지구촌 사랑 활동	3학년	
	공동체 사랑 활동	전교생	
만남의 활동을 통한 배움	작가와의 만남	전교생	
	생생한 삶의 체험과의 만남	전교생	
학생 자치 활동을 통한 배움	의견 나눔 활동	전교생	
	민주시민 활동	전교생	

● 학급, 학년별 합동프로그램 운영

프로그램명	활동 내용	대 상	비 고
학기말 교과통합 활동	수화(핸드벨) 댄스	1학년	
	연극, 영화	2학년	
	난타, 합창	3학년	
발표회	교과 통합활동 발표	전체	

바. 돌봄과 성장의 방과후 프로그램 운영

● **추진목표** ●

- 학생의 특기와 소질을 계발하는 특기적성 프로그램 운영
- 학생의 동아리 활동, 학부모 평생학습과 통합된 특기적성 프로그램 운영
- 정서지원 및 학습지원을 위한 대학생 멘토링 운영
- 씨드스쿨 운영을 통한 학생 진로 찾기 프로그램
- 또래 튜터링 운영을 통한 win—win 자기주도학습 프로그램 운영
- 사이버가정학습을 통한 자기주도학습능력 신장

1) 목적

가) 정서적 · 문화적 결손을 보완하는 방과후 학교 운영

나) 다양한 학습 욕구 해소 및 보육과 교육을 통한 사교육비 절감

다) 방과후학교 운영으로 학생, 학부모, 지역 주민과 더불어 살아가는
   덕양교육 실현

라) 학생의 내적 학습동기를 유발하는 자기주도적 학습 능력 배양

마) 학생의 진로에 초점을 맞춘 방과후학교 운영

2) 방침

가) 한국항공대학교와 대한민국교육봉사단과 체결된 협력관계를 활용
   하여 방과후학교를 활성화시킨다.

나) 대학생멘토링, 씨드스쿨, 특기적성 교육을 활용하여 학생의 진로탐
   색을 위한 다양한 기회를 제공한다.

다) 학생 스스로 방과후학교에 참여하고 배움을 가질 수 있도록 학생의
   내적동기를 끌어내도록 한다.

라) 학생 스스로 목표를 정하고 목표를 달성한 학생에 보상을 제공함으
   로써 학생 자기주도학습능력을 강화한다.

마) 학부모의 평생교육 프로그램과 학생 방과후 활동을 결합하여 운영
   한다.

바) 필요한 경비는 수익자 부담을 원칙으로 하되, 자유수강권·학교발
   전기금·교육청 멘토링 지원비를 적극 활용하여 저소득층 학생들이
   방과후 활동에 참여할 수 있도록 지원한다.

사) 학생의 희망 존중을 원칙으로 한다. 활동과 사후활동으로 교육의 효
   과를 높인다.

3) 세부추진계획

가) 대학생 멘토링팀과 함께하는 즐거운 학습교실
   – 목표 : 건강한 역할모델과의 만남을 통한 돌봄과 1:1 학습지원
     제공

- 방침
  - 한국항공대와의 지속적인 MOU로 우수 인재 확보 및 봉사 및 교육실습의 기회 제공
  - 멘토(대학생)의 책무성(멘토링오리엔테이션)과 상호간에 유익이 되는 협력관계 구축
  - 멘토행정요원과 멘토(대학생)간 긴밀한 협조 체제 구축
  - 적절한 조력자가 있을 때 성장 가능성이 큰 학생들을 중심으로 결연 체제 구축
  - 담임교사와 멘토와의 정기적 간담회를 통한 학생 정보 공유
- 세부 실천계획
  - 대상 : 희망학생
  - 일시 : 주 2회(화, 금 16 : 30 ~ 18:00)
  - 방법 : 멘토(대학생) 1명과 1명 또는 2 ~ 3명의 멘티(학생)와 개인 과외 실시
  - 학습내용 : 국어, 영어, 수학, 사회, 과학교과의 기본 및 보충학습 지원
  - 장소 : 지정된 해당 교실

나) 씨드스쿨 운영을 통한 학습코칭 및 비전코칭
- 목표 : 비전코칭과 학습코칭을 통한 학생들의 정서지원과 자아존중감, 자아정체성 고취, 역할모델 인터뷰를 통한 진로탐색, 자기효능감 향상
- 방침
  - 주 1회 비전코칭(2학기), 학습코칭(1학기) 실시
  - 학교와 교육봉사단과의 유기적 협력 관계 구축
  - 멘토에 의한 철저한 학습 관리
  - 학생 스스로 자신의 학습을 관리할 수 있는 능력 배양
  - 창의적 재능이 풍부한 학생은 별도로 영재스쿨에서 관리

– 세부 실천계획
  · 대상
    ㄱ. 학습코칭 대상 : 씨앗학교 2기 비전코칭 수료학생(20명) 중 희망자
    ㄴ. 비전코칭 대상 : 2011학년도 1학년 학생 중 희망자 20명(희망인원이 초과할 경우 씨드스쿨과의 협의에 의해 선발)
  · 일시 : 주 1회(수요일 16 : 30～20 : 30)
  · 방법 : 씨드스쿨이 모집한 T(멘토)와 본교 학생간의 만남을 제공하고, 이를 토대로 창의상상타임, 비전코칭, 학습코칭 실시

비전코칭		
주 중 교 시	화요일	그 외 활동
1 17:30～17:50(20분)	학습경영리더십 (시간관리, 습관형성)	1박2일 비전캠프 (9월11～12일 예정)
2 17:50～18:30(40분)	창의상상타임 (음악치료, 미술치료, 야외활동)	학기 1회 놀토행사 (멘토교사와 함께하는 소풍)
3 18:30～19:10(40분)	저녁식사	중간고사 2주 휴강
4 19:10～20:30(80분)	비전코칭	기말고사 2주 휴강
5 20:30～21:00	귀가지도	·

흥덕고등학교 학교운영계획서 일부

1. 학교 교육 목표

열정과 공헌력을 갖춘 미래 시민 육성

- 자존인 : 자신의 품격을 스스로 고양시킬 줄 아는 사람
- 공헌인 : 자신의 열정과 경쟁력을 이웃과 나눌 수 있는 사람
- 지성인 : 삶을 기획하고 주체적으로 행동하는 정직한 사람
- 세계인 : 상상력으로 비전을 만들어 가며 세계를 품는 사람

2. 학교 경영 목표

지적 신뢰의 학교

- 핵심역량 중심 교육과정
- 학습케어 시스템 구축
- 학습하는 능력 함양
- 교과교육과 체험교육의 조화

삶이 풍요로운 학교

- 학생의 학교운영 참여확대
- 학생자치 활동 활성화
- 자존감 회복 프로젝트
- 민주적 학생규범 정착

명문의 개념을 새로 쓰는 미래형 인문학교

- 교사의 교과전문성 신장
- 교육과정 질 관리 시스템 구축
- 교수-학습 중심 지원 행정
- 원칙과 책임의 학교행정

교육적 자존심을 지키는 학교

- 학부모 학교참여 확대
- 학부모(지역민)성장 교육
- 지역과의 협력·지원체제 구축
- 평생교육기능 강화

지역 사회와 함께하는 열린 학교

3. 흥덕교육 6대 중점과제

중점과제 1 : 공공성과 수월성을 담보하는 교육과정 운영

'배움과 나눔'의 지혜를 교육활동의 중핵가치로 설정하고, 이의 내면화를
위해 교과활동 및 비교과 활동을 입체적으로 연계하고, 목표별 학습 멘토
링 시스템을 구축하며, 학교 교육과정에 대한 자체 평가시스템을 선진화
하여 학교 교육력을 제고하기

1. 미래지향적 핵심역량(core competence) 중심 교육과정 · 편성 운영
   - 미래 핵심 역량 교과목 연구와 교재 개발하기
   - 핵심역량 강화를 위한 특성화 교과 편성(삶과 철학, 통합기행 등)
   - 교육과정 연구팀(교사 전문성 신장 동아리) 구성 운영
   - 학생, 학부모, 지역사회 교육요구를 반영한 수요자 친화적 교육과정
     편성
2. 돌봄과 치유, 참여 소통의 새로운 수업모델 개발
   - 배움 공동체 수업 모형 일반화 및 활성화
   - 배움과 나눔 수업의 모형 연구 및 정착화
3. 학습 케어 시스템 운영
   - 수준별 수업 실시 – 국어, 영어, 수학, 과학
   - U-learning 시스템 구축
4. 학습하는 능력(learning ability) 함양 프로그램 운영
   - 학습 매니지먼트 체계 구축
   - 수업 개조 프로젝트 진행
5. 학생 학습권 최우선의 원칙 적용(질 관리 시스템 구축)
   - 수업운영계획서 학생 · 학부모에게 공지
   - 좋은 수업 만들기 간담회 의무화

중점과제 2 : 성장동기 함양을 위한 학생 활동의 체계화

> 세상과 대응할 수 있는 의지와 힘(성장동기)을 자극할 수 있는 체계적 체
> 험활동을 운영하여 학생 각자의 창의력을 신장하기

1. 돌봄과 치유의 관계 맺기 및 학습부진 학생에 대한 정서적, 사회적 케어
   - 상담과 코칭의 전문화, 체계화 실현
   - 학생 돌봄이 제도 운영
   - 학생 맞춤형 돌봄과 치유 프로그램 운영
2. 학생의 학교운영 참여 확대 및 학생자치활동, 동아리 활성화 학생회
   가 중심인 학생자치의 활성화
   - 학생회가 중심이 되는 규범 제정 · 운용 능력 신장
   - 학생 기획능력 함양을 위한 학교 프로그램 운영
3. 자존감 회복 프로젝트(비교과) 활성화
   - 학생 선택 생활체험 및 사회체험 프로그램 운영
   - 농촌 봉사활동 및 통합기행 실시
   - 체험 중심의 진로교육 실시 — '진로의 날' 운영 및 진로 특강, 인턴
     십 프로그램
4. 다중지능과 학습 스타일을 반영한 학습 동기의 극대화
   - 맞춤형 학습매니지먼트 체제 구축
   - 다중지능 검사를 통한 학생 학습지도
   - 학생의 다양성을 존중하는 학교 문화 정착

중점과제 3 : 교육적 자존심 회복을 위한 교사 전문성 향상

> 모든 교사의 꿈은 학생들의 청출어람에 있다. 교원의 전문성 신장 및 동료성 회복을 통해 학교의 교육력을 제고하기, 교사의 지적 권위자 되기와 정직한 지성인 되기

1. 멀티태스킹(multitasking) 능력 함양을 위한 자체 연수 전문화
   - 교과 교육과정 재구성 프로젝트 진행
   - 주제별 교사 워크샵 개최(월 1회 – 교사의 자기성장, 지식공유 보고서 발표)
   - 교과 관련 학회 참여 및 교육전문가 초빙연수 개최
   - 주제별 해외연수 실시
2. 수업 공개 및 수업 연구회 정례화
   - 전 교사 수업공개 의무화 – 월 1회 전 교사가 참여하는 '수업공개의 날' 운영
   - 수업연구회의 정례화 – 공개수업 직후 전교사 참여 수업비평
   - 수업 비평 관점의 전환 – 학생의 배움 및 협력태도 중심
3. 교직원 학습 동아리 운영 및 지원
   - 자발적인 교직원 학습 동아리 구성 권장 및 지원
   - On/Off Line을 통한 동아리 활동 및 연구 결과 발표회 실시
4. 혁신학교 교원 연수 학교 운영을 통한 핵심교원 양성
   - 연수학교 진행 요원 양성을 통한 전문성 신장
   - 강사급 전문가 양성 – 수업혁신, 인권친화적 생활지도, 혁신학교 운영 등
   - 핵심요원의 역량 피드백을 통한 학교혁신 강화

중점과제 4 : 돌봄과 배려의 선진형 학생복지체제 구축

> 학생 자치활동을 통해 공동체 의식을 함양하고, '삶의 즐거움'을 경험하게
> 하기와 학생 안전망 구축을 통해 '뒤처지거나 심리적 곤란을 겪는 학생'이
> 성장 동기를 갖출 수 있도록 자극하기

1. 학생 자치 활동의 활성화
   - 학생자치기구의 민주적 구성 및 자치 규범의 제정
   - 학생회의 학교 참여 범위 확대 – 학운위 참관, 학교정책 청문권 부여
   - 학생복지 예산 편성 및 결산권 부여
   - 학생 전용 게시판 운영(On/Off Line) – 소통 방법에 대한 사전 학습 강화
2. 각종 동아리 활동 지원
   - 학생의 취미 · 특기 동아리 활성화
   - 소규모 학습 동아리 활성화로 배움을 나누는 문화 정착
3. 학생 안전망 구축
   - 공동체 의식 함양을 위한 인권교육 프로그램 운영
   - 학교 폭력 예방 및 평화적 갈등관리 프로그램 운영
   - 공동체 행사 참여 및 체험 활동을 통한 인성교육 강화
   - 사회 참여 프로그램을 통한 인간 감수성 및 사회 감수성 신장
   - 학생건강체력평가제를 통한 비만 예방 및 지도 프로그램 운영
4. 학년 초 오리엔테이션 프로그램 운영
   - 학교의 비전 및 교육방향, 학년 교육목표 상세 안내
   - 공동성 함양 단기 프로그램 운영 및 고민을 제시할 명사 특강 실시
   - 학교 규범의 자세한 설명 및 이해 프로그램 진행
   - 학생의 자기성장 로드맵 작성

중점과제 5 : 지역사회의 교육문화복합 기능 실현

> 학부모의 학교운영 참여 기회를 확대하여 파트너십 극대화, 지역사회와의
> 협력체제 구축하여 인적·물적 자원 활용, 지역사회는 학교를 평생교육
> 기관으로 활용

1. 학부모의 학교운영 참여 기회 확대
   - 학교 교육실태 정보공개 – 학업성취기준, 심리적 특성, 학습태도 등
   - 학년 단위로 개별 학생의 「성장보고서」 제공
   - 학교경영 제반사항에 대한 브리핑 및 자료 홈페이지 공개
   - 「학부모 모니터단」 운영 – 학교 운영 전반(학사, 생활지도, 교사직무, 급식실 등)에 대한 모니터링
   - 「학부모 상담 주간」 운영 – 학생 정서, 심리, 학업, 교우관계, 진로등 상담
   - 학교 교육 만족도 조사 – 학기말, 학년말 학교 교육활동 전반
2. 학교행사 참여 기회 확대
   - '학교 공개의 날' 행사 개최 – 연 4회 학부모 수업참관 및 학교정보설명회
   - 학부모 아카데미 등을 통한 자녀 이해 교육 실시
3. 지역사회의 인적·물적 자원 활용
   - 지역 교육문화 시설 자원 활용 – 청소년 문화센터, 청소년 상담센터등
   - 지방자치단체의 행·재정적 지원 방안 강구 – 특성화 교과 운영, 기초 학력 향상을 위한 방과후학교 등
   - 지역 및 외부 전문가 지원 인력 풀 활용 – 지역 대학과 대학생 멘토링 협약 체결
   - 학교발전위원회 구성 운영 – 학교 구성원, 지방자치단체, 지역 인사

등으로 구성. 학교의 중·장기 발전계획 수립 및 행·재정적 지원방
안 강구

4. 학교 시설의 개방화

- 도서관, 다목적 교실, 체육시설 등의 개방
- 지역사회 문화센터와 연계한 평생교육 프로그램 개발·운영

중점과제 6 : 원칙과 책임의 학교 행정 구현 및 거버넌스 구축

> 학교직원의 직무규범 재정립을 통해 참된 교사윤리 문화화하기. '학생제일
> 주의'원칙을 구체화하여, 교사와 학생 간의 관계 밀도 높이기. 비전과 규범
> 공유 통한 상호 간 지지와 협력의 학교문화 조성

1. 혁신적 직무규범 정립

- 민주적 절차에 의한 직무원칙 수립 – 원칙과 신뢰/공평과 투명/대
  화와 타협/소신과 책임
- 교사 공동체 직무윤리 제정 – 3행(수업 및 연구에 전념하기/상담 많이
  하기/자기 성찰하기), 3무(편애, 무관심, 무책임) 운동

2. 민주적 의사결정 구조의 시스템화

- 학교운영 참여 구조의 개방화 – 민주적 학교운영위원회 구성과 역
  량개발 워크샵 개최
- 교사회의 권한 확대 및 개별 단위기구(위원회)의 민주적 구성
- 학생자치회의 학교운영위원회 참관 및 학교정책 청문권 부여
- 각종 위원회 통·폐합 및 형식적인 장부 폐지

3. 책임경영제 구현을 위한 학교장 평가 제도화

- 학교장 1주기 내부평가 실시 – 교사, 학생, 학부모의 학교장 경영능
  력 평가 및 평가결과 구성원에 공개
- 평가결과를 반영한 [학교운영개선보고서] 학교운영위원회에 제출

4. 참여와 지원 중심의 리더십 구현
- 교장실 개방 및 온라인 대화방 운영(학생, 교사, 학부모 참여)
- 교무실과 행정실의 통합을 통한 교육활동 지원실 운영
- 교수-학습 지원체제 중심의 지원행정 – 수업연구회 참여/선진적인 교수학습 환경 구축
5. 배려와 나눔의 교직원문화 조성
- 교수 업무 우선주의 – '교수팀'과 '학사운영팀'으로 업무구조 개편
- 업무분장 시 여교사의 출산, 육아 등 모성보호를 위한 배려
- 교직원 동아리 활동 지원 및 애·경사 함께 나누기 실천

4. 흥덕교육 5대 혁신과제

혁신과제 1 수업혁신

1) 목적

수업의 내용과 방법을 개선하여 진정한 배움 중심의 수업으로 창의적 지성 함양

2) 방향

- 획일적인 교육과정 설계 → 특성화된 창의적 교육과정 설계
- 일제식 수업 → 학습자 배움 중심의 창의적 수업으로 전환
- 단순 암기 선다형 평가 → 서술형, 논술형, 과정중심 평가 확대
- 공급자 중심의 교사 연수 → 수요자 중심 맞춤형 선택형 교사 연수

3) 실천과제

실천과제	세부과제
창의적 교육과정 운영	창의적인 교육과정 설계
	통합교육과정 및 기초교양 교육과정 운영
	창의적 체험활동 운영

실천과제	세부과제
배움 나눔 중심의 수업 혁신	학습자 중심의 교수학습 방법 다양화
	소통과 협력의 수업 만들기
	일상적인 수업 공개
	기초학력 책임지도
평가 방법 혁신	서술형·논술형 평가 확대
	상시 수행평가 운영 및 내실화
	성장참조형 통지표 활용으로 학교-학부모협력 학습관리
교원 역량 강화	교사전문성 강화를 위한 맞춤형 연수 실시
	교과연구회 중심의 수업 연구 활성화

혁신과제 2 **교실혁신**

1) 목적

꿈, 즐거움, 소통과 협력이 있는 교실에서 학생과 교사의 배움의 상호작용이 일어나는 새로운 교실문화 실현

2) 방향

- 교사 중심의 권위적인 교실 → 학생 인권이 존중되는 교실
- 배움과 배려가 부족한 교실 → 배려하며 즐겁게 배우는 교실
- 지식 중심의 경쟁적인 교실 → 소통과 나눔으로 꿈을 이루는 교실

3) 실천과제

실천과제	세부과제
인권존중 교실 만들기	체계적인 인권 존중 프로그램 운영
	체벌 대체 교육프로그램 운영
행복한 교실 만들기	존중·친절·배려·나눔이 있는 교실문화 만들기
	학생·학부모 상담 활성화
꿈이 있는 교실 만들기	다양한 성장 잠재력이 존중되는 교실 만들기
	맞춤형 진로 및 진학지도

1) 목적

교육공동체의 참여와 협력으로 모두가 함께 성장하는 배움과 돌봄이 있는 학교문화 조성

2) 방향

- 교육공동체의 참여가 미흡한 학교 → 교육공동체의 참여가 보장되는 학교
- 학교의 자율권 확대 요구 증가 → 단위학교 책임경영제가 실질적으로 보장되는 학교
- 교사 주도의 가르침 중심 학교문화 → 더불어 성장하는 배움과 돌봄이 있는 학교문화

3) 실천과제

실천과제	세부과제
교육공동체가 함께하는 학교 만들기	학생 주도 학생자치활동 내실화
	학부모의 학교교육 참여 확대 및 연수 강화
	교직원회의 활성화
	학교-지역사회 교육협력 체제 구축 운영
단위학교 책임경영제 실현	교육과정 중심 학교 경영, 자율성·책무성 확보
	학교경영의 민주적 의사 결정과 권한위임 확대
돌봄이 있는 안전한 학교 만들기	학교 안전시스템 구축 운영
	학교폭력 예방교육 및 위기학생 지원 강화
	성희롱·성폭력 예방교육 강화
	배움과 돌봄의 방과후학교 확대
혁신학교 운영 내실화	학교혁신 전교직원 토론회 개최
	학부모 및 지역사회 대상 혁신학교 아카데미 운영

1) 목적

교육공동체의 다양한 요구에 부응하는 교육활동 중심의 지원행정으로
학교 교육의 효율성 증대

2) 방향

- 교원 행정업무 과다 → 교육과정 중심 지원행정으로 교원 행정업무
  경감
- 행정 편의적, 관행적 교육사업 → 교육활동 중심의 교육사업 개선
  운영
- 전시행정으로 교육행정력 낭비 → 교육사업 컨설팅으로 교육행정 효
  율성 제고

3) 실천과제

실천과제	세부과제
교육과정 중심 지원 행정 서비스 강화	교원 행정업무 경감 단계적 추진
	교무행정과 일반행정의 통합 시범 운영
	창의적 교육활동 지원 행정
교육활동 중심의 협력 사업 추진	혁신거점 학교 운영으로 혁신학교간 새로운 교육 협력 모델 구축
	교육비 지출 관행 개선
효율적 교육행정으로 교육의 질 제고	교육활동 컨설팅 지원단 운영
	학교내 교육정보 통합관리 체제 구축 및 운영
	교육활동 중심의 교육시설 개선

1) 목적

교육혁신 학교기반 구축 및 시스템 개선으로 공교육 내실화

2) 방향

- 승진중심의 보직교사 보직제도 → 전문성 위주의 인사보직 제도로 전환
- 행정편의 위주의 교내 교원인사 → 전문성과 동료성 구축 위주의 교원인사
- 형식적 교직원회의 제도 → 교원의 자발성이 존중되는 기구로 실질화

3) 실천과제

실천과제	세부과제
보직교사 인사 혁신	보직교사 보직 제도 혁신
	체벌 대체 교육프로그램 운영
교내 교원인사 개선	전문성과 동료성을 고려한 교내 인사
	인사자문위원회 제도의 내실화
교직원 회의 제도 개선	전달식 교직원회의 지양
	학교운영에 대한 교원의 자발성과 학생 교육활동의 준거점을 결의하는 회의 정착

5. 노력 중점 및 특색 사업

1) 노력 중점

노력 중점	구현내용
학생의 성장동기 함양	돌봄과 치유의 관계맺기
	학습부진 학생에 대한 정서적, 사회적 심리케어
	학생의 학교운영 참여 확대 및 학생자치활동, 동아리 활성화
교사의 전문성 및 동료성 신장	멀티태스킹(multitasking)능력 함양을 위한 자체 연수 전문화
	수업개방 및 수업연구의 일상화

2) 특색 사업

특색 사업	구현내용
HGP(Heungdeok Grown-up Program)를 통한 기초학력 부진아 Zero Movement	학습 효율성 검사를 통한 학습장애 진단 및 처방
	학습하는 능력(learning ability)향상 프로그램 운영
	학습부진 학생 Edu-care와 목표별 멘토제 실시
수업혁신 Designing Project	상시적 수업공개로 동료성 확보
	교과별 학생 맞춤형 교재 개발
	배움과 나눔의 수업 혁신
'세상 속으로 Do Dream'을 통한 기획력 및 자기 주동력 신장 교육 강화	주제별 체험 학습
	특화된 체험 프로그램 운영(통합기행)
	학생성장 보고서 개발 및 누가 관리
교사의 전문성 및 동료성 신장	상호 배려와 존중 분위기 조성
	학생 상호간 갈등 조정자 양성
	갈등 조정 프로그램
	차지와 협력의 생활 문화 조성

6. 학교발전 4개년 계획

차수	년도	추진 내용	비고
1	2010 도약 준비기	● 신설교 개교 준비 ● 교직원·학부모 의견 수렴 ● 워크숍 및 세미나 실시 ● 혁신학교 단계적 운영 계획수립 ● 핵심역량 중심 학교교육과정 편성 ● 교육활동 중심 업무 조직 개편 ● 민주적인 학교행정 시스템 구축 ● 1차년도 학교운영에 대한 구성원 평가 ● 혁신학교 1주기 평가	●「새로운 개념의 명문학교 만들기」구상의 구체화와 단계적 로드맵 작성 ●학교도약의 기틀 마련

차수	년도	추진 내용	비고

2	2011 도약기	● 우수교사 확보
		● 특성화교과 교재 및 평가준거 개발
		● 전문역량 강화를 위한 자율장학체제 구축
		● 학생자치문화 활성화
		● 학습동기 선진화를 위한 프로그램개발
		● 특기·적성교육의 내실화
		● 흥덕비전의 교육과정화(특색사업 고품질화)
		● 사이버 학습실 운영의 활성화
		   (LMS체제 구축)
		● 진로역량 신장을 위한 학습프로그램 개발
			● 흥덕고등학교의
			   고유성 개발 및
			   특화사업 전문화

3	2012 발전기	● 교사 연구능력 신장(교재편찬) ● 교육문화복합 기능의 완비 ● 학생 프로젝트제 완성(졸업인증제) ● 학부모교육 프로그램 특화 ● 학교환경의 녹색화·복지화 실현 ● 진로지도 시스템 개발 및 대학진학 준비	● 흥덕고 교육성과의 브랜드화

4	2013 선도기	● 흥덕고 학교브랜드 가치 및 교육성과 확산
		● 국내외 선진학교와의 교류·협력체제 구축
		● 교수·학습자료 개발센터 운영
		● 교사 연구능력 신장
		● 선-후배간 멘토링 및 흥덕 맨파워 인력풀 구성
		● 흥덕고의 실천 사례 도서 출판
			● 선진학교와의 교류
			   및 신개념의 명문학교
			   원리 확산

7. 통합기행 운영계획

1) 목적

통합기행은 교실을 떠나 삶의 다양한 현장을 기행하면서 청소년기의 올바른 자아 찾기, 진로에 대한 진지한 모색, 체험을 통한 산 교육, 동료와의 연대와 협동, 자기 성취의 제고, 해외 친구들과의 교류 활동, 국제적 도움이 필요한 지역과의 국제적 연대, 세계평화의 중요성 인식 등을 목표로 한다.

2) 운영 방안

① 기행 준비와 진행도 수업의 일환이다. 교과선생님 및 담임 지도하에 자기 주도적으로 동료와 협조해서 기획하고 준비하며 기행을 알차게 만들어 나가는 전 과정이 아이들의 성장에 밑거름이 되게 한다.

② 기행 중 돌아보기 과정을 통해 떠오르는 질문, 느낌, 깨달음을 잘 정리할 수 있도록 보고서나 기행일지를 작성하도록 지도한다.

③ 기행지는 대부분 경험해 보지 못한 곳이므로 기행 전에 현지의 자연 환경, 지리, 현지 주민과 그 곳 문화를 미리 알아보는 것은 그만큼 여행의 성과를 크게 하므로 준비하도록 유도한다.

④ 1학년은 국내 통합기행, 2학년은 해외통합 기행을 원칙으로 하되, 2학년 학생중 해외 통합기행을 원치않는 학생은 국내통합 기행으로 한다.

3) 세부 추진 계획

구분	목적 및 준비	주요 내용	비고
역사 통합 기행	1) 1학년 1학기의 생활로 친구들과는 익숙해진 상태 2) 다양한 청소년기의 문제가 발생하고 갈등 상태에 놓임 3) 진로에 대한 고민 시작 4) 시야가 넓어질 필요가 있음	역사 유적지 및 지역의 NGO 등 색다른 곳을 찾아 배움의 장을 넓히는 기행	- 관광이 목적이 아니고 그 지역의 역사와 문화를 알아보고, 그 지역에서 활동하는 NGO를 통해 해당 사회를 체험 - 교과 및 학년부와 학생들이 기획하고 추진
주제 기행	1) 진로에 대한 고민기 2) 교우 관계의 사회적 인식기 3) 학업에 대해 관심이 높아지는 시기	진로에 대한 탐색과 공동체성 증대, 탐구 심화를 목표로 하는 모둠별 기행	- 다양한 취미와 진로 희망에 따른 기행 - 교사별, 아이들 특성별로 모둠 구성하여 진행 - 학년부와 학생들이 기획하고 추진
성찰 기행	1) 진로에 대한 부담과 학업 스트레스가 커짐 2) 부모님과 갈등이 커짐 3) 학업 집중기 4) 사회 진출 준비	숲 체험, 생태 체험을 하면서 지난 시간을 돌아보는 성찰 기행	- 숲을 통한 생태 체험 - 자기 성장 돌아보기 - 사회 진출의 의미 나누기 - 학년부와 학생들이 기획하고 추진

구분	목적 및 준비	주요 내용	비고
농촌 봉사 활동	1) 진로에 대한 고민기 2) 도시 생활로 인해 노작활 동 경험 부족함 3) 사회적 삶의 구체적 현장을 겪거나 알고자 하는 시기 4) 농촌의 현실에 대한 이해 및 생명의 소중함 인식	우리 농촌의 현실 과 농민의 삶을 체 험하고 자발적 봉 사활동으로 땀흘 리는 보람을 경험 함	- 농촌봉사를 통한 농촌 체 험 - 자기 성장 돌아보기 - 학년부와 학생들이 기획하 고 추진
해외 봉사 활동	1) 진로에 대한 고민기 2) 저개발국 친구들의 삶 이 해와 연대 3) 삶의 구체적 현장 경험을 통한 주동동기 함양 4) 국제 평화의 소중함 인식	국제 NGO단체와 연계하여 저개발 국을 방문하여 봉 사활동과 교류활 동을 통하여 국제적 연대	- 해외봉사를 통한 삶의 현 장 체험 - 자기 삶 돌아보기 - 청소년의 국제적 연대 방 안 모색 - 학년부와 학생들이 기획하 고 추진

4) 발표 및 평가

① 기행 후 수업시간을 통해 보고서 정리 및 발표 준비를 한다.

② 참여 여부, 보고서 제출 및 발표에 따른 시상 및 학생생활기록에 활
동 내용을 기록한다.

8. 굿모닝 케어 운영 계획

1) 목적

학생들이 하루 일과를 시작하는 아침 시간을 의미 있게 여는 시간이 되
도록 한다. 바쁜 학교 생활 가운데 잠시 멈춰 서서 어제와 오늘과 내일,
또한 가깝고 먼 미래를 반성하고 조망할 수 있는 시간이 되도록 프로그
램을 마련한다. 기본적으로 학생들의 성장 동기를 자극하고 유지, 발전
시키는 촉매제로 작용할 수 있도록 요일별 프로그램을 계획한다.

2) 방침

① 학생들이 학습을 조절·계획·반성할 수 있도록 학습 플래너 양식을

배부하며, 매일 아침 플래너를 작성하여 하루의 학습 계획을 세울 수 있도록 지도한다.

② 학교 폭력 예방 및 학생 개인의 감성 치유를 위한 자료를 상영하여 세상과 공동체를 바라보는 가치관을 정립하도록 한다.(월, 수요일)

③ 독서 시간 및 신문 읽기 시간을 마련하여 나와 세상을 바라볼 수 있는 저변을 확대하고 상식 수준을 올려 논술 및 구술 평가에 대비하도록 한다.

3) 세부 추진 계획

① 요일별 프로그램

요일	월	화	수	목	금	토
구성	- 플래너 작성 - 감성치유 　프로그램	- 플래너 작성 - 독서 및 　신문읽기	- 플래너 작성 - 감성치유 　프로그램	- 플래너 작성 - 독서 및 　신문읽기	- 플래너 작성 - 독서 및 　신문읽기	- 플래너 작성 - 독서 및 　신문읽기
지도교사	각 반 담임					

② 시간 운영

- 월~토요일 오전 8시10분~30분(20분간)

③ 세부 실시 계획

- 감성치유프로그램은 '학교폭력 예방 감성치유 프로젝트 〈학교폭력 해결사는 우리 선생님〉', '지식채널e 시즌5' 등을 감상하고 소감문을 작성, 발표한다.

- 학습 플래너는 학급담임 및 수업교과 시간에 수시로 지도하여 자기 주도적 학습 능력을 계발하고 수업에 충실할 수 있도록 한다.

- 추천 도서 목록을 학급별로 게시하여 독서의 질이 확보될 수 있도록 한다.

4) 기대 효과

① 아침 20분을 효과적으로 활용하는 프로그램을 안내함으로써 시간의
   소중함과 시간 관리 방법을 내면화한다.
② 감성치유프로그램을 시청함으로써 상처받은 마음을 치유하고 공감
   능력을 키움으로써 학교폭력을 예방하고 고운 심성을 갖도록 한다.
③ 학습 플래너를 작성하고 기록하며, 교사의 피드백을 받는 과정에서
   자기주도적 학습 능력을 향상한다.
④ 독서 및 신문 읽기를 통해 자신과 공동체, 사회 현상과 원리를 탐구
   함으로써 세상을 보는 눈을 키우고 단기적으로는 논술능력평가 및 대
   학별 논술고사에 대비한다.

9. 꿈찾기반 운영 계획

1) 목적

① 교육과정을 탄력적으로 운영하여 학교생활 부적응 학생을 학교에 적
   응할 수 있도록 하여 비록 성적이 좋지 못하더라도 실생활에서 자신
   감을 가지고 스스로 제 갈 길을 개척하는 사람을 기르는 교육의 본질
   적 가치 실현을 목적으로 한다.
② 생활에서 유리되고 고형화된 지식이 아닌 삶의 현장과 연결된 체험
   과정을 편성, 운영하는 다양한 체험 활동으로 우리 학생들에게 결여
   되기 쉬운 삶에 대한 자아정체감, 극기심, 공동체 의식을 효과적으로
   교육하고자 한다.
③ 일시적이고 고립적 프로그램 수준에 머무르기 쉬운 특기・적성 교육
   의 한계를 극복하고 학생들의 다양성을 최대한 수용하여 취미와 적성
   에 맞는 다양한 프로그램을 교육과정에 적용하여 자신의 잠재력과 창
   의력을 발견하게 하고 즐겁고 신나는 학교를 조성하고자 한다.
③ 지식 중심의 교육에서 결여되기 쉬운 인성 중심의 교육과정 운영으
   로 일반 학급에서 자칫 소외되기 쉬운 학생들을 인정해 주고 자아 발

견 기회를 제공하여 바람직한 인간으로 성장하도록 선도함을 목적으로 한다.

2) 방침

① 매주 1일씩 요일 순환제를 적용, 운영한다.
② 프로그램 적용에 가능한 한 전 교사의 참여로 다양한 체험의 기회를 제공하고 교육 내용의 다양성을 지향한다.(프로그램에 따라 팀티칭 방식도 가능하다.)
③ 대안학급 담임과 연구교사는 정규학급 비담임을 원칙으로 한다.
④ 교육내용은 다양한 체험활동, 인성·심성 수련, 취미·적성교육 프로그램으로 한다.
⑤ 인간의 성품에 대한 믿음을 전제로 인생항로에서 잠시 정상의 궤도를 놓친 학생의 현재 상태를 인정하고 변화에 대한 기다림의 자세로 교육에 임한다.
⑥ 부적응 현상 자체를 개성의 하나로 인정하고 상이한 경험 및 학습 능력과 발달 단계의 차이를 존중한다.
⑦ 자율 능력 신장을 위해 민주적 의사 결정 과정을 중시한다.
⑧ 교사는 주입이나 통제에 의한 교육방식이 아닌 산파, 도우미의 역할에 충실한다.
⑨ 1학년 학생을 대상으로 교육내용과 운영 방식을 홍보하여 학교 생활에 제대로 적응하지 못하는 학생을 본인과 학부모의 희망을 받아 30명 정도로 대안학급을 편성하되 그 과정에서 대상 학생이 열등감을 갖거나 상처받지 않도록 특히 유의한다.

3) 기대 효과

① 학교생활 부적응 학생에 대한 적응 효과 고양
② 다양한 체험활동을 통한 즐거운 학교생활 경험 확대

③ 수월성 지향의 지식 중심 교육에서 자각 지향의 인성 교육으로 전환

④ 수요자 중심 교육의 차원에서 개인 존중, 다양성 인정의 개성 교육 확대

⑤ 적성에 맞는 진로 탐색 기회 확대

⑥ 통합교과 교육과정 운영과 학생 지도의 새로운 모델 제시

⑦ 생활지도의 효율성 제고로 학급 담임교사의 학생지도 활동의 지원·보조 – 복수 담임제 정착에 기여

4) 세부 추진 계획

월	주	일	요일	프로그램 및 지도교사						
				1교시	2교시	3교시	4교시	5교시	6교시	7 교시
4 월	1주			학생모집 및 편성						
	2주	13	화	표준화검사(정규학급)				오리엔테이션		
	3주	22	목	제빵실습				축구 및 배드민턴		
	4주	30	금	야생화 조사(야생화 재배 농장 견학)						월례회의
5 월	1주	3	월	성격 유형 검사(청소년 상담실)				내 땅 가꾸기 --씨앗 파종		
	2주			체육대회 등 학교행사						
	3주	18	화	낚시 현장학습						
	4주			지역 및 대학문화축제(적극참여)						
6 월	1주	2	수	컴퓨터기본		목공예				월례회의
	2주	10	목	악기제작				당구실습		
	3주	18	금	만화그리기				광교산 등반		
	4주	22	월	박물관, 미술관 견학				수영		
	5주	29	화	월례회의	이성교제와 성 -청소년상담실	UCC 만들기				
7 월	1주	8	목	비디오촬영 및 편집기법						
	2주	13	화	성교육		목공예				
	3주	21-23	수-금	지리산 야영등반						
8 월	4주	25	수	컴퓨터 기본			월례 회의	세계 여러 나라의 풍습		

월	주	일	요일	프로그램 및 지도교사						
				1교시	2교시	3교시	4교시	5교시	6교시	7 교시
9월	1주	2	목	잠재능력개발 (청소년담상실)		컴퓨터 게임		풍물배우기		
	2주	6	월	잠재능력개발		심성계발		악기제작		
	3주	14	화	모형비행기의 구조와 비행기법						
	4주	22	수	생활도예						
	5주	30	금	월례회의	생활도예					
10월	1주			체육대회 등 학교행사						
	2주	15	금	노작실습						
	3주	18	월	꽃동네 견학 및 봉사활동						
	4주			특별활동 발표회 적극참여						
11월	1주	2	화	요리실습				댄스 배우기		
	2주	10	수	목공예				농구		
	3주	18	목	설악산 종주등반						
	4주	26	금	사진촬영기법				영화감상		
	5주	29	월	월례회의	심성수련			축구, 탁구		
12월	1주	7	화	겨울풍경 그리기		자동차회사 견학				
	2주	17-18	금-토	수련원 입소 (마음공부 및 대안학급 활동 정리)						

삶과 교육을 바꾸는
맘에드림 혁신학교 이야기 시리즈

나는 혁신학교에 간다

경태영 지음 / 값 14,000원

공교육을 바꾸겠다는 거대한 희망을 품고 시작된 '혁신학교'. 이 책은 일곱 개 혁신학교의 이야기를 담고 있다. 지금 우리 교육이 변화하는 생생한 현장의 모습과 아이들이 꿈을 키우고 행복하게 공부하는 희망의 터로 새롭게 자리매김하는 학교들을 이 책에서 만날 수 있다.

혁신학교란 무엇인가

김성천 지음 / 값 15,000원

교육공동체가 만들어내는 우리 시대 혁신학교 들여다보기. 혁신학교 전반에 관한 이야기를 다루고 있는 책으로, 공교육 안에서 혁신학교가 생기게 된 역사에서부터 혁신학교의 핵심 가치, 이론적 토대, 원리와 원칙, 성공적인 혁신학교의 모습을 보이고 있는 단위학교의 모습까지 담아냈다.

학부모가 알아야 할 혁신학교의 모든 것

김성천·오재길 지음 / 값 15,000원

학부모들을 위한 혁신학교 지침서!
'혁신학교에서는 무엇을, 어떻게 가르치고 있는지, 교사·학생·학부모는 어떻게 만나서 대화하고 관계를 맺어가는지, 어떤 교육 목표를 지향하고 있는지 등 이 책은 대한민국 학부모들의 궁금증에 친절하게 답을 한다.

덕양중학교 혁신학교 도전기

김삼진 외 지음 / 값 14,500원

이 책의 1부는 지난 4년 동안 덕양중학교가 시도한 혁신과 도전, 성장을 사실과 경험에 기반한 스토리텔링 방식의 성장기로 전개하고 있다. 그리고 2부는 지역사회와 협력하여 펼치고 있는 교육 프로그램, 배움의 공동체 수업 등을 현장 사례 중심의 교육적 에세이 형태로 담고 있다.

학교 바꾸기 그 후 12년

권새봄 외 지음 / 값 14,500원

MBC 〈PD 수첩〉에 방영되어 화제가 되었던 남한산초등학교. 아이들이 모두 행복하고, 얼굴 표정이 밝은 아이들. 학교 가는 것을 무엇보다 좋아하고, 방학을 싫어하는 아이들. 수업과 발표를 즐겼던 이 학교를 졸업한 아이들이 그 후 12년의 삶을 세상에 이야기한다.

교사는 수업으로 성장한다

박현숙 지음 / 값 12,000원

그동안 교사는 수업에서 아이들을 만나지 못해왔다. 관계와 만남이 없는 성장의 결손을 낳았다. 그리하여 우리 아이들과 교사들은 모두 참 아프고 외로웠다. 이 책에서는 교사, 학생, 학부모, 지역사회가 공동체로서 서로 관계를 맺을 때에만 배움은 즐거운 활동으로서 모두가 성장하는 삶의 일부가 될 수 있음을 보여준다.

교사와 학부모가 함께 읽는 주제 통합 수업

김정안 외 지음 / 값 15,000원

'서울형 혁신학교'로 지정된 일곱 개 혁신학교들이 지난 1~2년 동안 운영한 주제 중심 통합 교육 과정과 수업 사례를 소개한 책이다. 이 학교들의 교육과정은 전국적으로 이루어지는 학교들의 성과를 반영하였고, 자신의 지역사회의 실제 환경과 경험을 살려 실제 수업에 적용한 것이다.

혁신교육 미래를 말한다

서용선 외 지음 / 값 14,000원

혁신교육은 2009년 이후 공교육 되살리기의 새로운 희망이 되어왔다. 이러한 정책을 입안하고 추진하는 데 기여해왔던 6명의 교사 출신 연구자들이 혁신교육 발전에 필요한 정책 과제들을 모아 하나의 책으로 제시한다. 이 책은 교육철학, 교육과정, 교육행정과 학교 운영(거버넌스) 등에서 주요 이슈들을 정리하고 혁신교육의 성과와 과제가 무엇인가를 보여준다.

수업을 살리는 교육과정

서우철 외 지음 / 값 16,500원

최근 교육과정을 재구성하는 논의가 활발한 가운데, 이 책에서는 개별 교과목과 교과서의 형식에 얽매이지 않고 아이들의 발달을 고려하여 주제를 중심으로 교육과정을 재구성하여 통합적으로 운영하는 방법과 구체적인 실천 사례를 설명하고 있다. 이러한 과정은 같은 학년을 맡고 있는 교사들의 토론과 협력을 통해서 이루어진 것임을 이야기한다.

수업 딜레마

이규철 지음 / 값 14,000원

이 책을 관통하는 키워드는 '사람'이다. 저자의 노하우를 전수하는 것이 아니라, 수업 속에서 딜레마에 맞닥뜨려 고통받고 있는 선생님들의 고민을 담고, 신념을 담고, 그것을 이겨내기 위한 한 분 한 분의 마음을 담고 있다. 이런 고민 속에 이 책을 집어든 나를 귀하게 여기며, 다시 한 번 교사로 잘 살아보고 싶은 도전을 하게 한다.

좋은 엄마가 스마트폰을 이긴다

깨끗한미디어를위한교사운동 지음 / 값 13,500원

스마트폰에 대한 아이들의 집착은 대단하다. 스마트폰은 '재미있고 편리하다'. 그러나 스마트폰 때문에 아이들은 시간을 빼앗기고, 건강이 나빠지고, 대화가 사라지며, 공부와 휴식, 수면마저 방해를 받는다. 이 책은 이러한 사례들을 생생하게 소개하고 부모들에게 아이들의 스마트폰 사용에 어떻게 대응해야 하는지 대안을 제시한다.

엄선생의 학급운영 레시피

엄은남 지음 / 값 14,000원

34년 경력의 현직 교사가 쓴 생동감 넘치는 학급운영 지침서. 초등학교에서 아이들은 문자와 숫자를 익히는 것보다 학교와 교실에서 낯설고 모험적인 사건을 겪으면서 더 많은 것을 배운다. 이 책은 초등학교에서 교과서 지식보다 더 중요한 학교생활과 학급문화를 만드는 담임교사의 역할을 다룬다. 교사와 아이들이 서로 존중하고 신뢰하는 관계를 어떻게 만들어야 하는지 구체적인 경험과 사례로 설명해준다.

진짜 공부
김지수 외 지음 / 값 15,000원

혁신학교가 추구하는 '진짜 공부'와 '진짜 스펙'이 무엇인지 보여주는, 졸업생들의 생동감 넘치는 경험담. 12명의 졸업생들은 학교에서 탐방, 글쓰기, 독서, 발표, 토론, 연구, 동아리, 학생회 활동을 통해 자신들이 생각하지도 못한 진짜 공부를 경험했음을 보여준다. 이 책을 통해 수능이 아니라 정말로 청소년 스스로 하고 싶은 것을 즐기면서 성장하는 일이 우리 사회에 필요한 것임을 새삼 느낄 수 있다.

수업 디자인
남경운 · 서동석 · 이경은 지음 / 값 15,000원

서울형 혁신학교의 대표적인 수업 혁신을 담은 이야기. 아이들이 서로 협력하면서 배우는 수업을 목표로 삼은 저자들은 범교과 수업모임을 통한 공동 수업설계를 대안으로 제시한다. 아이들은 교사의 설명을 통해 배우는 것이 아니라 서로 '옥신각신'하며 함께 문제에 도전할 때 수업에 몰입하고 배우게 된다. 이 책은 이러한 수업을 위해서 교사들이 교과를 넘어 어떻게 협력하고 수업을 연구해야 하는지 잘 보여준다.

아이들이 가진 생각의 힘
데보라 마이어 지음 / 정훈 옮김 / 값 15,000원

미국 공교육 개혁의 전설적 인물 데보라 마이어가 전하는 교육 개혁에 대한 경이롭고도 신선한 제언. 이 책은 학교 혁신의 생한 기록을 통해 우리가 학교에서 무엇을, 왜 가르치고, 배워야 하는지에 대한 근원적인 성찰을 담고 있다. 아이들이 지성적으로 생각하는 마음의 습관을 배우는 것이 얼마나 중요하고, 그것을 위해 학교가 무엇을 해야 하는지를 일깨워준다.

어! 교육과정? 아하! 교육과정 재구성!
박현숙 · 이경숙 지음 / 값 16,500원

교육과정 재구성을 고민하는 교사를 위한 현장 지침서. 이 책은 저자들이 학교현장에서 교육과정 재구성이라는 화두를 고민하고, 실행한 사례들이 담겨져 있다. 책의 내용은 주제통합수업, 교과 통합수업, 범교과 주제 학습, 교과 체험학습, 프로젝트 수업 등 학교현장에서 적용해 큰 성과를 본 것들을 세밀하게 소개하면서 교육과정 재구성 작업의 노하우를 펼쳐 보인다.

행복한 나는 혁신학교 학부모입니다

서울형 혁신학교학부모네트워크 지음 / 값 16,000원

이 책은 학부모가 자신의 눈높이에서 일러주는 아이들의 혁신학교 적응기일 뿐만 아니라, 학부모 역시 학교를 통해 자신의 삶을 고양시켜가는 부모 성장기라는 점에서 대한민국의 모든 학부모들에게 건네는 희망 보고서이기도 하다. 혁신학교가 궁금한 모든 학부모들이 이 책을 통해 혁신학교 학부모로서의 체험을 미리 하는 데 부족함이 없을 것이다.

일반고 리모델링 혁신고가 정답이다

김인호 · 오안근 지음 / 값 15,000원

교육 환경이 열악한 지역에 있던, 서울의 한 일반계 고등학교가 혁신학교로서 4년간 도전과 변화를 겪으면서 쌓은 진로, 진학의 비결을 우리 사회 모든 학생, 학부모, 교사, 시민 등에게 낱낱이 소개해주는 책. 무엇보다 '혁신학교는 대학 입시에 도움이 안 된다'는 세간의 편견을 말끔히 떨어 없앴다. 저자들은 '결과' 중심 교육과정을 '과정' 중심으로 바꾸고, 교내 대회와 동아리 활동, 봉사 활동을 장려함으로써 대학 진학이란 놀라운 결과가 어떻게 이루어질 수 있었는지 보여주고 있다.

우리가 신뢰하는 학교, 어떻게 만들 것인가?

데보라 마이어 지음 / 서용선 옮김 / 값 15,000원

이 책의 저자인 데보라 마이어는 보수와 진보를 막론하고 미국 공교육 개혁 분야에서 가장 신뢰받는 실천가이자 이론가로 평가받는다. 학교 안에서 '신뢰의 붕괴'를 오늘날 공교육이 직면한 가장 큰 도전으로 인식한다. 이 책의 원제 〈In Schools We Trust〉에서 나타나듯, 저자는 신뢰할 수 있는 공교육의 조건이 무엇인지 자신의 경험 속에서 제안하고, 탐색하고, 성찰한다.

교사, 어떻게 살아야 하는가

김성천 외 지음 / 값 15,000원

오랫동안 교육현장에서 교육과 연구를 병행해온 저자 5인이 쓴 '신규 교사를 위한 이 시대의 교사론'. 이 책은 학교구성원과의 관계 맺기부터 학교현장에서 맞닥뜨리게 되는 여러 가지 문제들과 극복 방법, 교육 개혁에 어떻게 주체로 설 수 있는지, 어떤 과정을 통해 개인의 성장을 도모해야 하는지 등 신규 교사의 궁금점에 대해 두루 답하고 있다.

리셋, 교육과정 재구성
서울신은초등학교 교육과정연구회 모임 지음 / 값 16,000원

서울형 혁신학교인 서울신은초등학교 교사들이 1학년부터 6학년까지 모든 학년의 교육과정을 재구성하고 실천한 경험을 모두 담았다. 이 책에 소개된 혁신학교 4년의 경험은 진정한 학습이란 몸과 마음을 통해 경험함으로써, 생각이나 감정을 다른 사람과 주고받음으로써, 과거 경험을 새로운 지식으로 다시 생각함으로써 실현된다는 점을 잘 보여주고 있다.

다섯 빛깔 교육이야기
이상님 지음 / 값 16,000원

충북 혁신학교(행복씨앗학교)인 청주 동화초등학교의 동화 작가 출신 선생님이 아이들과 함께 보낸 한해살이 이야기다. 이오덕 선생의 '아이들의 삶을 가꾸는 교육'을 고민하던 저자가 동화초 아이들을 만나면서 초등학생의 특성에 맞도록 활동 중심의 교육과정을 재구성하는 한편, 표현 위주의 교육을 위한 생활 글쓰기 교육을 실천하면서, 학교교육을 아이들의 놀이와 생활, 삶과 연결시키고자 노력한 교단 일지를 바탕으로 구성되었다.

만들자, 학교협동조합
박주희·주수원 지음 / 값 14,500원

이 책은 학교협동조합이 무엇인지, 어떤 유형의 학교협동조합이 가능한지, 전국적으로 현재 학교협동조합의 추진 상황은 어떠한지 국내외 사례를 통해 소개하고 안내하는 한편, 학교협동조합을 운영하는 원리와 구체적인 교육 방법을 상세하게 풀어놓고 있다. 저자들의 실천적 지침들을 따라가다 보면 학교협동조합은 더 이상 상상이 아니라 학교구성원의 필요와 의지, 실천으로 극복할 수 있는 실현 가능한 미래라는 점을 알게 된다.

땀샘 최진수의 초등 수업 백과
최진수 지음 / 값 21,000원

초등학교에서 20여 년간 아이들을 가르쳐온 저자가 초등학교 수업에 대해서 기록하고 연구하고 실천하며 쌓아온 경험을 바탕으로 초등학생들과 수업을 함께하는 방법을 담고 있다. 아이들의 학습 동기, 아이들이 수업에 참여하는 방법, 칠판과 공책을 사용하는 방법, 모둠 활동, 교과별 수업, 조사와 발표 등 초등학교 교사가 아이들을 가르칠 때 알아야 할 가장 기본적이면서도 가장 중요한 모든 것을 다루고 있다.

혁신 교육 내비게이터 곽노현입니다

곽노현 편저 · 해제 / 값 17,000원

서울시 18대 교육감이자 첫 번째 진보 교육감으로서 혁신 교육을 펼쳤던 곽노현은, 우리 사회 전반을 아우르는 주요 교육 현안들을 이 책에서 포괄적으로 다루고 있다. 2014년 3월부터 1년간 방송된 교육 전문 팟캐스트 '나비 프로젝트' 인터뷰에 출연한 전문가들과 나눈 대화와 그에 대한 성찰적 후기를 담고 있다. 이 책은 그야말로 우리가 '지금 알아야 할 최소한의 교육 이야기'를 포괄하고 있다.

무엇이 학교 혁신을 지속가능하게 하는가

권성호 · 김현철 · 유병규 · 정진헌 · 정훈 지음 / 값 14,500원

독일 '괴팅겐 통합학교', 미국 '센트럴파크이스트 중등학교', 한국 혁신학교의 사례들을 통해 성공적인 학교 혁신의 공통점을 찾아내고 그것을 지속가능하도록 만들기 위해서 필요한 것은 무엇인지를 보여준다. 독자들은 이 책에서 괴팅겐 통합학교의 볼프강 교장이 말한 것처럼 '좋은 학교'를 만들기 위한 학교 혁신에 세계적으로 보편적이라고 할 만한 공통점을 찾을 수 있다.

교과를 꽃피게 하는 독서 수업

시흥 혁신교육지구 중등 독서교육 연구회 지음 / 값 16,500원

이 책은 지난 5년 동안 진행된 혁신교육지구 사업의 일환으로 학교에서 고군분투하며 독서교육을 이끌어왔던 독서지도사들이 실천 경험을 엮어낸 것으로 청소년기 학생들에게 장래 진로, 사랑, 우정, 삶의 지혜를 찾는 데 도움을 주는 독서교육을 잘 보여주고 있다. 특히 이 책에 소개된 국어, 수학, 과학, 사회, 도덕, 미술, 역사 등 다양한 교과와 연계한 협력수업은 독서교육의 새로운 전망을 보여주는 결실이다.

혁신학교의 거의 모든 것

김성천 · 서용선 · 홍섭근 지음 / 값 15,000원

이 책은 혁신학교에 대한 100가지 질문에 답하면서 혁신학교의 역사, 배경, 현황, 평가와 전망을 구체적인 증거를 통해 설명하고 있다. 이 책에 서술된 혁신학교에 관한 100문 100답을 통하여 우리 사회에 필요한 교육은 무엇인지, 교사와 학생들이 더 즐겁게 가르치고 배우면서 성장할 수 있는 교육을 위해 필요한 것이 무엇인지, 그것을 위해서 우리 사회 시민 각자가 자신의 위치에서 무엇을 하면 좋은가를 더 깊이 생각해볼 기회를 얻을 것이다.

교실 속 비주얼씽킹

김해동 지음 / 값 14,500원

이 책은 비주얼씽킹 기본기부터 시작하여 교과별 수업, 생활교육, 학급운영 등에 비주얼씽킹을 응용하는 방법을 설명하고 있다. 특히 교사들이 초등학교 1학년부터 고등학교 3학년까지 국어, 수학, 영어, 과학, 사회 등 모든 교과 수업에 비주얼씽킹을 활용할 수 있도록 수업 지도안을 상세하면서도 간결하게 제시하고 있다. 또한 독자들이 책 내용에 대해 더욱 풍부한 이미지와 자료를 접할 수 있도록 저자의 블로그로 연결되는 QR코드를 담고 있다.

교육과정–수업–평가 어떻게 혁신할 것인가

이형빈 지음 / 값 15,500원

이 책은 교육과정 사회학자 번스타인(Basil Bernstein)이 제시한 '재맥락화(recontextualized)'의 관점에 따라 저자가 장기간에 걸쳐 일반 학교 한 곳과 혁신학교 두 곳의 수업을 현장에서 면밀하게 관찰하고 심층 인터뷰와 설문조사를 통한 연구를 바탕으로 무기력과 불평등을 재생산하는 교실을 민주적이고 평등한 구조로 바꾸기 위해 교육과정-수업-평가를 어떻게 혁신해야 하는지 제안하는 내용을 담고 있다.

혁신학교 효과

한희정 지음 / 값 15,000원

이 책에서 저자는 혁신학교 효과를 살펴보기 위해 혁신학교가 OECD DeSeCo 프로젝트에 제시된 '핵심 역량'을 가르치고 있는지, 학생·학부모·교사가 서로 배우는 교육공동체를 이루고 있는지, 학생의 발달을 위한 다양한 교육과정을 운영하고 있는지, 교사의 자율성과 전문성을 강화하고 있는지, 자치적이고 민주적인 학교문화를 가지고 있는지, 지역사회와 협력하고 있는지를 다른 일반 학교와 비교하여 설명한다.

교실 속 생태 환경 이야기

김광철 지음 / 값 15,000원

아이들이 자연과 친해지고 즐길 수 있도록 교육하는 것은 쉬운 일이 아니다. 특히 도시에서는 더욱 어렵다. 그래서 이 책은 도시 지역 학교에서도 쉽게 실천에 옮길 수 있는 다양한 생태·환경교육을 폭넓게 다루고 있다. 이 책에서 저자는 계절에 따라 할 수 있는 20가지 환경교육 프로그램을 제시하고, 방법과 순서, 재료 등을 상세히 설명해준다.

이제는 깊이 읽기

양효준 지음 / 값 15,000원

교과서에는 수많은 예화와 발췌문이 들어가 있다. 이런 자료들은 교육부가 교육과정에서 요구하는 기준에 맞춰 어떤 이야기, 소설, 수필, 논픽션 등에서 일부만 가져온 토막글이다. 아이들은 교과서에 수록된 작품이나 이야기 전체를 읽지 못한 상태에서 단편적인 지문만 읽고 이해를 해야 하기 때문에 책을 읽으면서 생각하고 공감할 수 있는 기회와 흥미를 찾을 수 없게 된다. 이 책은 이러한 문제를 개선하기 위해서 한 권이라도 책 전체를 꾸준히 읽어가는 방법인 '깊이 읽기'를 대안으로 소개하고 있다.

인성의 기초가 되는 초등 인문학 수업

정철희 지음 / 값 15,500원

이 책은 아이들의 올바른 인성교육을 위한 새로운 방법으로써 인문학 수업을 제시하고 있다. 이 책에서 설명하고 있는 인문학 수업은 교사가 신화, 문학, 영화, 그림, 역사적 인물의 일대기 등에서 이야기를 찾아 아이들에게 제시하고, 아이들이 그 이야기에 나오는 여러 문제와 인물 등에 대해 자신의 감정을 스스로 공책에 기록하고 일상의 경험과 비교하고 토의와 토론을 통해 자신의 생각을 발전시키는 수업이다.

수업, 놀이로 날개를 달다

박현숙 · 이응희 지음 / 값 13,500원

교육계에서 최근 가장 중요한 과제로 삼고 있는, OECD의 여덟 가지 핵심 역량(DeSeCo)에 따라 여러 놀이들을 분류해서 설명하고 있다. "놀이에 내재된 긴장의 요소는 사람의 심성, 용기, 지구력, 총명함, 공정함 등을 시험하는 수단이 되므로" 그것은 학생들의 역량을 키우는 수단이 된다. 이 책의 저자들은 수업이 놀이를 만났을 때 어떻게 핵심 역량이 강화되는지 이야기하고 있다.

더불어 읽기

한현미 지음 / 값 13,500원

이 책은 교사들이 학습공동체를 통해 교직의 전문성과 자율성을 새롭게 발견하며 성장하는 이야기를 다룬다. 우리 사회의 기존 교육제도는 효율성이라는 명분으로 아이들에게 경쟁을 강요하면서 교사들 역시 서로 경쟁하도록 만드는 시스템으로 이루어져 있다. 이 책에서 저자는 이러한 비인격적인 제도와 환경 아래서 교사들이 행복을 되찾기 위해서는 서로 협력하며 같이 배우면서 아이들과 함께 성장할 수 있어야 한다고 말한다.

땀샘 최진수의 초등 글쓰기

최진수 지음 / 값 17,000원

글쓰기가 아이들에게 필요한 중요한 것이 되려면 먼저 솔직하게 써야 한다. 모르는 것은 '모른다', 잘못은 '잘못이다', 싫은 것은 '싫다'고 솔직하게 드러낼 때 글쓰기는 아이가 성장하는 디딤돌이 될 수 있다. 그리고 이것은 가르치는 교사에게도 적용된다. 지도하는 사람과 지도받는 사람이 따로 있는 것이 아니라 함께 쓰고, 함께 나누면서 서로 성장을 돕는 것이다.

성장과 발달을 돕는 초등 평가 혁신

김해경 · 손유미 · 신은희 · 오정희,
이선애 · 최혜영 · 한희정 · 홍순희 지음 / 값 15,500원

이 책은 교육적 대안을 마련하기 위해 혁신학교에서 지난 5~6년 동안 초등학생의 성장과 발달을 돕는 평가를 실천해온, 현장 교사 8명이 자신들의 지혜와 경험을 모아놓은 최초의 결실을 담고 있다. 독자들은 이 책을 통해 평가는 시험이 아니며 교육과정과 수업의 연장으로서 아이들의 잠재력을 측정하고 적절한 조언을 제공한다는 원래의 목표를 되살리는 첫걸음을 찾을 수 있다.

수업 코칭

이규철 지음 / 값 15,500원

가르치는 일을 함으로써 학생들의 배움을 돕는 교사들에게 수업은 시간적으로도, 공간적으로도 학교에서 자신이 하는 일의 중심을 이룬다. 그래서 수업에 관한 고민은 교과를 가리지 않고 교사들에게 일반적으로 드러난다. 교사들은 공통의 문제로 씨름하게 된다. 최근에 그 공통의 문제를 교사들이 함께 풀어 나가자는 흐름이 곳곳에서 일어나고 있다. 이 책은 그중에서도 '수업 코칭'이라는 하나의 흐름을 다룬다.

교사들이 함께 성장하는 수업

서동석 · 남경운 · 박미경 · 서은지,
이경은 · 전경아 · 조윤성 지음 / 값 15,000원

이 책은 아이들의 배움에 중점을 둔 수업을 위해 구성한 교사 학습공동체로서, 서로 다른 여러 교과 교사들이 수업을 디자인하고 연구하는 '수업 모임'에 관해 다룬다. 수업 모임 교사들은 공동으로 교과 수업을 디자인하고, 참관하고, 발견한 내용을 공유하고 평가하는 피드백을 통해 수업을 개선해간다. 그리고 이러한 실천이 쌓여가면서 공개수업을 준비하는 방법과 절차는 더욱 명료해지고, 수업설계는 더욱 정교해진다.

땀샘 최진수의 초등 학급 운영
최진수 지음 / 값 19,000원

이 책의 저자는 학급운영의 출발은 아이들을 '가르치는 대상'에서 '존중받는 존재'로 바라보는 것에서 시작해야 한다고 이야기한다. 또한 아이들과 함께하면서 교사는 성장한다. 이러한 성장은 시간이 흐르고 경력이 쌓인다고 이뤄지는 것이 아니라 여러 가지 어려운 문제를 헤쳐나가며 교사 스스로 자신을 되돌아보고 성찰할 때 비로소 아이들과 함께하는 올바른 학급운영이 이루어진다고 말한다.

당신의 교육과정-수업-평가를 응원합니다
천정은 지음 / 값 14,500원

이 책은 빛고을혁신학교인 신가중학교에서 펼쳐진, 학교교육 혁신 과정과 여전히 완성되지 않은 그 결과를 다루고 있다. 드라마 〈대장금〉에 나오는 '신비'의 메모가 보여준 것과 같이 교육 문제를 여전히 아리송한 것처럼 적고, 묻고, 적기를 반복하며 다가가는 것이다. 저자인 천정은 선생님은 이 책을 통해 자신의 수업이 앞으로도 교육의 본질에 더 가깝게 계속 혁신되기를 바라고 있다.

에코 산책 생태 교육
안만홍 지음 / 값 16,500원

오늘날 인류에게는 에너지와 자원을 대량으로 소비하는 생활양식이 보편화되어 있다. 이러한 생활양식은 자연을 파괴하고 수많은 환경 문제를 야기하고 있다. 이 책은 그러한 생태 교육을 위해 필요한 내용을 다루고 있다. 아이들이 지구 환경을 다시 복원하기 위해서 갖춰야 할 것은 관찰하고 기록하고 어떤 과학적 추론을 이끌어내는 능력이 아니라, 오감을 통해 스스로 자연을 느끼고, 자연의 소중함을 배우는 것이다.

I Love 학교협동조합
박선하 외 지음 / 값 13,000원

학교에 협동조합을 만드는 일에 참여했던 학생들의 협동조합 활동과 더불어 자신과 친구들이 어떻게 성장했는지를 이야기한다. 글쓴이 중에는 중학교 1학년 때부터 사회복지사라는 장래 희망을 가지고 학교협동조합에 참여한 학생도 있고, 고등학교 3학년 때 참여하기 시작한 학생도 있다. '뭔가 재밌을 것 같다'는 호기심을 가지고 시작한 학생이 있는가 하면, 어떤 학생은 자의 반 타의 반으로 학교협동조합에 참여했다.

얘들아, 하브루타로 수업하자!

이성일 지음 / 값 13,500원

최근에는 공부 방식이 외우는 것에서 생각하는 것으로, 수업 방식은 교사 위주의 강의 수업에서 학생 위주의 참여 수업으로 많은 변화가 이루어지고 있다. 이는 4차 산업혁명 시대를 살아가야 할 학생들을 위해서는 당연한 것이다. 학교 교실에서 실제로 질문하고, 토론하는 하브루타 참여 수업의 성과를 담은 이 책은 하브루타 수업을 통하여 점점 성장해가는 아이들의 모습을 보여준다.

내면 아이

이준원 · 김은정 지음 / 값 15,500원

그동안의 상담 사례를 모아 부모 · 교사의 마음속에 숨어 있는 완벽주의, 억압, 방치, 거절, 징벌, 충동성, 과잉보호 등의 '내면 아이'가 자녀/학생과의 관계에서 어떠한 영향력을 행사하는지, 어떻게 갈등을 일으키는지 볼 수 있게 한다. 그 뿌리를 찾아 근원부터 치유하는 방법들은 필사의 경험을 바탕으로 종합한 것이다. 또한 임상 경험을 아주 쉽게 소개하여 스스로 자신의 '내면 아이'를 만나고 치유할 수 있도록 하는 데 중점을 두었다.

핵심 역량을 키우는 수업 놀이

나승빈 지음 / 값 21,000원

이 책은 [월간 나승빈]으로 유명한 나승빈 선생님의 스타일이 융합된 놀이책이다. 놀이 백과사전이라고 불러도 될 만한 이 책은 교실에 갇혀 넘치는 에너지를 발산하지 못하는 아이들과, 단순한 재미를 뛰어넘어 배움이 있는 수업을 고민하는 선생님을 위한 것이다. 본문에서는 수업 속에서 실천이 가능한 다양한 놀이를 제시하고 있다. 각각의 놀이들을 수업과 어떻게 연계할 수 있으며, 수업 놀이를 통해 어떤 역량을 키울 수 있는지 이야기한다.

교실 속 비주얼 씽킹 (실전편)

김해동 · 김화정 · 김영진 · 최시강,
노해은 · 임진묵 · 공세환 지음 / 값 17,500원

전 편이 교과별 수업, 생활교육, 학급운영 등에 비주얼씽킹을 응용하는 방법을 이론적으로 설명했다면, 《교실 속 비주얼씽킹 실전편》은 실제 초 · 중 · 고 학생을 대상으로 수업을 진행한 교사들의 활동지를 담았다.

수업 고민, 비우고 담다

김명숙 · 송주희 · 이소영 지음 / 값 15,500원

이 책은 수업하기의 열정을 잃지 않고 수업 보기를 드라마 보는 것만큼 재미있어 하는 3명의 교사가 수업 연구에 대한 이론적 체계가 아닌, 현장에서의 진솔한 실천 과정을 순도 높게 녹여낸 책이다. 이 속에는 수업에서 실패를 두려워하지 않는, 발랄한 아이들과 함께한 자신의 교실을 용기 있게 들여다보며 묵묵히 실천적 연구자로 살아가는 선생님들의 고민과 성장이 담겨 있다.

뮤지컬 씨, 학교는 처음이시죠?

박찬수 · 김준성 지음 / 값 12,000원

각고의 노력으로 학교 뮤지컬을 개척한 경험과 노하우를 소개한 책. 뮤지컬은 학생들의 삶을 보다 풍요롭게 만듦으로써 학교교육 위기의 대안으로 크게 주목받고 있다. 현장에서 바로 적용하고 고민할 수 있는 현재진행형의 살아 있는 지식이 담겨 있다.

어서 와, 학부모회는 처음이지?

조용미 지음 / 값 15,000원

두 아이의 엄마인 저자가 다년간 학부모회 활동을 하면서 알게 된 노하우와 그간의 이야기들을 담은 책. 학부모회 활동을 처음 시작하는 이들이나, 이미 학부모회에서 활동 중이지만 학교라는 높은 벽에 부딪혀 방향성을 고민 중인 이들에게 권한다.

학교협동조합 A to Z

주수원·박주희 지음 / 값 11,500원

'학교협동조합'의 설립 및 운영과 관련해 학생, 학부모, 교사들이 궁금해할 만한 이야기들을 질문과 답변 형식으로 풀어냈다. 강의와 상담을 통해 자주 접하는 질문들로 구성했으며, 학교협동조합과 관련된 개념들을 좀 더 쉽고 빠르게 이해하는 데 중점을 두었다.

색카드 놀이 수학

정경혜 지음 / 값 16,500원

몸짓과 색카드로 초등학교 1학년부터 6학년까지 배우는 수와 연산을 익힐 수 있도록 가르치는 방법을 다룬다. 즉, 색카드, 수 놀이, 수 맵, 몸짓 춤, 스토리텔링, 놀이가 결합되어 아이들이 다양한 감각을 통해 몸으로 수학의 개념과 원리를 터득하게 하는 것이다. 놀이처럼 수학을 익히면서 개념과 원리를 터득해나갈 때 아이들은 단순히 수학 지식을 배우는 것이 아니라 그것을 실제로 사용할 수 있는 지혜를 배운다.

교육을 교육답게 우리교육 다시 세우기

최승복 지음 / 값 16,000원

20여 년간 교육부 공무원으로 정책을 연구하고 입안해온 저자가 우리 사회가 당면한 교육 문제의 본질과 대안을 명확하게 정리한 책. 저자는 표준화된 교육과정과 평가에 따라 학생들에게 획일성과 경쟁만 강조해왔던 과거의 교육을 단호히 비판하고 학생 개개인에게 맞는 개별화 교육이 필요하다고 주장한다.

처음부터 다시 시작하는 수업

민수연 지음 / 값 13,500원

1년 동안 아이들과 교사가 함께 행복한 교실을 만들어 나간 기록들이 담겨 있다. 교육의 본질과 교사의 역할, 교육관과 인간 본성에 관한 철학적 고민부터 구체적 방법론, 아이들의 참여와 기쁨에 이르기까지 교육과 관련된 다양한 요소가 버무려져 마치 한 편의 드라마 같다.

혁신교육 정책피디아

한기현 지음 / 값 15,000원

이 책의 저자는 교육 현장은 물론, 행정 프로세스에 대한 경험을 모두 갖춘 만큼 교원 업무 정상화, 학폭법의 개정, 상향식 평가, 교사 인권 보호, 교육청 인사, 교원연수 등과 관련해 교육 현장의 가려운 곳을 제대로 짚어 긁어주면서도 현실성 높은 다양한 정책들을 제안한다.

영화 만들기로 창의융합 수업하기
박현숙·고들풀 지음 / 값 13,000원

창의융합 수업의 좋은 사례로서 아이들과 영화를 만든 이야기를 담았다. 시나리오, 콘티, 촬영, 편집과 상영까지 교과의 경계를 넘나드는 영화 만들기 수업 속에서 아이들은 다양한 역량을 발휘하며 훌쩍 성장한다. 학생들과 영화 동아리를 운영한 사례들도 담겨 더욱 깊이 있는 노하우를 얻을 수 있다.

혁신교육지구란 무엇인가?
강민정·안선영·박동국 지음 / 값 16,000원

이 책은 혁신교육지구에 관한 거의 모든 것을 아우른다. 시흥시와 도봉구의 실제 운영 사례와 향후 과제는 물론 정책 제안까지 담고 있어, 혁신교육지구에 관심을 가진 사람들뿐만 아니라 혁신교육지구와 관련된 업무를 담당하고 있는 현장의 전문가 및 정책 입안자들에게도 큰 도움이 될 것이다. 또한 이 책은 전국의 혁신교육지구가 더욱 확대·발전해나가는 데 밑거름이 될 것이다.

주제와 감수성이 살아나는 공감 수업
김홍탁·강영아 지음 / 값 16,000원

교육의 본질은 수업이며, 학생들은 수업에서 삶을 배워야 한다. 저자들은 그 연결 고리를 '공감'으로부터 찾아냈다. 역사와 정치, 민주주의를 관통하는 주제가 살아 있는 수업, 타인과 사회를 공감하는 인권 감수성 수업을 통해 아이들은 사회를 정확하게 바라보는 시민으로 성장한다. 더불어 책 속에는 전문적 학습공동체를 경험한 선생님들의 성장 이야기가 담겨 있다.

톡?톡! 프로젝트 학습으로 배움을 두드리다
최미리나, 이성준, 김지원, 조수지, 심혜민 지음 / 값 19,500원

이 책은 학생들이 흥미를 느끼는 주제로 탐구 활동을 진행해 배움의 진정한 즐거움을 발견하고, 나아가 한층 더 깊은 탐구로 이어지는 선순환이 가능한 프로젝트 수업을 위한 거의 모든 것을 다룬다. 이 책을 통해 교사들은 교육과정 재구성, 프로젝트 학습의 평가 방법, 실생활과 연계한 배움 중심 수업을 만들어갈 수 있는 다양한 아이디어를 얻을 수 있을 것이다.

독자 여러분의 소중한 원고를 기다립니다

맘에드림 출판사는 독자 여러분의 소중한 원고를 기다리고
있습니다. 원고가 있으신 분은 momdreampub@naver.com으로
원고의 간단한 소개와 연락처를 보내주시면 빠른 시간에 검토해
연락을 드리겠습니다.

혁신학교란
무엇인가?